亲历

Personal Stories

1978-2008

俞贵麟 主编

人民出版社

Personal Stories: 1978-2008

谨以此书奉献给我们伟大的祖国，伟大的人民，伟大的改革开放新时代！

亲历

1978—2008

主　　　编：俞贵麟

副　主　编：吴海英　　陈雨露

编　　　委：王保安　　姜志刚　　程　凯　　屈冬玉

　　　　　　张仲芳　　熊选国　　谭铁牛　　陈肇雄

　　　　　　张玉卓　　刘建华　　王伟斌　　李心草

　　　　　　学　诚　　王　平　　张　璐　　郭　崎

执行副主编：张仲梁　　曾　钫　　赵洪顺　　张本才

统　　　筹：戴　滨　　庞陈敏　　贾天兵　　高　超

　　　　　　胥伟华　　颜建国　　诸葛燕喃　宋立新

　　　　　　吴　军　　宋　科　　周　娜

图书在版编目（CIP）数据

亲历：1978—2008/ 俞贵麟 主编 －北京：人民出版社，2008.12
ISBN 978-7-01-007533-4

Ⅰ.亲… Ⅱ.俞… Ⅲ.改革开放－成就－中国－1978—2008－文集
Ⅳ.D619—53

中国版本图书馆 CIP 数据核字（2008）第 185949 号

亲历：1978—2008

主　　编	俞贵麟
责任编辑	姚劲华　苏向平
出版发行	人民出版社
	（北京朝阳门内大街 166 号）
邮　　编	100706
网　　址	http://www.peoplepress.net
经　　销	新华书店总店北京发行所
印　　刷	北京瑞古冠中印刷厂
版　　次	2008 年 12 月第 1 版　2008 年 12 月第 1 次印刷
开　　本	710 毫米×1000 毫米　1/16　印张 25
字　　数	345 千字
印　　数	0,001—5,000 册
书　　号	ISBN 978-7-01-007533-4
定　　价	48.00 元

总经销　人民出版社发行部

发行部一科　010-65257256　65244241　65246660

发行部二科　010-65243313　65123140　65136418

人民东方图书销售中心　010-65250042　65289539

序　言

　　1978—2008，在历史长河中，30年的时间只是匆匆一瞬，但对今天的中国来说，这30年是解放思想、实事求是的30年，是与时俱进、开拓创新的30年，是在中国特色社会主义道路上奋勇行进的30年，是解放和发展生产力，不断提高人民生活水平的30年，是综合国力不断增强、国际地位不断提升的30年⋯⋯

　　我们是这30年的亲历者和参与者。从十一届三中全会到确立建设中国特色社会主义道路，从农村改革全面推开到城市改革整体推进，从设立经济特区到全方位对外开放，从解决温饱到全面建设小康社会，从香港、澳门回归到两岸"大三通"正式实现，从恢复实事求是的思想路线到邓小平理论、"三个代表"重要思想和科学发展观的形成⋯⋯30年来的事实证明：中国共产党是中国特色社会主义事业的坚强领导核心，坚持党的领导是社会主义建设事业取得成功的根本保证。

　　30年来，各行各业的青年在建设中国特色社会主义实践中奉献了青春和激情，发挥了聪明才智，是社会主义建设的生力军和突击队。可以说，我国改革开放取得的巨大成就，与青年人的努力奋斗是分不开的。当前，深入贯彻落实科学发展观、实现全面协调可持续发展，顺利实现全面建设小康社会的目标，更需要青年人做坚定理想信念的传承者、坚持勤奋学习的实践者、勇于创新创业的开拓者、和谐社会建设的奉献者，为推进全面建设小康社会，实现社会主义现代化做出自己的贡献。

中央国家机关青年联合会，高举爱国主义、社会主义旗帜，团结、教育中央国家机关广大青年积极投身改革开放，立足本职，建功立业，努力为促进中央国家机关各项事业的发展贡献力量。十几年来，青联不断发展，人才辈出。委员们共同学习，携手进步，在各自的工作领域努力拼搏、奋发有为，取得了突出的进步和可喜的成绩。中央国家机关青联在改革开放30年之际，由青联委员群策群力，共同创作完成了《亲历：1978—2008》这部具有浓厚时代气息的作品。该书的30余名作者，是中央国家机关的青联委员，是各个领域的优秀代表，他们将自己的亲历亲闻、个人成长，结合广阔的时代背景和深刻的理性思考撰写成文，为我们提供了感知、理解与研究这段历史的生动读本。希望青年朋友们通过这本书更好地了解这一段并不太久远的历史，更加珍惜来之不易的改革开放成果，更加自觉地投入到中国特色社会主义事业中来，为全面建设小康社会贡献更大的力量，做出更多的贡献。我向作者和编者表示祝贺，并向青年朋友们推荐这本书。

杨衍银

中央国家机关工委常务副书记

目录
CONTENTS

为了明天的回眸   吴海英   1
Reflections for the Future

1978：大学   郭 雷   19
1978: University Entrance Exam Resumed

1979：成份   张 坤   30
1979: Social Origin

1980：特区   吴相仁   37
1980: Special Economic Zones

1981：冠军   蔡振华   46
1981: World Champion

1982：一号文件   黄守宏   58
1982: Document No. 1

1983：严打   何 挺   66
1983: Strike Hard Operation

1983．春晚   张泽群   75
1983: Spring Festival Gala Evening

1984：小平您好   曾 钫   83
1984: Hello, Xiaoping

1985：企业　　　　　　张玉卓　90

1985: Enterprise Reform

1986：普法　　　　　　查庆九　98

1986: Law Awareness Campaign

1987：冬天里的一把火　郭秋林　107

1987: Roaring Fire in Winter

1988：躁动　　　　　　冯慧君　117

1988: Time of Excitement

1989：希望工程　　　　沈　冰　127

1989: Hope Project

1990：证券　　　　　　盛希泰　137

1990: Securities Market

1990：著作权法　　　　罗东川　147

1990: Copyright Law

1991：渴望　　　　　　王　勇　156

1991: Yearning

1992：下海　　　　　　赵　民　165

1992: Sea of Business

1993：分税制　　　　　王保安　176

1993: Revenue-sharing System

1994：扶贫　　　　　　　　　屈冬玉　188
1994: Poverty Alleviation

1995：网络时代（上）　　　　郭　为　199
1995: Age of Internet (I)

1995：网络时代（下）　　　　宋立新　212
1995: Age of Internet (II)

1996：海归　　　　　　　　　严望佳　223
1996: Return from Overseas Study

1997：回归　　　　　　　　　杨晓山　234
1997: Back to the Motherland

1998：亚洲金融危机　　　　　焦瑾璞　241
1998: Asian Financial Crisis

1999：炸馆事件　　　　　　　张建敏　251
1999: Embassy Bombing Incident

2000：西部　　　　　　　　　赵长保　260
2000: West Development Strategy

2001：入世　　　　　　　　　王受文　269
2001: WTO Accession

2002：小康（上）　　　　　　杨　柳　277
2002: Moderate Prosperity (I)

2002：小康（下）　　　　　庞晓林　287
2002: Moderate Prosperity (II)

2003：非典（上）　　　　　许树强　295
2003: SARS(I)

2003：非典（下）　　　　　吴　军　301
2003: SARS (II)

2004：审计风暴　　　　　　章　轲　310
2004: Auditing Storm

2005：油荒　　　　　　　　魏一鸣　319
2005: Fuel Shortage

2006：创新　　　　　　　　胡伟武　326
2006: Innovation

2007：蓝藻　　　　　　　　孙雪涛　334
2007: Algae Outbreak

2008：志愿者（上）　　　　方　洲　343
2008: Volunteers(I)

2008：志愿者（下）　　　　于庆丰　353
2008: Volunteers(II)

1978 年—2008 年大事记　　　　　363
Chronology of Events 1978-2008

后记　　　　　　　　　　　　　391
Postscript

为了明天的回眸

吴海英
中央国家机关团工委书记　中央国家机关青联主席

一

1978—2008年，30年。这是中国改革开放的30年，是青年思想奋进的30年。30年，社会主义中国的面貌、中国人民的面貌和中国青年的面貌已经发生了翻天覆地的变化。30年，国内生产总值占全球的比重由1%上升到5%以上；30年，中国人民的生活从温饱不足发展到总体小康，各项事业取得巨大进步。30年，中国青年思想经历了光辉历程，在新的历史起点上开创了中国特色社会主义事业新局面。

30年来青年工作在实践上的每一个重大发展，理论上的每一个重大突破，工作上的每一个重大进步，无一不是坚持解放思想的结果。如果没有"真理标准大讨论"，改革开放就不可能冲出"两个凡是"的禁区破冰起航。如果没有小平同志的"南方讲话"，改革开放就不可能突破"姓社姓资"的禁锢，迈开新的步伐走进新时代。如果没有科学发展观等重要战略思想的提出，改革开放就不可能冲破"以物为本"的桎梏，开创马克思主义中国化的全新境界。实践证明，解放思想是中国青年思想发展主线，30年波澜壮阔的青年思想演进就是一部思想解放史。勇于突破、勇于变革、勇于创新，永不僵化、永不停滞，已成为中国青年思想发展的代名词。

　　70年代末"真理标准大讨论"的思想解放，突破了"两个凡是"的禁区。"文革"结束以后，"两个凡是"带来的"非彼即此"的两极思维方式仍旧希望在青年思想阵地占据统治地位，但如果这种情况继续下去，全国经济社会发展必将陷于停滞和混乱，"中国将向何处去"困绕着当时的青年。在决定中国命运的历史关头，中国青年以饱满的热情投入关于真理标准问题大讨论活动，拨乱反正、正本清源，极大激发了青年的思想活力。以邓小平同志《解放思想，实事求是，团结一致向前看》的报告为标志，彻底打碎了思想僵化、教条主义、个人崇拜的枷锁，青年思想开始冲出"两个凡是"的禁区，实事求是成为青年人的思想共识，建设现代化强国成为中国青年的奋斗目标。在探索"什么是社会主义、怎样建设社会主义"的过程中，中国青年深入思考了如何解决中国的生存空间和出路的历史课题。青年思想得到了解放，中国的命运实现了具有伟大历史意义的转折，也带给中国青年两种最为宝贵的精神财富：一是求真务实作风，恢复了实事求是的优良传统；二是解放思想，敢于打破各种不利于改革的禁锢。从那时起，中国青年和中国人民一起以一往无前的进取精神和波澜壮阔的创新实践，谱写了中华民族自强不息、顽强奋进的壮丽史诗。

　　80年代末90年代初，世界社会主义遭受严重挫折，世界格局朝着多极化方向发展。当时各种思潮言论甚嚣尘上，一部分青年面对复杂的国内外形势产生了困惑，面对姓"资"还是姓"社"问题，中国青年以其独特的勇气和理想面对改革开放事业的严峻挑战。在此重大历史关头，邓小平同志视察南方并发表了一系列重要谈话，精辟地分析了当时的国际国内形势，科学总结了十一届三中全会以来党的基本实践和基本经验，明确地回答了当时困扰人们思想的许多重大理论问题，随后，党的十四大确立了改革开放的目标是建立社会主义市场经济体制，破除了对传统社会主义模式的迷信，廓清了"姓社姓资"的疑惑。中国青年的思想又一次得到解放，重新获得了生机和活力，具有中国特色社会主义事业成功推向了21世纪。

　　时光迁延到21世纪，"科学发展"突破了"以物为本"的桎梏，青年思想解放进入新世纪的新阶段。这一时期，中国步入了"发展黄金期"和"矛盾凸显期"相互交织的特殊发展阶段，发展不科学、不协调、不全面的负面效应开始显现。在青年思想发展方向上，出现一种倾向，以经济建设为中心在个别人眼中异化为"发展经济压倒一切"，青年思想有可能走入"以物为本"的误区。面对结构性通货膨胀、社会分配不公、收入差距拉大、资源环境压力等问题，青年思想再次处在一个何去何从的十字路口，实现什么样的发展、怎样发展的问题突出摆在了中国青年面前。针对这些问题，党的十七大旗帜鲜明地提出了推进科学发展，中国青年对改革发展方向与方式的思考再次产生了质的转变，中国青年意识到由传统的粗放发展模式转向现代的集约发展模式，由以物为本、不协调发展转向以人为本、科学发展，由增益型改革转向利益调整型改革，由边缘层面的改革转向核心层面的改革，由单纯围绕经济建设进行改革转向经济、政治、文化和社会"四位一体"的综合改革。在科学发展观的指导下，中国青年明确了发展的内涵和模式，深入探讨了社会主义市场经济的发展方向和路径，对不科学、不协调、不全面的错误理念进行了纠偏，大大拓宽了中国青年思想发展的视野。当中国青年再次面对什么是中国特色社会主义、怎么建设中国特色社会主义这一重大历史问题之时，青年思想再次得到再次解放，进入了一个全新的境界，青年思想发展获得了更为广阔的前景。

回顾改革开放30年来中国青年思想的发展成就，令人鼓舞；展望未来前景，催人奋进。站在新的历史起点上，中国青年的思想必将按照科学发展观的要求，以思想的新解放推动改革开放的新突破。在经济建设和改革上，青年着力把握着发展规律，创新了发展理念，转变了思维方式，破解了一系列难题。落实到实践上，中国青年坚定了中国特色社会主义道路的信心，在改革开放的最前沿不断推进着民族复兴的伟大任务。

二

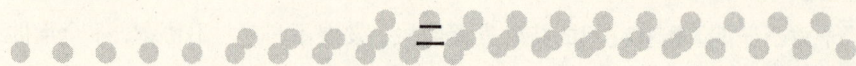

　　1978—1979年，高考作为一种制度开始固定下来。这项距今已经整整30年的政策给予了中国青年一个施展才华的舞台，在高校宽容的思想环境下，中国青年思想的火花得以绽放并结出了绚丽的思想果实。从这个意义上说，恢复高考是中国青年思想强盛之源头。恢复高考，不仅仅是结束文化大革命之后国家做出的重大教育政策决定，而且是中国思想领域、政治体制领域的一项重大改革，不仅是结束"十年动乱"之后中国教育战线和青年思想拨乱反正的重要标志，也成为整个社会思想拨乱反正的先声。30年来，中国高等教育事业获得了长足发展，个人品德与能力成为社会衡量一个青年的重要标准，"成分"等以出身评判青年的思路被彻底摒弃，青年后天个人努力替代了先天出身，在一定意义上，甚至可以说没有恢复高考就没有今天青年工作的新局面。

　　1980年，中国开始设立经济特区。从1980年下半年到1981年上半年，广东的深圳、珠海、汕头，福建的厦门4个经济特区的建设先后全面启动，社会主义中国创办了自己的经济特区，美国《纽约日报》载文惊呼："中国改革的指针正轰然鸣响"。经济特区的设立给中国青年思想带来了翻天覆地的变化，青年的创新精神和与时俱进的品格开始走向成熟，中国青年深刻的认识到发展经济必须坚持解放思想，实事求是的思想路线，只有在改革开放中不断发展青年思想，才能吸收一切人类文明的先进成果，才能以开放的胸襟推进社会主义事业。

　　1981年，中国获得第三届世界杯女子排球冠军。11月，中国女子排球队经过两小时零五分钟的鏖战，以3:2战胜日本队，夺得第三届世界杯女子排球冠军，这是中国女子排球队第一次获世界冠军，也是中国在"三大球"体育赛事中第一次获世界冠军。在1981-1986年，中国女子排球队在世界杯、世界锦标赛和奥运会上蝉联世界冠军，成为第一支在世界女子排球历史上连续五次夺魁的队伍。随着乒乓球列入奥运会，中国队在诸次世界大赛屡获冠军，乒乓球让世界看到了改革开放后的中国，尤其是看清了中国青年的崭新面貌，刘国梁等"乒乓青年"不仅是世界体坛的巨星，也是改革开放以来中国青年的缩影。这时的中国"仍处在世界的包围之中"这样的大环境下，体育赛场上酣畅淋漓的扣杀更让中国人体会到面对世界的希望。中国青年在冠军与奖杯的激励下，不断在各个领域继续着体育盛事的辉煌，改革开放的中国即将步入新的辉煌。

1982年，正式确立联产承包责任制。1月1日，中共中央发出第一个关于农村工作的"一号文件"，正式肯定了包产到户、包干到户等联产承包责任制，并宣布长期不变。中国农村沸腾了，中国青年沸腾了，刊登文件的报纸被抢一空，基层干部群众奔走相告，很多农民燃放鞭炮庆祝。毫无疑问，包产到户充分调动了农民的积极性，在青年思想领域同样也掀起了狂澜。面对阻力和重重议论，中国青年再一次站到了改革开放的最前沿，以解放思想、实事求是为指导，推进了这次翻天覆地的农村变革。当年召开党的十二大，在修改党章中创造性地写进了思想路线，十二大党章规定："党的思想路线是一切从实际出发，理论联系实际，实事求是，在实践中检验真理和发展真理"，经过十三大、十四大、十五大、十六大、十七大，我们的党章几经修改，但这一思想路线的文字表述，一个字也没有改。

1983年，电视剧《蹉跎岁月》获全国金像奖，中央电视台举办第一届春节晚会。1978年8月11日《文汇报》刊登了卢新华的短篇小说《伤痕》，伤痕文学诞生。在文革刚刚结束的时代，伤痕文学代表了当时青年对历史的自觉反思。伤痕文学的代表作有《伤痕》、《生活的路》、《蹉跎岁月》、《我们这一代年轻人》等等，青年创作者在感伤、悲剧性的情感基调下回忆了文革恶梦，对那个时代进行了反思和控诉。《蹉跎岁月》获金像奖，标志着文革后的伤痕文学影响力达到了巅峰。虽然伤痕文学作品仍不可避免地带有着旧的历史印迹，但无疑也是在很大程度上给了作家挖掘人性、内心的空间。伤痕文学告诉当时的青年，一个时代的代价不可能是单维度的，它在一个方面使我们失去了许多，也许会在另外的地方给我们补偿。与伤痕文学相呼应，1983年开始中央电视台开始举办春节联欢晚会，年夜中国人守候在电视机旁，人们看到的是以青年为主体的文艺界百花齐放，虽然1983年春晚没有华丽的装饰，中国文艺界却从此兴盛。

1984年，"小平您好"。建国三十五周年大阅兵大游行，北京大学学生打出了一个自制横幅"小平您好"。与以往的政治性口号不同，这个流传至今的口号是北京大学的学生用宿舍水房的拖布把、床单自制的，说实话，物质条件实在是对不住这样一个划时代的口号。"小平您好"，很简捷，才四个字；很亲切，是经常的问候语；很平民化，跟问候邻居没什么区别。是的，正是这个标语结束了中国的个人崇拜，问候邻居大妈的话语不再含有任何崇拜的味道。特别是，职务不重要了，邓小平，这个中国人民的儿子，成为一个真实的个人，而不是他的任何一个要职。在那个时代，政治领域、经济领域、社会领域等各个领域里人们都进行了积极地、热烈地争辩和探索，各级党政部门甚至党中央都积极地参与其中。"小平您好"道出了其中真谛，"小平您好"意味着宽容，意味着尊重，意味着允许失败、允许犯错误。今天，人们的思想已经与时俱进，但只有当社会允许犯错误时，才能激发出创造力，才会收获创新，才有可能建设创新型国家，我们才有可能应对各种新挑战，解决各种新问题。

1985年，中国启动国企改革。1月，国务院发出《关于国营企业工资改革问题的通知》，决定在国营大中型企业中实行职工工资总额同企业经济效益按比例浮动的办法，铁饭碗即将被打破；9月，国务院批转国家经委、国家体改委发出的《关于增强大中型国营工业企业活力若干问题的暂行规定》，要求各地区、各部门要按照政企职责分开、简政放权的原则，为增强大中型国营企业的活力积极创造条件；12月，国务院确认全民所有制小型企业可积极试行承包、租赁经营，全民大中型企业要实行多种经营责任制。随后的国企改革充满了激情与希望，1986年放开价格管制，市场成为配置资源的新手段，当年连续亏损十年的沈阳防爆器械厂破产，同年全国人大出台《破产法》，美国《时代》杂志惊呼，中国铁饭碗被打破了。国企改革给中国青年带来的冲击是巨大的，青年就业途径开始出现质的转变，铁饭碗从此一去不复返，效率第一次被提到议事日程。从此，青年更有可能按照个人理想选择职业，接班、顶替等名词被彻底尘封进历史。

1986年，全民普法。6月，中宣部、司法部在北京召开了全国法制宣传教育工作会议，从1986起开始中国第一个五年普法教育工作，在全体公民中有领导、有组织、有计划、有步骤地开展"一五"普法。青年是"一五"及后续普法活动的先锋，尤其是在校的青年大学生、法律工作岗位的青年工作者，他们走向机关、工厂和农村，对工人、农民、干部、学生、军人以及其他劳动者进行了一次又一次深入的普法教育活动。普法活动不仅仅是一次以青年为先锋和主导力量的教育，而且是中国社会主义建设走向法制化、规范化的先声，当时参与活动的青年已经成为今天各条战线的中坚，伴随着普法活动的深入，中国必将成为法制化强国。

1987年，中国共产党召开第十三次代表大会。十三大报告《沿着有中国特色的社会主义道路前进》第一次系统阐述了社会主义初级阶段的理论，指出我国目前正处在社会主义的初级阶段，报告明确提出了党在社会主义初级阶段的基本路线：领导和团结各族人民，以经济建设为中心，坚持四项基本原则，坚持改革开放，自力更生，艰苦创业，为把我国建设成为富强、民主、文明的社会主义现代化国家而奋斗。青年思想发展的方向和动力都来自于实践生活，十七大报告为十一届三中全会以来青年思想发展做了最好的注脚，是对1978年以来青年思想发展的一个高度概括性总结。

1988—1989年，承认私营企业在中国的合法地位。首次对私营经济做出肯定的是党的十三大决议，十三大报告提出，"私营经济是存在雇佣劳动关系的经济成分""是公有制经济必要的和有益的补充"，随后在《宪法修正案》中做出法律规定："国家允许私营经济在法律规定的范围内存在和发展"。至此，私营经济的法律地位和经济地位在国家的根本大法和党的决议中得到确定。此后，国务院发布了《私营企业暂行条例》，既为私营经济正名，又为私营经济在各级工商行政管理机关登记注册提供了制度规范，为我国私营经济高速发展创造了基础条件。自此，青年就业岗位流动成为一种现实，大学生就业从"一步到位"实现了多元化，人才的流动逐渐活跃。相对于国企和集体企业而言，"三资"企业成为一种时尚的选择，经济收入成为择业的第一标准。竞争、市场等词汇从青年思想领域直接进入到实际生活。

三

　　1990年，上海证券交易所成立，国务院决定开发浦东。上海证券交易所是建国以来内地的第一家证券交易所；同年，国务院做出开发浦东的决定，上海市委、市政府按照中央的战略部署，制定了"开发浦东、振兴上海、服务全国、面向世界"的开发方针。1990年的上海是中国社会的缩影，正如同刚刚建立的证券市场，当时的中国面对的是两种制度的竞争风险和历史的发展机遇。青年思想开始从奢华走向平实，1990年中国青年开始反思西方思潮的弊端，批评西方霸权等思想倾向的著作也大量出版，"宪政"这个名词也再次成为青年读物的主流。在这个背景下，《自由主义的终结》、《新自由主义和全球秩序》、《文化与帝国主义》、《白银资本》和《大分流》等一系列反思西方文化的译著开始流行，在反思中，青年开始思考现代化建设与人类价值目标的关系。不过，这一时期利益开始成为左右青年思维的一个重要砝码，其中也形成了一些与时代发展不和谐的杂音，这早已不是10年前那个一书难求的"短缺时代"，但在青年中却形成了一种浮躁的想法，社会上开始流行"搞原子弹的不如卖茶叶蛋的"，追求经济利益成为个别青年的目标。当时，东欧社会主义国家刚刚解体，中国青年开始反思80年代思潮与自身的不足。青年人开始以喜闻乐见的方式，通过媒体、学习班、学术讲座等方式在社会中宣传社会主义主旋律。《北京青年报》开辟

"社会主义好"的专题讨论,对青年思想进行了正确引导,1990年面对不乐观的国际形势,广大青年引导了主流思想,坚守住了社会主义建设思想阵地。

1991年,安徽铜陵市《铜陵日报》发表市长汪洋的署名文章《醒来,铜陵》。作为当时青年的杰出代表,1988年汪洋就已任安徽铜陵代理市长,在这篇文章中汪洋总结了自己对时代的思考,呼吁"改革大潮汹涌澎湃,历史不允许我们躺在计划经济上酣睡了。必须解放思想,向一切僵化、陈腐、封闭的思想观念开刀"。这场在铜陵的思想解放运动,引起全省和全国的重视,当时各大报纸给予旋风式的报道,并获得了邓小平的赞许,1992年初邓小平视察安徽期间,特地接见了这位"娃娃市长"。与思想领域交相辉映的是青年文艺领域的再次活跃,1991年《渴望》、《编辑部的故事》等一批电视剧在中央电视台开播,路遥出版《平凡的世界》,这些文艺作品的一个鲜明特征就是将主人公还原为平实、有血有肉的普通人。这些作品的故事并不复杂,却深刻反映了当时千家万户的悲欢离合,反映了那个特殊年代的人情冷暖,反映了人们对善良、美好的渴望。《渴望》的主题曲道出了当年这批文艺作品希望探求的真谛:"漫漫人生路,上下求索,心中渴望真诚的生活。谁能告诉我是对还是错,问询南来北往的客"。

1992年,邓小平视察南方发表重要讲话。1992年岁首,邓小平在深圳中国民俗文化村参观,期间发表了强调改革开放的南巡讲话,提出了著名的"三个有利于""发展是硬道理"以及社会主义市场经济理论。邓小平的讲话打破了改革10年来的"僵局",再次掀起青年参与改革开放建设的新高潮。"没有一点'冒'的精神,没有一股气呀、劲呀,就走不出一条好路,走不出一条新路,就干不出新的事业。不冒点风险,办什么事情都有百分之百的把握,万无一失,谁敢说这样的话"。"下海"成为当时青年追求理想的主题词,所谓下海就是离开机关,靠自己的力量在市场中求得生存,在南方谈话和十四大激励下一批青年逐步在市场中获得了新生。"下海"激励了新一代青年在市场中奋发图强。同年10月,党的十四大召开,确定了建立社会主义市场经济体制的改革目标。当年，国家将571种生产资料产品定价权交给企业，同时将22种产品产价格下放给省级物价部门，至此，由国家管理的物价品种剩下89种。它标志着放开价格管制，市场价格逐步替代计划价格，改革已进入新的阶段。

1993年，中央提出建设现代企业制度，实行分税制改革，推进中国金融体制改革，中国改革开放全方位展开。1993年11月11日-14日，中共十四届三中全会通过了《中共中央关于建立社会主义市场经济体制若干问题的决定》，《决定》指出建立社会主义市场经济体制，就是要使市场在国家宏观调控下对资源配置起基础性作用，要进一步转换国有企业经营机制，建立适应市场经济要求，产权清晰、权责明确、政企分开、管理科学的现代企业制度。12月15日，国务院作出关于实行分税制财政管理体制的决定，1994年开始进行分税制改革，1995年开始对政府间财政转移支付制度进行改革，逐步建立了较为规范的政府间财政转移支付体系，基本建立了适应社会主义市场经济要求的财政体制框架。这是我国建国以来政府间财政关系方面涉及范围最广、调整力度最强、影响最为深远的重大制度创新。在金融体制方面，12月25日国务院作出《关于金融体制改革的决定》，目标是建立在国务院领导下，独立执行货币政策的中央银行宏观调控体系；建立政策性金融与商业性金融分离，以国有商业银行为主体、多种金融机构并存的金融组织体系；建立统一开放、有序竞争、严格管理的金融市场体系。通过金融体制改革，确立中国人民银行作为独立执行货币政策的中央银行的宏观调控体系；实行政策性银行与商业银行分离的金融组织体系。

1994年，扶贫攻坚。此时，中国已经经历了近15年的改革历程，贫富差距问题开始凸显，扶贫开发开始正式提到改革的议事日程。是年，党中央、国务院在北京召开了中央扶贫开发工作会议，会议强调要进一步统一全党的认识，动员全社会力量，加大扶贫开发的力度，如果不能基本消除贫困现象，就会影响全国小康目标的实现，影响整个社会主义现代化建设的进程。面对艰巨的扶贫工作，中国青年责无旁贷，1月，共青团中央推出

"首批扶贫示范培训基地"；次年6月，共青团中央号召在中国大学生中开展"志愿者暑期文化、科技、卫生'三下乡'活动"。在扶贫工作的第一线，中国青年以自身行动实践了国人消除贫困、共同富裕的意愿，青年的行动凝聚中国人的力量，促进了社会和谐发展。

1995年，网络元年。在三十年的历程当中，1995年不能算作轰轰烈烈、起伏跌宕。可诞生于这一年的网络，对于青年生活方式、思维方式甚至人际关系等等各个领域的影响，延续至今，并将持续地影响着青年乃至中国的现在和未来。1995年5月，中国电信开始筹建中国公用计算机互联网（China Net）全国骨干网，同年7月中国教育和科研计算机网第一条连接美国的128kbps国际专线开通。次年1月，中国公用计算机互联网（ChinaNet）全国骨干网建成并正式开通，全国范围的公用计算机互联网络开始提供服务，互联网第一次有机会走入中国每一个普通的家庭。1995年，虽然当时人们还不清楚互联网到底对国人、青年会有什么样的影响，但这一年却是信息列车开动的起始年，从那一年开始我们每个人的生活都开始改变。

1996年，"海归"现象引人瞩目。在祖国蓬勃发展的感召之下，海外学成的青年才俊开始相约归国效力。与上个世纪的两次海归潮相同，都是献身民族复兴的大任；与先辈们不同，今日之中国为才华横溢的海归青年提供了尽情驰骋的事业舞台。十多年过去了，在创业的涅＿之中，生长茁壮的当代海归，体味了不少辛酸苦辣，但更多的是尽忠尽孝和事业成就的欣慰，以及对"中休西用"之哲理的深邃理解。

1997年，中国成功收回香港主权。1997年7月1日，零时零分，香港会议展览中心新翼五楼大会堂，雄壮的中华人民共和国国歌响彻维多利亚港，中华人民共和国国旗和香港特别行政区区旗徐徐升起。此前1分钟，英国国旗和香港旗在英国国歌乐曲中缓缓降落。随着米字旗的降下，英国在香港一个半世纪的殖民统治宣告结束，那段被鸦片和炮火熏黑的历史永远终结了。4分钟后，中华人民共和国国家主席江泽民庄严宣告：根据中英关于香港问题的联合声明，两国政府如期举行了香港交接仪式，宣告中国对香港恢复行使主权。中华人民共和国香港特别行政区成立，香港回家了。为庆祝香港回归，在团中央号召下中国青年在圆明园举行了"百面大鼓庆回归，盛和宝鼎献祖国"活动，香港回归激励了中国青年的爱国热情，"博士服务团"、"百城市青少年讲文明、树新风"、"青年文明号"活动不断得到深入，各界青年以饱满的热情在各条战线上展现了他们的风采。

1998年，东南亚金融危机全面扩散，香港爆发金融风暴。1997年7月2日，泰国宣布放弃固定汇率制；8月，马来西亚放弃保卫林吉特的努力；10月，国际炒家开始攻击香港联系汇率制；11月，韩国政府向国际货币基金组织求援，要求提供援助捍卫韩元汇率；1997年下半年日本的一系列银行和证券公司相继破产，东南亚金融风暴演变为亚洲金融危机；1998年8月，国际炒家对香港发动新一轮进攻；1998年8月俄国中央银行宣布推迟偿还外债、暂停国债券交易，卢布大幅贬值。发生在1997－1998年的亚洲金融危机，是继三十年代世界经济金融大危机之后，对世界经济有深远影响的又一重大事件。虽然这次危机发生在金融领域，却给当事国家带来了深重的灾难，在危机中中国青年开始再次反思西方经济体制，也开始考虑危机过后西方国家给予的到底是援助还是试图控制受害国国民经济。此次时间，人们终于认识到我们必须设计一条符合国情的改革开放道路，只有如此我们才能不将国民经济的生杀之权操于别人之手。中国青年，尤其是经济、金融领域的青年学者开始考虑，中国经济高速增长中隐含的结构性问题、宏观政策的失误以及金融体制的缺陷，同时完善金融体制、确保金融市场安全有序运行已成为必须解决的紧迫课题。

1999年，中国驻南斯拉夫大使馆被美国导弹击中。5月8日，贝尔格莱德时间7日午夜（北京时间8日上午6时左右），以美国为首的北约悍然使用三枚导弹袭击了中国驻南斯拉夫大使馆，许杏虎等三位中国青年以身殉国。美国"误炸"的托词并不能改变其霸权主义行径的本质，与之形成鲜明对照的是，中国主张推动建设持久和平、共同繁荣的和谐世界。中国青年以自己的实际行动向世界表达了中国的愤怒，也表达了中国热爱和平的决心，在这个新的历史起点之上，世界力量正发生着质的变化，社会主义实践必将把中国引领向一条完全不同于霸权主义的和平崛起之路，任何国家、任何力量都不可能阻挡中国这辆快车，而其中的中坚力量之一就是中国青年，这将是历史的宿命。

四

2000－2002年，世纪之交的中国共产党系统提出了"三个代表"重要思想。2000年2月，中共中央总书记江泽民同志在广东考察工作时，提出了"三个代表"重要思想，从根本上回答了在新形势下建设一个什么样的党和怎样建设党的问题。2001年7月，中国共产党成立八十周年庆祝大会全面回顾和系统总结了党的八十年光辉历程和基本经验，深刻阐述了"三个代表"重要思想的基本内涵。2002年党的十六次代表大会召开，"三个代表"重要思想被写入党章。"三个代表"重要思想是中国思想领域的重大创新，是引导青年思想奋进的指航标，"三个代表"重要思想的提出将引领中国青年思想发展到一个新的高度。在新的世纪，中国再次在强盛之路上迈开了大步：2000年中国开始西部大开发，2001年中国加入世界贸易组织，2002年民法草案提交全国人大审议；在新的世纪，中国人的物质文化生活也得到了极大的提高，饮食已经多样化，轿车开入了普通家庭，在新的世纪，中国青年在"三个代表"重要思想指引下紧紧抓住机遇，再次充满信心去应对新世纪的挑战。

2003年，全民抗击"非典"。2002年11月，在广东佛山发现第一例传染性非典型肺炎（简称"非典"）病人，2002年年底，广东地区出现非典症状，2003年1月-2月广东地区开始出现不明病毒的传言。2003年4月13日，国务院召开全国非典防治工作会议，4月17日，胡锦涛主持政治局常委会，会议专门就相关问题做出指示。在强大的组织动员与控制下，中国的非典疫情得到有效控制。5月9日，国务院发布实施《突发公共卫生事件应急条例》。6月24日，世界卫生组织宣布，将北京从非典疫区名单中删除。2004年5月，世界卫生组织发表新闻公报指出，中国的传染性非典型肺炎疫情已得到控制。非典，作为新世纪初期的一次国家危机，在那一刻我们再次看到了中国青年的力量，战斗在第一线的多是中国青年医护工作者，最危险的也是这些青年医护工作者，他们以大无畏的勇气与病魔和灾难搏斗，在生与死的较量中展现了中国青年的勇气与决心。

2004年，保护合法私有财产写入宪法。2004年3月14日，十届全国人大二次会议审议通过了第四次宪法修正案，"公民的合法的私有财产不受侵犯"、"国家尊重和保护人权"等内容写入宪法。它适应了保护私有财产的客观需要，扩大了私有财产的保护范围，进一步完善了私有财产保护制度。加强对公民的合法的私有财产的保护，有利于坚持和完善基本经济制度，促进非公有制经济发展；有利于保障公民权利的实现，推进依法治国；有利于调动广大人民群众的积极性和创造性，全面建设小康社会。《宪法》是一个国家，一个民族反思历史、展望未来的结果，保护私有财产入宪也是长期以来引导青年思想的重要里程碑。

2005年，"先进性教育"。2005年全国各界参与的"先进性教育"是一场关于改革思想辩论，是继我党70年代末关于"真理标准大讨论"、90年代初"姓资姓社大讨论"之后的第三次重大的思想工作。中国青年再次成为这次思想争论的排头兵，同时在青年领域还展开了一场"国企产权改革方向"向何处去的争论，最后演变为"还要不要改革"、"我们要什么样的改革"，辩论方向直指大是大非问题。通过争论，进一步坚定了青年的改革决心和信心，改革开始兼顾到各方利益，也为实现科学发展、解决能源危机等一系列新问题提供了强大的思想保证。

2006年，构建社会主义和谐社会。2006年10月十六届六中全会通过了《中共中央关于构建社会主义和谐社会若干重大问题的决定》，第一次在党的纲领性文件中明确提出"提高构建社会主义和谐社会的能力"。中国的社会主义现代化建设由发展社会主义市场经济、社会主义民主政治和社会主义先进文化三位一体，扩展为社会主义和谐社会。面对历史的发展变化，中国青年再次开始思考，在构建社会主义和谐社会的始发站里中国青年不断积极适应社会转型时期的形势变化要求在这一历史进程中，中国青年善于用世界眼光研究问题，敏锐地观察世界政治、经济、科技、文化等各种变化，承担了思想、科技领域的诸多重大的创新课题，由当代青年为主力研发的龙芯等一批自主创新成果应运而生。

2007 年，科学发展观写入党章。2007 年 10 月，我党在北京召开第十七次全国代表大会，胡锦涛总书记做了题为《高举中国特色社会主义伟大旗帜，为夺取全面建设小康社会新胜利而奋斗》，大会把科学发展观写入党章，这是中国思想发展史上的一个标志性事件。科学发展观，是马克思主义关于发展的世界观和方法论的集中体现。将科学发展观写入党章，这是党的十七大对科学发展观作出的科学定位。随着经济社会的不断发展，中国青年再次面临着许多新情况、新问题，科学发展观以科学理论武装了当代青年，从而中国青年也更加牢固树立了正确的世界观、人生观、价值观和社会主义荣辱观。科学发展观的提出相当及时，当年 5、6 月份太湖被蓝藻污染，可见经济发展和生存环境已经成为一个刻不容缓的课题，我们相信在科学发展观指引下，中国青年必将和中国人民一道努力创造一个良好的生活环境，实现社会科学、全面发展。

2008 年，中国北京举办奥运会、残奥会。8 9 月，中国首都北京市成功举办了第 29 届奥运会和第 13 届残奥会，青年志愿者是其中一道靓丽的风景。青年志愿者不仅为奥运会、残奥会提供了充足的人力资源，降低了举办奥运的国家成本，更重要的是青年志愿者以其独特的价值促进了社会进步和文明发展。2008 北京奥运会，不仅促进了人类发展，体现了奥林匹克追求和平、进步和团结的精神，也向世界展现了五千年久盛不衰的中华文明。中国从此不再神秘，一个致力于文明交融的和谐力量正在升起。

五

青年之心，国运所系。

当中国青年刚刚从文革的恶梦中醒来，思想界仍旧一片凋零。文革结束后，人们对知识那种渴求的热情一下子就爆发了出来，今天的年轻人恐怕很难想象当时人们求知若渴的狂热程度：新华书店门口总是排着长长的队，一本书到书店后不久就会被一抢而空，与六、七十年代的青年相比，80年代的青年是幸运的，他们不但赶上了改革开放的机遇，而且成为中国历史责任的负担者。在1978年以后的10多年中，中国青年开创了解放思想、实事求是的先河，恢复高考制度为青年成才提供了渠道，中国青年再次以天下为己任，投身于改革的主旋律，"干社会主义，要从我做起，从现在做起"便是这个时代青年思想的真实写照。中国青年从思索到奋进，张海迪、张华等英雄事迹不断涌现，这些都是这个时代青年思想的主旋律。十二大、十三大制定的改革政策为青年实践自身思想提供了一个良好的平台，作为中国改革开放、经济建设的主力军，中国青年在奋斗。

对于中国青年思想来说，具有崭新面貌的90年代以一次大规模的学习和教育开始。党的十四届三中全会以后，全国青年开展了社会主义教育活动，在青年思想进程中起到了承前启后的作用，青年学生、青年机关干部、青年农民都得到了一次难得的马克思主义教育。党的十四大标志着邓小平理论初步形成，使青年在思想上得到了新的武装。在全国经济改革，对外开放的大好形式下中国青年思想得到了又一次奋进，青年开始把自己的价值与改革开放联系在一起，把自己的思考与现代化事业连接起来。1997年香港回归，给青年思想的这种稳健状态增加了砝码，中国青年思想、行动的发展方向已经走向成熟，并成为社会主义建设的中坚力量。

经历了20世纪的改革和开放，步入新世纪的中国青年已经用自己的眼睛看清了世界，他们肩负的却是振兴祖国，实现民族复兴的伟大重任，留给他们的时间也已经很紧迫了。新世纪是一个解放思想的时代，反思改革开放30年来的历史记忆，回顾80、90年代两代青年的思辨，新世纪青年将这种思辨贯彻到祖国经济建设的大潮中，坚持学习科学文化与加强思想修养的统一，坚持学习书本知识与投身社会实践的统一，坚持实现自身价值与服务祖国人民的统一，坚持树立远大理想与艰苦奋斗的统一。在科学发展观、和谐社会等先进社会主义思想的指导下，中国青年再次焕发出了勃勃生机，承担起社会主义创新、新农村建设等历史使命。

梁启超曾在《少年中国说》中感慨"少年智则国智，少年富则国富，少年强则国强，少年独立则国独立，少年自由则国自由，少年进步则国进步，少年胜于欧洲，则国胜于欧洲，少年雄于地球，则国雄于地球"。青年思想将决定自身行为，青年行为又将决定国家和民族的命运，青年的面貌就是我们未来的面貌，青年的发展途径就是未来社会的发展途径。新世纪是中国发展的关键时期，新一代青年将继续信守五四精神的诺言，把国家建设的更加美好富强，奠定中华民族在全球的尊严与光荣，民主、文明、富强的社会主义国家蓝图将在这一代青年手中变为现实。

我们有幸相逢于改革开放的伟大时代。

我们积极投身于这个伟大的时代，奉献我们的青春，智慧和创造；我们见证着改革开放带来的日新月异，也留下我们与祖国共奋进的光荣梦想、成长进步。

为了明天而回眸，因为我们有更加艰巨的未来责任。

1978：大学

郭 雷 ●●●●●●●●●●●●●●●●●

　　回望30年前，小平同志排除极"左"干扰，毅然恢复高考的决策，改变了无数人的命运，更改变了国家的命运。大学敞开校门，不仅昭示着理性复苏的开始，而且也为改革开放作了思想上的铺垫。1977、1978冬夏两季的高考，是中国大地上出现的一场中外教育史上罕见的集12年人才于一考的考试，由此造就了至今仍然卓然于中国政治、经济、科技和文化等领域中的"77、78级"大学生这一独特的群体。恢复高考给中国的震撼，学生重拾书本的内心喜悦、艰苦应考的难忘场景，以及他们起步于大学梦圆的事业轨迹等等，谨以此来开启改革开放30年思想解放的记忆之门。

　　1978年，是中国历史发展的转折点，也是我人生的关键一年。

　　这一年，我从农村考上了山东大学，从此改变了我的人生命运。这一年，全国有两届（77级和78级）"幸运儿"先后接到大学录取通知书，分别在同一年的春季和秋季跨进大学校门，这在我国教育史上恐怕是绝无仅

77 岁高龄的数学家、上海复旦大学教授苏步青，为发展数学研究工作贡献力量，主动承担带教研究生。（来源：新华社资料图片，王子瑾 摄）

有的。我们班的同学来自全国各地，年龄最小的与最大的相差十五岁左右。年龄最小的是78年的应届高中毕业生，而年龄最大的则是十多年以前的毕业生。"文化大革命"期间被停止十多年的高考制度的恢复，使得千万年轻生命从农村、工厂、渔乡、牧场、营房、课堂涌入高考考场。1977年冬季，全国570万考生报名参加"文革"后的首次高考，最终录取了27.3万人；1978年夏季继续招生，610万考生参加全国首次统一高考，最终录取了40.2万人。

改革开放以来，从1978年到2008年，中国采用高考方式选拔了约5386万学生，保证了中国现代化建设各条战线的人才需求。其中，如今依然呈现"77、78级现象"，即目前活跃在中国政治、经济、科技和文化艺术等领域中卓有建树的领军人物，不乏77、78级大学生。这批学生30年后已成为我们中华民族的中流砥柱。

然而，恢复高考制度的意义不仅仅在于为国家选拔了大批建设人才。它实际上是"文革"后一系列"思想解放"、全面"拨乱反正"的先声，是在全社会形成"尊重知识、尊重人才"风气的开端。从当年高考制度的恢复和"科学春天"的到来，到后来的"科教兴国"与"人才强国"战略，再到建设创新型国家，都贯穿着一个鲜明的主题：知识与人才决定一个国家的发展和未来。

高考制度破冰恢复

1966年，随着史无前例的"文化大革命"的爆发，学校"停课闹革命"，高等学校停止招生，高考制度被废除。1971年制定的《全国教育工作会议纪要》明令废除高考，高校招生要坚持"自愿报名，群众推荐，领导批准，学校复审"的十六字方针，从有实践经验的工农兵及下乡知青中招生。这种制度不但很难保证公平，而且招来的工农兵学员，文化普遍不高，有的甚至不具备基本的文化知识。1973年轰动全国的"白卷英雄"张铁生事件，就是很好的说明，当时我正在上中学，对这件事情至今还记忆犹新。

1974年，邓小平复出。1975年，邓小平开始了多方面的整顿。他指出："一点外语知识、数理化知识也没有，还攀什么高峰？中峰也不行，低峰还

1978年春，北京大学迎来恢复高考后录取的第一批新生。（来源：新华社资料图片）

有问题。我们有个危机，可能发生在教育部门，把整个现代化水平拖住了。"1977年邓小平指出："我们要实现现代化，关键是科学技术要能上去。发展科学技术，不抓教育不行。靠空讲不能实现现代化，必须有知识，有人才。没有知识没有人才，怎么上得去？科学技术这么落后怎么行？"1977年6、7月，第一次高校招生座谈会举行，讨论参加高考的学生资格。1977年8、9月，第二次高校招生座谈会举行，确定高考招生办法，邓小平在会上听取了大家的建议，当即拍板恢复高考。1977年10月12日，国务院批转教育部《关于1977年高等学校招生工作的意见》，正式恢复高等学校招生统一考试的制度，当时这一决定在社会上引起巨大反响。多年后才知道，由于当年报名参加考试的人数大大超过预期，一时竟然拿不出足够的纸来印刷几百万考生的试卷！最后，中央决定紧急调用印刷《毛泽东选集》第五卷的纸张，才使这一问题得到及时解决。

在历史的机遇面前，我不敢懈怠，仿效古人"头悬梁、锥刺骨"的精神，全心准备高考。

1978年2月的一天，正当我在复习功课时，一个同学拿着一份报纸兴冲冲地来找我，他说："中国出了个大数学家，你知道吗？"我接过报纸一看，是《人民日报》转载的作家徐迟的报告文学《哥德巴赫猜想》。我一口气读完，酣畅淋漓。文章写的是中科院数学研究所的陈景润攀登数学高峰的故事。他居住在6平方米的小屋里，没有书桌，把床垫掀起来，趴在床板上，借一盏昏暗的煤油灯，靠手里的一支笔，耗去几麻袋草稿纸，取得了对世界著名数学难题"哥德巴赫猜想"研究的重大突破。他的传奇经历在当年引起了巨大社会反响，曾经激励和鼓舞了包括我本人在内的一代青年。科学的春天日益临近了。

科学春天开启新时代

1978年3月，全国科学大会在北京召开。邓小平在开幕式上重申了"科学技术是生产力"这一马克思主义历来的观点，并阐述了一系列重要观点，例如：

"四个现代化，关键是科学技术的现代化。没有现代科学技术，就不可能建设现代农业、现代工业、现代国防。没有科学技术的高速度发展，也就不可能有国民经济的高速度发展。"

"提高我国的科学技术水平，当然必须依靠我们自己努力，必须发展我们自己的创造，必须坚持独立自主、自力更生的方针。但是，独立自主不是闭关自守，自力更生不是盲目排外。科学技术是人类共同创造的财富。任何一个民族、一个国家，都需要学习别的民族、别的国家的长处，学习人家的先进科学技术。"

"我们可以预见，一个人才辈出、群星灿烂的新时代必将很快到来。科学的未来在于青年。青年一代的成长，正是我们事业必定要兴旺发达的希望所在。"

这次全国科学大会通过了《1978-1985年全国科学技术发展规划纲要(草案)》。这是我国的第三个科学技术发展远景规划，为国家科研整体布局作了具有前瞻性的部署。3月31日大会闭幕时，86岁高龄的中国科学院院长郭沫若以诗人特有的激情发表了热情洋溢的书面讲话《科学的春天》，其中有些脍炙人口的段落至今还印在我脑海里，比如：

"科学工作者同志们，请你们不要把幻想让诗人独占了。嫦娥奔月，龙宫探宝，《封神演义》上的许多幻想，通过科学，今天大都变成了现实。伟大的天文学家哥白尼说：人的天职在勇于探索真理……让我们在无穷的宇宙长河中去探索无穷的真理吧！"

"'日出江花红胜火，春来江水绿如蓝'。这是革命的春天，这是人民的春天，这是科学的春天!让我们张开双臂，热烈地拥抱这个春天吧!"

可以说，全国科学大会开启了科学发展的一个崭新时代，然而它并不是一个孤立的事件。在大会召开之后，国家推出了一系列尊重知识、尊重人才的重大举措，如建立学位制度、恢复国家公派留学生制度、扩大出国学术交流等。

1978年4月，刚刚参加完全国科学大会的数学家杨乐和张广厚，到瑞士参加国际学术会议并顺访英国，这是"文革"后我国学者首次以个人身份出国参加学术活动。30年后，杨乐在一次座谈会上感慨地回忆道:"这件事引起了轰动，当时科学院国际合作局为我们的出访专门给中央写了申请报告，时任中央政治局委员的方毅在报告上作了批示，之后，每一位政治局委员都画了圈。"出国学术交流，需要全体政治局委员画圈，这在今天似乎是无法想象的，但在"文革"刚刚结束的年代，这是一个重大的政策突破，科技交流的大门从此逐渐打开。1978年12月26日，"文革"后首批52名国家公派访问学者搭乘飞机前往美国学习深造。30年过去了，统计数据显示，从1978年到2007年，我国各类出国留学人员总数已经达到了121.17万人，遍布世界100多个国家和地区。

国家的教育体制不断完善。1978年实行改革和对外开放政策以后，立即恢复了招收培养研究生制度。1980年2月12日，中华人民共和国第五届全国人大常委会第十三次会议审议通过了《中华人民共和国学位条例》，并于1981年1月1日起施行。1981年5月20日，国务院批准了《中华人民共和国学位条例暂行实施办法》，制定了学士、硕士、博士三级学位的学术标准，中国学位制度从此建立。1983年5月27日，我国自主培养的第一批18位博士的学位授予仪式在人民大会堂隆重举行。

我是国家这一系列改革开放政策的受益者。1982年我考取了中科院系统科学研究所的研究生，1987年获得博士学位，同年，应邀赴澳大利亚国立大学做博士后研究。两年的国外博士后生涯，使我增长了见识，拓宽了知识面，提高了学术鉴赏力，进一步磨练了克服困难的心理素质。同时，打开了国际交流之门，科研工作迈上新台阶，为后来回国发展奠定了良好基础。实际上，改革开放后，我国有大批留学生学成回国，成为推进社会全面发展的生力军，涌现了众多现代化建设的卓越人才。

科技教育得到空前重视

1989年我结束两年的国外研究工作后，如期回到中国科学院工作。刚回国时，在工作和生活上确实遇到了很多实际困难，但党和政府以及各级领导一直十分关心我的情况，并给予积极支持和帮助。1989年10月6日，江泽民总书记和李鹏总理等中央领导，在中南海怀仁堂接见了31位自改革开放以来归国的留学人员代表，我是代表之一，并作了重点发言。在随后的岁月里，国家对我科研工作的支持和鼓励，是对广大科研人才以及高等教育事业重视的一个缩影。

1988年9月5日，邓小平在会见捷克斯洛伐克总统胡萨克时说："马克思说过，科学技术是生产力，事实证明这话讲得很对。依我看，科学技术是第一生产力。"邓小平的这一论述是对第一次全国科技大会"科学技术是生产力"的深化和升华，精辟地阐明了科学技术是经济发展的首要推动力。而科学技术的进步依赖于人才队伍的建设。为此，20世纪90年代，面对世界新科技革命和知识经济的发展，中共第三代领导集体全面落实"科学技术是第一生产力"的思想，提出了"科教兴国"等一系列发展战略。

1995年5月26日，江泽民在全国科学技术大会上指出："科教兴国，是指全面落实科学技术是第一生产力的思想，坚持教育为本，把科技和教育摆在经济、社会发展的重要位置，增强国家的科技实力及实现生产力转化的能力，提高全民族的科技文化素质。"同年，中共第十四届五中全会把实施"科教兴国"战略列为今后15年直至21世纪加速我国社会主义现代化建设的重要方针之一。1996年，八届全国人大四次会议以具有法律效应的形式，正式提出了国民经济和社会发展"九五"计划和 2010 年远景目标，将"科教兴国"确定为基本国策。

1997 年党的十五大确定了 21 世纪我国社会主义现代化建设的宏伟目标，再次明确地将教育摆在优先发展的战略地位。1999 年，江泽民在第三次全国教育工作会议上的讲话中指出："各级党委和政府，要将教育纳入战略发展重点和现代化建设的整体布局之中，切实把教育作为先导性、全局性、基础性的工作，摆在优先发展的战略重点地位。"教育优先的战略思想逐步成为全党和全国各族人民的统一认识和自觉行动。

进入新世纪后，中国面临更加激烈的国际竞争，但根本上是人才的竞争，人才资源是第一资源。谁拥有更多更好的人才，谁就能在竞争中取得主动，赢得未来。面对 21 世纪初知识经济带来的机遇和挑战，以胡锦涛为总书记的新一届中央领导集体提出了科学发展观的思想，站在推进改革开放和社会主义现代化的战略高度，作出了人才资源是第一资源的科学判断，提出了"人才强国"战略，并在中国共产党第十七次代表大会上作出了优先发展教育、建设人才资源强国的战略决策。把人口大国建设成为人力资源强国，把教育大国发展成为教育强国，把中国建设成为世界上最大的学习型社会，已经成为全国各族人民共同的心愿。建设高等教育强国也成为落实"人才强国"战略，增强我国综合国力和国际竞争力的必由之路。

创新型国家建设扬帆起航

1998 年，一份非同寻常的战略研究报告由中国科学院提交中央，使正在"高等教育强国"道路上阔步前行的中国，奏响了建设国家创新体系的雄壮序曲。在这份题为《迎接知识经济时代，建设国家创新体系》的研究报告中，中科院提出了建设面向 21 世纪国家创新体系的思路，建议国家组织实施"知识创新工程"，并主动请缨，承担"试点"重任。6 月，党中央、国务院正式批准中科院实施知识创新工程试点。我所在的中科院数学与系统科学研究院作为知识创新试点工程第一批启动的单位之一，是在中科院原有的四个研究所（数学研究所、应用数学所、系统科学所和计算数学所）的基础上，于1998年12月整合而成的。今年是中科院实施知识创新工程的第十个年头，体制改革深化、创新成果涌现、优秀人才辈出……中科院这支科技"国家队"牢记历史使命，不辜负党和人民的重托，为建设中国特色国家创新体系进行了卓有成效的探索。

而教育创新是国家创新的基础。教育作为国家创新的重要组成部分，既是知识创新的主要基地，又是培养创新精神和创新人才的摇篮。1978年改革开放，特别是党的十一届三中全会以来，随着科教兴国战略的实施和教育优先发展地位的确立，教育事业的改革和发展取得了重大成就，高等教育取得了跨越式发展，呈现出了蓬勃发展的新景象。高等教育的毛入学率已从1980年的1%上升到2006年的22%。1998年5月4日，江泽民同志在庆祝北大建校一百周年大会上明确指出为了实现现代化，我国要有若干具有世界先进水平的一流大学，要进行教育创新和教育体制改革。近几年，"211工程"、"985工程"及面向二十一世纪教育振兴行动计划给高等学校注入了强大的力量，有力地推动了高校的学科建设、队伍建设、科学研究人才培养和社会服务工作。经过30年改革开放的中国高等教育已经充满生机与活力，为建设创新型国家做出人才贡献，为社会健康持续发展提供新动力，向着高等教育强国迈进。

2006年1月9日，全国科学技术大会在北京召开，这是我国在本世纪召开的第一次全国科学技术大会，我有幸参加了这次会议。在会上，胡锦涛总书记向全党全国人民发出号召：用15年的时间使我国进入创新型国家行列。2006年2月，国务院公布了《国家中长期科学和技术发展规划纲要（2006－2020）》，对我国未来15年科学和技术的发展做出了全面规划和部署，明确了未来15年科技工作的指导方针：自主创新，重点跨越，支撑发展，引领未来。其中"自主创新"包括原始创新、集成创新和引进消化吸收再创新。这次规划由温家宝总理亲自担任领导小组组长,规划制定历时两年多,直接参与人员达2000多人,创造了新中国建立以来规模最大、层次最高的规划制定纪录。我也有幸参加了规划的讨论和制定的部分工作。2007年党的十七大报告提出,提高自主创新能力,建设创新型国家,这是国家发展战略的核心,是提高综合国力的关键,要坚持走中国特色自主创新道路,把增强自主创新能力贯彻到现代化建设各个方面。还明确提出要优先发展教育,建设人力资源强国,全面贯彻党的教育方针,加快普及高中阶段教育,大力发展职业教育,提高高等教育质量,使全社会创新智慧竞相迸发、各方面创新人才大量涌现。

改革开放30年来,我国的经济建设取得举世瞩目的成就。1978年到2007年,我国GDP平均每年增长约9.8%,远远高于同期世界平均3%左右的增长速度。但是,我们的发展中还存在着增长方式粗放、产业技术水平低、资源和环境压力日趋沉重、自主创新能力较弱、企业核心竞争力不强等问题。面对新形势,我们更加需要把科技进步作为经济社会发展的首要推动力量,把自主创新作为调整经济结构、转变增长方式、提高国家竞争力的关键。在此过程当中,切实推进高等教育强国战略实施,发挥高校人才的作用显得尤为重要。高校培养的素质优良、结构合理的各类人才,是科技进步和创新的原动力,也是自主创新的重要基石;高校会聚科技创新团队,形成持续产生重大科研成果的创新平台和基地,这是实现自主创新的重要支撑,在建设创新型国家中发挥着不可替代的重要作用。建设高等教育强国,正是增强自主创新能力、建设创新型国家的必然要求。目前,以高等教育强国战略决策的实施为支撑,我国正在建设创新型国家的航程上破浪前进……

时间的年轮离1978年愈来愈远,30年,弹指一挥间。品味1978,备感中华民族每一步前进都来之不易;感受1978,更加敬重一代伟人英明果断。如果没有1978,中华民族能在今日屹立于世界民族之林,让世界惊诧、敬畏,甚至防范吗?

郭雷,现任中国科学院数学与系统科学研究院院长,中国科学院院士,全国青联副主席,全国人大常委会委员及全国人大外事委员会副主任委员,中央国家机关青联常委。

1961年出生于山东淄博。1982年毕业于山东大学数学系,获学士学位,1982年至1987年在中科院系统科学研究所获硕士、博士学位,1987年至1989年在澳大利亚国立大学做博士后研究。

主要从事系统与控制科学研究。先后当选为中国科学院院士,美国电子电气工程师协会会士,第三世界科学院院士,瑞典皇家工程科学院外籍院士,国际自动控制联合会会士等。曾获国家自然科学奖,中国科学院自然科学奖,国际自动控制联合会世界大会青年作者奖,中国青年科学家奖,中国十大杰出青年,中国青年五四奖章等。

1979: 成份

张 坤 ●●●●●●●●●●●●●●●●●●●●●●●●

　　1979年，中美两国建交，中国首次向世界张
开双臂。与此同时，中共中央作出的《关于地主、
富农分子摘帽问题和地、富子女成份问题的决
定》亦很快成为国人的焦点。从这一决定开始，地
主、富农家庭出身的公民与其他公社社员享有同
样的待遇，入党、入团、入学、参军和分配工作
等方面则主要看其政治表现。于是，"血统论"逐
渐走出人民的视野，中国人民摆脱出身问题的桎
梏，迎来了思想上改革开放的春天。

　　在我的案头，是一张1979年1月3日的《中国青年报》。报纸头版的
下部，是曾经为数以百万计读者传阅的《扫除血统论，携手向前行》的社
论。社论这样写道：

　　在新春佳节之际，传来了一个有重大意义的喜讯：为适应新的变化了
的情况，党中央做出决定，除了极少数坚持反动立场至今没有改造好的以
外，一律摘掉地主、富农分子以及反、坏分子的帽子，对地富子女的成份
也作了明确的规定。

　　党中央这一决定，是我国当前政治生活中的一件大事，也对我们青年

工作提出了一个新课题。地富子女及其后代，在我国有几千万人，这是相当大的一支力量。过去由于血统论等的影响，他们受到种种歧视，许多人因此不能入党、入团、参军、进工厂、上大学、受奖励，甚至恋爱结婚也成了问题。这就使他们在政治上受到压抑，积极性受到挫伤，从而不利于我们团结整个青年一代。现在，宣传党的政策，落实党的政策，把这一部分青年的社会主义积极性最充分地调动起来，就是放在我们面前的一项重大任务。

《中国青年报》的社论风行的时候，我还是一名小学生，但我清楚地记得，那时，我的父母还不敢相信社论传达的消息是真的，心里满怀喜悦却不敢露于面容，也不敢公开谈论，因为，那时候，我们家的成份是地主。

今天的年轻人可能不清楚在那个时候，地主意味着什么。但至今我还记得当年因为"地主"成份给我的家庭带来的沉重阴影。

1977年4月，山东省诸城县城关公社贫下中农愤怒揭发批判叛徒江青的罪恶家史。
（来源：新华社资料图片，时盘棋 摄）

　　解放初期，因为奶奶和外婆家留有几间草房和几亩地，所以尽管她们的家境都很艰苦，但在划"成份"时还是都戴上了"地主"的帽子。

　　我的父母都是大中专毕业的知识分子，因为家庭成份，他们从惺惺相惜，到相依为命，走上了一条艰辛的人生之旅，毕业后被分到一个离老家很远的山区县里面，父亲在一家工厂默默工作，母亲在一所小学辛勤耕耘，父母相距几十公里，他们经常要参加各种各样的学习会、批斗会。记得老家的外婆曾经来山区小学带我，却莫名其妙地被一帮人开着卡车押走了，当时我哭成泪人，后来才知道，那是老家一个工作组派人来拉"地主婆"回去开批斗会。在我幼小的心灵中，父母在一起短暂的时光，要么是唉声叹气，互相争吵，要么如惊弓之鸟，如果我说话声音稍高一些，就会被他们严厉训斥制止。

　　就在1978年夏天，我还清楚地记得外号"鸡老鼠"、当时只有15岁的大队民兵营长的女儿，将我5岁的妹妹带到河边推入水中淹死的情景，仅仅是因为这位在当地骄横的小霸王，想看看不会水的妹妹在落水后拼命挣扎的"好玩样"。我目睹了妹妹被善良的当地农民捞起后在牛背上抢救的情景，目睹了幼小的妹妹终于没逃过此劫被匆匆埋到一个小山岗的情景，目睹了母亲哭昏过去和得知消息连夜赶回来的父亲傻了一样的表情……我们因为地主成份，斗不过那位"贫农"成份的民兵营长，随后母亲就调离了那所小学，留下了妹妹一座小小的荒冢和无限悲伤。

　　年纪渐长后我又得知，因为成份不好，母亲的一位兄弟自杀身亡，一位兄弟被打成右派劳动改造，父母夹着尾巴做人，从来没有想到有一天会"翻身"重新做人，父亲后来当了一家企业负责人，母亲当了一家技工学校老师，做梦也没敢想他们的儿子有一天会考上大学当上干部，来到首都北京从事自己钟爱的新闻工作。

　　也就在1979年以后，我在填写各种表格时候，再也不用躲躲闪闪，而是满怀豪情地填上"干部"，我的父母再也不会因为成份问题发生争吵、在社会上感到矮人一等，我的家庭和千千万万家庭一样，扬眉吐气地过上了

1967年1月，上海市广大革命工人、革命学生、革命干部，连日纷纷集会游行，反对反革命经济主义。（来源：新华社资料图片）

正常人的幸福新生活。

难怪即便父亲已经退休很多年了，依然念念不忘1979年的春天，忘不了《中国青年报》的那篇社论。念念不忘邓公和党的老一辈革命家开创的改革开放新局面。"那是我们千万家庭的解放，更是中国的思想解放，儿子，你一定要感谢党，珍惜现在的生活和工作啊。"父亲总是这样谆谆告诫我。

翻阅旧报，我的心情久久不能平静。

之所以心情不能平静，是因为如果没有1979年成份问题的终结，至今的我可能还生活在"地主"惶惶不安的阴影之中，我的家庭还有千千万万和我一样的家庭，可能还会被这个人为划分的血统枷锁束缚得喘不过气来。

还有很多像我一样有过类似痛苦童年经历的"成份"受害者，比如说起童年，潘石屹的记忆中只有一个"穷"字。"但这也养成了我强大的生存能力。"潘石屹说，"那时候只要给我一盒火柴，就算把我扔到山上我都饿不死，什么植物能吃，什么植物有毒，这些我从 7、8 岁就都懂了。"尽管"穷"，潘石屹的家庭依然有个高成份，因为父亲是右派，爷爷当年曾经是黄埔军校的军官，所以潘石屹的家庭成份实在是糟糕得不能再糟糕了。在村里上完初中，班上 13 个人中有 5 个去公社里上高中的名额。潘石屹是成绩最好的一个，却没能拿到名额。

再比如同样提起那段历史就伤心不已的王立群，当年高考时，爷爷的家庭成份对孙子的前途起了决定性作用。发挥正常的王立群没接到任何一个学校的录取通知。王立群放弃了"复读"，到一家国营企业大厂应聘教师。他今天在《百家讲堂》火起来，是当年的他做梦也想象不到的，他以为要戴着"成份"的枷锁在企业挣扎一辈子，永远抬不起头来呢。

之所以心情不能平静，是因为 1979 年"成份"问题的终结，压在千万家庭头上几十年的"成份"大山终于被搬走了，全体中国人获得了同样的起跑线。

1979 年 1 月，中央为国民党起义、投诚人员落实政策；1979 年 11 月，开始把小商、小贩、小手工业者及其他劳动者从原工商业者中区别出来；打破"成份"以后的民众在平等的条件下投身到有计划的市场经济中，并且一大批以"万元户"为代表的社会新阶层逐渐产生。

之所以心情不能平静，是因为 1979 年"成份"问题的终结，把思想解放推到了一个新的高度。

究其"血统论"的起始，还要追溯到 1966 年"文化大革命"的爆发，红卫兵成为急先锋，运动风起云涌。当年 7 月 29 日，北京航空学院附中出身于干部家庭的学生贴出了一副对联，上联是"老子英雄儿好汉"，下联是"老子反动儿混蛋"，横批是"基本如此"。这副对联号称"鬼见愁"，成为血统论最形象、最有煽动力的口号。对联贴出后，随即被传抄转贴到了北大、清华和人大等北京的主要高等院校，一时围绕着这副对联，在北京各大学、中学的红卫兵之间引发了一场激烈的争论。不久，全国各地的红卫兵均被卷入。出身好的红卫兵出于强烈的"阶级感情"，制造红色恐怖，其

1968年暑假期间，天津延安中学的同学和天津市南区红光里的革命居民一起批判反动的资产阶级的"多中心论"。（来源：新华社资料图片）

中，以中学红卫兵最甚。他们将那些出身非"红五类"家庭的学生斥为"狗崽子"，剥夺了戴毛主席像章、唱毛主席语录歌、参加红卫兵组织的权利。当时，千千万万热血沸腾的红卫兵没想到，血统论及其余波如此深刻地影响了当时的社会。

泛滥一时的血统论已经日渐淡出我们的记忆，但其泛滥的原因及其引发的许多问题却仍值得我们深思。这里面既有封建残余的影响，也是"左"的思想的产物，同时还反映了社会主义建设道路的曲折。我国是在半殖民地半封建社会的基础上进行社会主义建设的，没有经过发达的资本主义阶段，反"走资本主义道路的当权派"是对形势的错误估计。而且用封建的血统论反"走资本主义道路的当权派"，也就是用落后的东西反先进的东西，所以说扫除血统论的一个重要意义，就在于我们迎来了一个思想解放的春天。扫除血统论，宣扬平等、民主思想，维护人民特别是青年的权益，是时代进步的必然选择，也是改革开放的必然产物。压在千万家庭头上几十年的"成份"大山，终于被搬走了！从1978年真理标准问题的讨论，到随后十一届三中全会的召开，再到家庭联产承包责任制序幕的拉开，改革开放因思想解放启幕，由农村改革破题。

　　张坤，现任中国青年报副总编，高级记者。第十届全国青联委员，第三届中央国家机关青联委员、中央直属机关青联常委、首都青年编辑记者协会副主席。

　　1968年出生于安徽怀宁，1989年毕业于安徽大学中文系，后获得山东大学博士学位。先后在《安徽日报》、《中国青年报》工作，其间在安徽凤阳县挂职工作一年。

　　先后出版《跳槽诱惑》、《新财富精神》等10余部专著，获得包括5次中国新闻奖在内的多项全国性大奖，负责报社重大报道组织策划和报网一体化品牌运营建设，受聘教育部高校评估组专家，在杰出青年评选、央视年度经济人物等具有全国影响力活动中担任过评委。

1980：特区

吴相仁

中共十一届三中全会决定把全党工作重点转移到社会主义现代化建设上来，以新的思维、勇气和胆略，实行改革、开放、搞活的政策。改革要从哪里寻找突破口？中国需要一个支点。于是在1980年，深圳等经济特区诞生，成为了中国改革开放历程中开天辟地的标志。从此，"时间就是金钱、效率就是生命"的新概念在经济特区扎根，并在中国大江南北开花结果。巨人苏醒了，一场宏大壮阔的经济改革从这里扬帆起航！

　　2008年10月11日下午3时许，接到中共广东省委副秘书长葛长伟同志的电话，希望我们抓紧办理设立深圳前海湾保税港区的文件，并说这个类似国际自由贸易港的探索，是新时期深圳市乃至广东省对外开放的重要举措，中共中央政治局委员、广东省委书记汪洋对此十分重视，十七届三中全会期间专门向中央领导同志作了汇报。

　　他的来电一下子把我的思绪带到了遥远的过去……

　　1980年8月，叶剑英委员长亲自主持五届全国人大常委会第十五次会议，审议批准了在广东的深圳、珠海、汕头，福建的厦门设置经济特区的决定和《广东省经济特区条例》。时任国家进出口委员会副主任的江泽民同志受国务院委托在会上作了说明。从1980年下半年到1981年上半年，4个经济特区的建设先后全面启动。这正式向全世界宣布：社会主义中国创办了自己的经济特区。美国《纽约日报》载文惊呼："铁幕拉开了，中国大变革的指针正轰然鸣响。"

从此，中国对外开放的大门毅然决然地打开。从此，开始有了"三天一层楼"的"深圳速度"，深圳的城乡面貌一天变一个样。从此，"时间就是金钱，效率就是生命"的市场经济新理念在经济特区扎根，在中国大江南北开花结果。

一

一个与香港仅一河之隔，曾经只有三平方公里，住着三万炎黄子孙的小镇；一个青壮农民辛苦一天只赚8分钱，成千上万人曾为了生计藏在大石后、树林里准备不顾生死偷渡外逃的地方；因为一群参与"实践是检验真理唯一标准"问题大讨论的人的不懈追求，更因为一个经过欧洲文明洗礼的传奇式伟人的果敢决策，这个地方终于在20世纪70年代末开始改变命运，令世界震惊。

它就是深圳！

1977年11月，邓小平复出后首次外出视察就来到了这里。望着河对岸同宗同祖、同样是农民一天却有60多港元收入的香港，他陷入了沉思：如何让中国经济活跃起来，让所有中国人都过上好日子，使步履蹒跚的社会主义中国跟上世界发展的潮流？

1978年12月，党的十一届三中全会召开前夕，邓小平号召全党"解放思想，开动脑筋，实事求是，团结一致向前看"，明确提出"要允许一部分地区、一部分企业、一部分工人农民，由于辛勤努力成绩大而收入多一些，

2004年8月16日,深圳著名的小平画像以崭新的容颜在新落成的小平画像广场上展出,成群结队的深圳市民来到画像前献花、留影,用各种方式表达他们对这位世纪伟人永远的怀念。(来源:新华社资料图片,陈学思 摄)

生活先好起来"。

1979年4月,邓小平专门听取了谷牧关于广东、福建两省要求创办出口特区的设想;7月,党中央、国务院正式批准在广东省的深圳、珠海、汕头三市和福建省的厦门市试办出口特区。1980年5月,在邓小平倡议下,中央决定将这四个出口特区改名为内涵更加丰富的经济特区。

二

在深圳经济特区创建初期,有一个流传甚广的故事,讲的是某发达地区省会城市高校一位老师,赴深圳考察后被气疯的事情。这位老师对深圳的一切都看不顺眼,他不仅每天与同行的老师见面就激烈地争吵不休,而且还踢了刚学会微笑服务的宾馆服务员一脚,大骂人家是"奴才相",给社

1990年11月26日，中共中央总书记江泽民在庆祝深圳经济特区建立10周年招待会上发表重要讲话。（来源：新华社资料图片，蔡忠植 摄）

会主义中国丢脸，回家后大呼"除了红旗是红的外，深圳完全走了资本主义道路"，据说不久竟发疯了。在此后的28年时间里，对深圳等经济特区类似的误解和指责几乎没有停止过。

然而，深圳特区人却凭着自己坚定的信念，艰辛的努力，创造了一个又一个奇迹，把一个昔日穷困落后的南粤小镇发展成为经济繁荣、环境优美的现代化城市，用物质文明和精神文明双丰收的巨大发展成果向世人证明了一切。

到1983年底，累计实际使用外资4亿美元，同时引进2.5万多台（套）设备，由单一化的"自给型"农业经济，变成了多种行业综合发展的"外向型"经济；完成基建投资19亿多元，已发展成拥有近30万人口（包括临时居住人口）的城市。与办特区前的1978年相比，工业总产值增长10.7倍；财政收入增长10.9倍；地方外汇收入增长2倍；全民所有制职工平均工资收入增长1.33倍左右；农民人均收入增长2.5倍。"排污不排外"，人们的精神面貌发生了深刻变化，边境秩序安定，社会风气良好。一位诗人情不自禁地发出感慨："这里并非蓬莱仙阁，但一切都那么新鲜：海上、陆上，叫人着迷，顿觉四面春光一片。"邓小平2004年春节前视察深圳后非常兴奋，他说："这次我到深圳一看，给我的印象是一片兴旺发达。"然后欣然命笔："深圳的发展和经验证明，我们建立经济特区的政策是正确的。"

到1990年10月底，通过"外引内联"，累计实际使用外资30.72亿美元，占全国外商直接投资的七分之一，吸引中央部门和其他省（区、市）资金36亿多元，初步形成了以工业为主的外向型经济格局；完成基建投资213亿元，开发新城区61平方公里，一座广厦林立、设施配套的现代化新城在祖国的南疆崛起。1989年出口贸易总额21.7亿美元，仅次于上海，跃居全国城市的第二位。创办经济特区10年来，深圳国内生产总值年均递增47.8%，工业总产值年均递增69.2%，农业总产值年均递增17.3%，出口贸易总额年均递增72.5%，预算内财政收入年均递增59.9%。按人均国民生产总值计算，1990年深圳已开始步入小康水平，人民安居乐业，社会秩序稳定，呈现一派欣欣向荣、蓬勃兴旺的景象，"开拓、创新、团结、奉献"已成为特区人奋进的不竭动力。1990年11月26日，专程前来深圳出席创建经济特区十周年庆祝招待会的中共中央总书记江泽民发表了重要讲话。

深圳经济特区成立20年来，在邓小平理论和党的基本路线指导下，锐意改革、大胆创新，迅速发展为初具规模的现代化城市，成为中国经济发展最具活力、发展速度最快的增长点。图为深圳特区建筑群。（来源：新华社资料图片，陈学思 摄）

他强调："今天的深圳，已经是一个各项设施比较齐全，经济昌盛，市场繁荣，内外经济交流十分活跃的现代化城市。经济特区建设所取得的成就充分证明，创办经济特区的实践是成功的，实行改革开放的总方针是完全正确的。它从理论与实践的结合上，丰富了我们对建设有中国特色社会主义的认识。"

1999年，全市实现国内生产总值1436.5亿元，人均国内生产总值35908元，外贸出口总额282.1亿美元，地方预算内财政收入184.8亿元，高新技术产品产值占工业总产值的40.5%。2000年头10个月实现工业总产值2005.71亿元，在全国42个中心城市中仅次于上海，排名第二。时任中共广东省委副书记、深圳市委书记的张高丽深有感触地向媒体披露："经过20年的发展，深圳发生了翻天覆地的变化。1980年至1999年，全市国内生产总值年均递增31.2%，1999年，全市国内生产总值1436.5亿元。人均可支配收入、人均住房、人均绿地等都居全国第一。特区20年的实践，使我们进一步懂得，中国共产党领导的建设有中国特色社会主义全部工作的根本目的，就是全心全意为人民谋利益。"2000年11月14日，中共中央总书记、国家主席、中央军委主席江泽民出席深圳经济特区建立二十周年庆祝大会并发表重要讲话。他指出："经济特区创立发展的二十年，是经济特区广大干部群众解放思想、实事求是、敢于实践、大胆创新的二十年。经济特区的实践，向世界展示了社会主义中国的勃勃生机和光明前景。""深圳和其他经济特区、浦东新区的发展，是改革开放以来我国实现历史性变革和取得伟大成就的一个精彩缩影与生动反映，也是对党的正确领导和社会主义制度优越性的一个有力印证。发展经济特区，是建设有中国特色社会主义事业的重要组成部分，将贯穿我国改革开放和现代化建设的全过程。"

经过28年的发展，深圳地大了，人多了，天蓝了，水清了，曾先后获得"中国人居环境奖"、"国际花园城市"和环境保护"全球500佳"等诸多荣誉，业已成为中国经济飞速发展最耀眼的亮点。2007年，深圳市中心建成区面积是70年代的近145倍，常住人口超过846万人（实际总人口1200

多万人），完成全社会固定资产投资 1345 亿元，其中基本建设投资 714 亿元，实现工业增加值 3270 亿元、高新技术产品产值 7598 亿元，本地生产总值 6765 亿元，人均生产总值超过 1 万美元，完成地方财政一般预算收入 658 亿元；实际使用外资 36.7 亿美元，在深圳投资的世界 500 强跨国公司总数累计达 148 家；外贸进出口总额 2875 亿美元，连续 15 年位居全国大中城市榜首。更令深圳特区人自豪的是，到 2007 年末全市累计认定高新技术企业 2748 家，三项专利申请受理量 35808 个。"90% 以上的科研机构设在企业、90% 以上的科研人员在企业、90% 以上的科研经费由企业投入、90% 以上的专利发明产生于企业"——"4 个 90%"，刷新着深圳的创新格局。

中国社会科学院倪鹏飞博士与国外学者合作完成的《全球城市竞争力报告（2007—2008）》，使用人均 GDP、地均 GDP、经济增长率、就业率、GDP 规模、劳动生产率、跨国公司分布数、专利申请数、价格优势等 9 项指标，对全球 500 个城市的竞争力进行了测度，深圳排在第 64 位，位列北京之前。

三

深圳有两尊特别的铜像，一尊是高高耸立在市中心莲花山公园的邓小平塑像，另一尊是市委大门口的拓荒牛，前者表达了特区人对改变自己命运的中国改革开放总设计师邓小平同志的无限崇敬和深深怀念，后者永远激励特区人敢闯敢试、开拓创新。

深圳之所以能够成为"办得最好、影响最大"的经济特区，得益于邓小平理论和"三个代表"重要思想的光辉指引，得益于特区人敢闯敢试、开拓创新的"拓荒牛"精神。深圳作为最早成立的经济特区之一，30 年来特区人敢想敢干、敢闯敢试、敢为人先，在实践中大胆探索了一个接一个的"全国第一"，成为中国改革创新的摇篮。

第一个尝试国有土地有偿使用，敲响了拍卖土地经营权第一槌，引发了国家土地制度的重大改革，并促成了对国家宪法条款的修改。

第一个试行建设工程招标投标制，催生了"三天一层楼"深圳速度的诞生。

第一个尝试国有企业产权制度改革，推动了国有经济的战略性调整。

第一个进行风险投资试点，试行科技投资体制改革，加速了高新技术产业发展。

第一个实行"小政府、大社会"管理模式，进行企业无行政主管部门改革。

第一个打破干部和工人的身份界限，实行全员劳动合同制。

第一个面向全国和全社会招聘局级干部。

第一个在政府决策中引入外国听证会制度。

第一个立法保障外来劳务工权益。

第一个立法禁止食用野生动物。

第一个在党风廉政建设中引入香港廉政公署的经验，预防和惩处市场经济带来的腐败。

第一个颁布社会主义精神文明建设大纲，使精神文明建设走上了规范化、制度化的轨道。

……

率先放开物价，建立物资、劳务、外汇等交易市场，让资金、物资、人力等资源充分流动。

在对外开放方面，深圳也在许多方面走在全国前列：

1982年第一家外资银行分行——南洋商业银行在深圳落户，同年第一家外资保险公司——民安保险公司在深圳成立。

1985年开办了第一家外汇调度中心，在外汇严格管制的情况下发展外汇交易。

1987年成立全国第一家股份制商业银行，打破了银行国有体制。

据有心人不完全统计，30年里，深圳特区人创下的"全国第一"多达300余项。更有意思的是，深圳选择在2006年7月1日也就是中国共产党成立87周年的日子，正式实施《深圳经济特区改革创新促进条例》。《条例》的鲜明特点是：对改革创新失败者的"保护"，将改革、创新作为法定责任引入了国家机关的工作程序和工作制度，建立了改革创新的激励保障机制和监督考核机制。

最近，国务院已正式批准设立深圳前海湾保税港区。我坚信，如虎添翼的深圳必将与珠海、汕头、厦门、海南等经济特区和上海浦东、天津滨海新区一道，继续在我国的对外开放中发挥窗口和排头兵作用。在此，我借用《蛇口盖世金牛赋》的作者魏明伦的话，祝愿深圳经济特区："高而不傲，大而得当"，一路走好！

吴相仁，现任国务院办公厅秘书二局巡视员，第十届全国青联委员，第三届中央国家机关青联委员。

1965年出生于江西永修，1986年中国人民大学农业经济系毕业后分配到国务院办公厅工作，2000年开始联系对外开放和对外经济贸易等方面业务。

曾经参与拟定我国加入世界贸易组织和与新西兰等国家商建自由贸易区谈判方案，办理设立国家级经济技术开发区、出口加工区、保税港区、综合保税区及商务、海关、质检、旅游、工商等方面的文件；随同国务院领导参加中美、中俄、中欧、中日、中巴（西）、中新（加坡）等高层经贸对话；亲历了1991年淮海流域、1998年长江流域抗洪救灾，荣获1998年全国抗洪模范称号。

1981：冠军

蔡振华 ●●●●●●●●●●●●●●●●●●●●●●●●●●●●●●

女排第一次获得世界冠军的1981年，是整个80年代的开局之年。这时候中国刚刚步入尚有料峭寒意的"春天"，经济文化生活质量均有不断提高。这种黎明即将到来时的集体焦虑，需要一个代言人，女排的胜利以及乒乓球"中国时代"的开启，就在这样的时刻恰如其分地到来了。所有的被压抑已久的激情在一夜之间怒放，女排和国球相映成辉，共同照亮了整个80年代。

中国女排首次夺冠：她们创造了一个时代

时间：1981年11月16日20时10分

地点：日本大阪

事件：第三届世界杯女子排球赛中日之间的最后较量

此时此刻，万人空巷。大家守在收音机、电视机前，屏着呼吸，只有广播员激动的声音高喊着："中国女排……中国女排……最后一战……最后一战！"伴随着最后一个球落地，中国女排的姑娘们抱头痛哭。中国人民所有被压抑的激情在一夜之间迸发，人们聚集在天安门广场，"中国万岁"

　　1986年9月13日，中国女子排球队在捷克斯洛伐克首都布拉格举行的第10届世界女子排球锦标赛上以3:1战胜古巴队，成为第一支在世界女子排球大赛中获得五连冠的球队。（来源：新华社资料图片）

的欢呼声响彻夜空。

　　多年兼任国家体委主任的贺龙元帅早在60年代就发出豪言："三大球不翻身，我死不瞑目。"进入80年代，刚刚走出"文革"阴霾的中国迎来改革开放，步入尚有料峭寒意的"春天"。"就这样一个气血衰沉的民族，突然迎来了一个青春浪漫的岁月。"中国女排的胜利就在这样的时刻到来，在三大球中率先翻身，冲出亚洲，走向世界，登上世界之巅，实现了贺龙元帅的夙愿。女排首夺世界冠军的第二天，《人民日报》头版头条红色的大标题格外醒目："刻苦锻炼、顽强战斗、七战七捷、为国争光——中国女排首次荣获世界冠军"。旁边还配发了评论员文章：《学习女排，振兴中华——中国赢了》。"用中国女排的这种精神去搞现代化建设，何愁现代化不能实现？"——体育比赛的胜利，第一次与激励民族、振兴国家联系在一起。同一天的《中国体育报》上，时任全国妇联主席的邓颖超发表了题为《各行各业都来学习女排精神》的文章。她在文中热情地呼唤："各行各业的人民群众都要学习中国女排精神，树立远大的志向，发扬脚踏实地、苦干实干的作风，把自己的工作做好，更快地将我们的社会主义事业推向前进！"奋勇拼搏的"女排精神"由此叫响，中国女排成了中国人人皆知的英雄集体和中国社会的一面旗帜，成为一个积极向上的新时代的精神偶像。

1981年3月，第四届世界杯男子排球赛亚洲区预选赛，中国队在与朝鲜队争夺出线权的比赛中，在先失2局的不利情况下，连扳3局，反败为胜。当时，中央人民广播电台和中央电视台通过卫星转播了比赛实况，全国亿万人民怀着激动的心情收听、观看了这场比赛。当中国男排历经2小时45分钟鏖战最终获得胜利，全国青年学生激情难耐，自发上街庆祝，喊出了"团结起来，振兴中华"的口号。第二天，《人民日报》以此为题发表社论，使这一口号成为时代的最强音，极大地激发了全国人民建设社会主义现代化的热情。

1981年4月，在南斯拉夫诺维萨德举行的第36届世乒赛上，中国队第一次包揽了五个单项的冠亚军，创造了世乒赛史上空前的奇迹。那也是我作为运动员第一次代表中国参加世界锦标赛，亲身经历和感受了中国乒乓球开创历史的瞬间与喜悦。而在这之后的日子里，从运动员到教练员再到管理者，我和全国人民一起，分享着这支优秀队伍的骄傲，见证了中国乒乓球的辉煌。

也是在这一年，中国男子足球队在苏永舜教练的带领下，在第十二届世界杯预选赛亚洲和大洋洲区比赛中第二次冲击世界杯。比赛中，他们表现出良好的作风和风格，接连战胜日本、朝鲜、科威特、沙特阿拉伯等强队，虽然最后只差一步冲击未果，但展现了那个时代中国足球的精神，使国人看到了未来的希望，"冲出亚洲，走向世界"的口号从此响彻全中国。

旧中国体育水平低下，被称为"东亚病夫"，留给国人屈辱的记忆。新中国成立后，在党和政府的关怀和重视下，我国体育开始走上健康发展的轨道。特别是始于1978年的改革开放，推动了社会主义现代化建设事业，为我国体育的腾飞奠定了坚实的基础，使中国体育以全新的姿态走上国际舞台成为可能。1981年这个原本普普通通的年份，由于中国体育的厚积薄发而成为名副其实的"体育年"，中国体育由此拉开了辉煌篇章的序幕。

奥运金牌零的突破：改写历史的一枪

时间：1984 年 7 月 29 日

地点：美国洛杉矶

事件：第 23 届奥运会男子自选手枪慢射 50 米比赛

只有最后一颗子弹了，人们屏息以待。许海峰举起手枪，放下；放下，又举起……一发看似普通却又无比珍贵的 9 环，第一次将奥运会的金牌挂在了中国人的胸前。

1984 年 7 月 29 日，是中国体育史册上永远值得铭记的一页。没有人料到，这一天，初次参加奥运会比赛的许海峰一举夺魁，实现了中国在奥运会上金牌"零的突破"；全球的目光被奥运舞台上崛起的东方巨人——中国所吸引。时任国际奥委会主席的萨马兰奇亲自为许海峰颁奖，并紧握着他的手说："这是中国历史上伟大的一天。"奥运首金让 10 亿中国人心情振奋、激动不已。人们很快发现，许海峰的突破，仅仅是个开始，他后面，还有中国体育健儿的连台好戏——同样是在普法多射击场，吴小旋在步枪比赛中又为中国夺得一枚金牌，并创造了新的奥运会纪录；19 岁的中国小伙李玉伟成为男子移动靶最年轻的奥运冠军。举重台上，曾国强、陈伟强、姚景远，相继斩获三金。周继红在十米跳台上开启了中国跳水的梦幻时代。中国女排顽强奋战，气势如虹，实现"三连冠"。栾菊杰在洛杉矶的剑道上，成就了"天下第一剑"的英名。马燕红、楼云扬威体操赛场，李宁更是以 3 枚金牌 6 枚奖牌成为中国奥运史上获得奖牌最多的运动员。重返奥运赛场的中国健儿，以 15 枚金牌、8 枚银牌、9 枚铜牌的优异成绩，在 140 个参赛国家和地区中金牌总数名列第 4，为祖国赢得了荣誉，为民族增添了光彩。中国体育的历史性胜利，激发了海内外中华儿女强烈的爱国热情，极大地振奋了民族精神，为改革开放的中国注入了强大的精神活力，激励着各条战线的人们奋勇前进。

　　往事不堪回首。1932 年，在张学良将军的资助下，我国派出短跑选手刘长春独自一人参加了在洛杉矶举行的第 10 届奥运会，这是中国人第一次出现在奥运赛场上；随后中国又派团参加了 1936 年第 11 届柏林奥运会和 1948 年第 14 届伦敦奥运会。但是旧中国经济落后，民生凋敝，体育水平可想而知，几次参加奥运会均以"零"的纪录告终。参加 1948 年伦敦奥运会时，中国体育代表团竟因经费拮据流落他乡，靠募捐和借款才得以返乡。旧中国体育记载了中国人民的不屈和抗争，但留下的更多是尴尬和痛苦。终于，在新中国改革开放初期的 1984 年，许海峰用清脆的枪声打破零的纪录，创造了新的历史；中国运动员在洛杉矶奥运会上扬眉吐气，为曾经的屈辱画上了句号。回想当年，洛杉矶正是刘长春 1932 年单刀赴会、铩羽而归的地方。抚今追昔，通过体育，我们看到了中国的沧桑巨变。

　　竞技体育是一个精英荟萃、充满独特魅力的领域，深受世界各国人民的喜爱和关注。而一个国家对竞技体育的参与程度，在国际体育事务中发挥作用的大小，与该国的经济发展、政治稳定和文化积累密切相关。改革开放 30 年来，在党的领导下，中国社会成功地实现了从半封闭状态到全面改革开放的伟大历史转折，中国体育也实现了大规模、全方位同世界体育接触、交流和融合的转变。新中国成立后，受当时世界政治形势的影响，某些国际体育组织中极少数人企图制造"两个中国"。为维护国家主权，中国体育组织与其进行了严正斗争，并在 1958 年后的一段时间内，不得不同国际奥委会等国际体育组织中断了联系。自此，中国体育对外交往之路被迫部分中断，占世界人口总数四分之一的中国，不得不长期缺席奥运会、亚运会等重要国际体育活动，这不仅影响了中国体育发展，也严重阻碍了国际体育的发展。党的十一届三中全会以后，我国的国际国内形势发生了一系列重要变化，1979 年，邓小平同志第一次对"一国两制"的构想做了公开表述，这也为体育界寻找了一种既坚持原则，又从实际出发，并能为各方所接受的解决中国在国际奥委会合法席位的方案提供了基本思路和理论依据。1979 年 10 月 25 日，国际奥委会执委会在日本名古屋通过决议，恢复中华人民共和国在国际奥委会的合法席位，并决定台湾以中国台北奥委会的名义参加国际奥委会。1979年11月26日，国际奥委会批准了名古屋决议。自此，我国在国际奥委会中的合法席位得到恢复。"奥运模式"的创立，打开了中国参加国际体育活动的新局面，成为中国体育全面走向世界的新起点。

1984年洛杉矶奥运会，新中国首次派出了由353人组成的代表团，全面正式参加夏季奥运会，意义深远。而中国在国际体育赛场的首次亮相就以优异的运动成绩、良好的道德风尚和顽强的拼搏精神，奠定了中国体育的良好国际形象，获得了世界瞩目。

星光为何这般灿烂：国运盛，体育兴

时间：1995年5月8日21时55分

地点：中国天津

事件：第43届世乒赛男子团体比赛中国对瑞典

这是留在我的记忆深处永不磨灭的一个日子。随着王涛最后一板侧身抢拉弧圈球得分、扔拍仰面倒下喜极而泣，当时担任中国男子乒乓球队主教练的我激动得和冲进场内的团体主力队员抱成一团，忘情地欢庆胜利："我们赢了！"时隔6年，中国男子乒乓球队以3比2险胜瑞典队，夺回了阔别已久的斯韦思林杯。而在第43届世乒赛上，中国乒乓球队继第36届世乒赛后第二次包揽全部7枚金牌，从低谷再次走向巅峰。

在我国竞技体育的灿烂星河中，乒乓球无疑是其中最为光彩夺目的一颗。以1959年容国团为中国夺得第一个乒乓球男单冠军为标志，中国运动员开始在国际乒坛一显身手。从改革开放之后的1979年至2008年，中国乒乓球队共参加了15届世界乒乓球锦标赛，共获得男子团体冠军10个，男子单打冠军9个，男子双打冠军10个，女子团体冠军14个，女子单打冠军

1996年7月31日，邓亚萍获得第26届奥运会乒乓球女子单打冠军，成为当时唯一蝉联奥运会乒乓球金牌的运动员和唯一的奥运会4枚金牌得主，时任国际奥委会主席的萨马兰奇亲自为她颁奖。（来源：新华社资料图片，徐步 摄）

14个，女子双打冠军14个，混合双打冠军14个，并包揽了第36、43、46、48、49届世乒赛全部冠军，战绩显赫，长盛不衰。

中国体育事业的发展，竞技体育的崛起和腾飞，得益于我国改革开放和社会主义现代化建设事业的不断推进，所有这些，为体育事业奠定了坚实基础，提供了强大动力。

新中国成立后，我国虽然在个别项目上也取得了部分好成绩，但是总体上尚不具备与世界强国抗衡的实力。随着我国改革开放、经济腾飞，东方巨龙宣告了自己的苏醒，中国的体育事业获得了前所未有的发展动力，迅速完成了从"冲出亚洲"到"走向世界"的历史性跨越。1984年至今，我国组团参加了7届夏季奥运会，8届冬季奥运会，共获得金牌167枚，银牌133枚，铜牌119枚。特别是在刚刚结束的北京奥运会上，我国运动员共获得51枚金牌，21枚银牌，28枚铜牌，位列奥运会金牌榜第一，奖牌榜第二，获得中国参加奥运会历史上的最好成绩，创造了中国体育新的辉煌。

亚洲运动会是国际奥委会承认的在亚洲地区举行的规模最大的洲际运动会。1982年在印度新德里举行的第9届亚运会，是中国在改革开放后第一次组团参加的亚运会。在这届亚运会上，中国首次超过在此前始终占据榜首的日本，成为亚洲体坛的新盟主。自1982年至今，改革开放后的中国连续参加了7届亚运会，7次位列金牌榜第一，始终保持亚洲领先位置。

除了奥运会和亚运会这样的大型综合性体育赛事，30年来，我国运动员还参加了大量国际单项体育比赛,在世界体坛上创造了一个又一个佳绩,展现了一个正在崛起的东方体育大国的风采。截止到 2008 年 10 月 18 日,中国运动员共获得世界冠军 2246 个,创超世界纪录 1011 次,拉近了与美国和俄罗斯两强之间的距离,成为世界体坛一支重要的力量,为祖国赢得了荣誉,为民族做出了贡献,在社会主义物质文明和精神文明建设中发挥了独特的作用,谱写了激动人心的壮丽篇章。

改革开放以来,我国体育健儿勇创佳绩,涌现出无数个全国人民耳熟能详的优秀运动员和英雄集体,可谓星光灿烂。从许海峰、杨扬、刘翔,到

1981 年 5 月 7 日,国家体委、共青团中央、中华全国体育总会在人民大会堂举行欢迎中国乒乓球代表团大会。图为中国乒乓球代表团团长、教练员和运动员在欢迎大会主席台上。(来源:新华社资料图片,汤孟宗 摄)

勇攀高峰的中国登山队、长盛不衰的中国乒乓球队、"五连冠"的中国女子排球队、被誉为"梦之队"的中国跳水队等等,他们在赛场上的非凡表现,令人动容,催人奋进。体育健儿孕育出"胸怀祖国,放眼世界"、"人生能

有几回搏"、"胜不骄，败不馁"、"从零开始"等一系列鼓舞人心的警句、格言和故事，被人们经久传诵，成为全社会共有的精神财富。他们创造并践行着"为国争光、无私奉献、科学求实、遵纪守法、团结协作、顽强拼搏"的中华体育精神，极大地激发了全国各族人民的爱国热情，增强了中华儿女的民族自信心、自豪感和凝聚力，成为全国人民学习的榜样，尤其成为无数青少年心中的偶像，发挥了独特的教育功能，在社会主义精神文明建设中发挥了重要作用。

国运盛，体育兴。改革开放30年是中国经历历史性变革、取得历史性成就的30年，也是中国体育实现大发展、大跨越的30年。在党和政府的亲切关怀和坚强领导下，沐浴着改革开放政策的春风，依托于经济发展和综合国力增强的巨大推动，中国体育事业突飞猛进，取得了举世瞩目的成就，正大踏步迈入世界体育大国行列。

北京奥运，百年圆梦

时间：2008年8月8日20时

地点：中国北京

事件：第29届奥运会开幕

2008年8月的北京，成为了全世界瞩目的焦点。中国与全世界一起分享着奥运的激情与快乐，共同书写了奥林匹克运动新的辉煌篇章。

奥运会是人类文明的产物，是当今社会最具影响的文化现象之一。中国人的奥运情结自百年之前就开始积淀。1907年，著名教育家张伯苓先生就提出"我国应立即成立一支奥林匹克代表队"。1908年10月，伦敦第4届奥运会刚刚结束，《天津青年》杂志即撰文提出了三个问题：中国何时才能派一位选手参加奥运会？中国何时才能派一支队伍参加奥运会？中国何时才能举办奥运会？但是，旧中国的国际地位、国家状况制约着中国人民的奥运梦想，中国尚不具备举办奥运会的条件。1978年改革开放以来，我国逐渐从高度集中的计划经济体制转向充满活力的社会主义市场经济体制，公民素质、城乡文明程度和群众生活质量明显提高，中华民族的自信心、自豪感和凝聚力显著增强，为我国举办大型国际综合性运动会打下了坚实的基础。1990年，我国历史上第一次举办了大型综合性洲际运动会——第11届亚运会，并获得圆满成功，对发展亚洲体育事业、促进国际体育交往、展示我国改革开放和现代化建设的巨大成就，发挥了重要作用。亚运会闭幕式上，群众自发打出了"亚运成功，重盼奥运"的横幅。许多港、澳、台同胞和海外侨胞，也热切希望中国申办奥运会，为中华民族争光。1991年，北京提出了承办2000年奥运会的申请，却由于种种原因以2票之差失利。尽管首次申奥失利，但通过申办奥运，却极大地推动了两个文明建设，振奋了民族精神，增强了民族凝聚力，奥运会在中国更加深入人心。中国人民并未气馁，而是认真总结经验，苦练内功，以更加积极主动的态度参与国际体育事务。1998年，北京市再次提出举办奥运会的申请，以"新北京，新奥运"的口号，表达了中国人民对未来的向往和自信。当2001年7月13日，北京终于如愿获得2008年奥运会举办权时，举国上下一片欢腾，群众自发涌上街头，尽情表达内心的喜悦，共同庆祝中华民族奥运梦圆的时刻。至此，20世纪初《天津青年》向国人提出的三个问题，最终有了完整的答案。从1908年到2008年，其间整整跨越了100年！

为了实现中华民族的百年期盼，履行对国际社会的郑重承诺，7年来，全国人民、各行各业都付出了艰苦卓绝的不懈努力，为世界奉献了一届"有特色，高水平"的奥运会。

北京奥运会有来自204个国家和地区的16000名运动员参加比赛，是奥运史上参赛国家、地区和运动员人数最多的体育盛会。本届奥运会共刷新38项世界纪录和85项奥运会纪录，创历届奥运会之最。中国派出奥运征战史上运动员人数最多的体育代表团，史无前例地参加了北京奥运会全部28个大项、38个分项、262个小项的比赛，名列金牌榜第一位，创造了中国体育代表团参加奥运会以来的最好成绩，实现了重大历史性突破，书写了中国体育事业发展的新篇章。体育健儿时刻牢记党和人民的嘱托，弘扬中华体育精神和奥林匹克精神，以"狭路相逢勇者胜"的勇气和豪气，顽强拼搏、不屈不挠，敢于挑战强手、超越自我，胜不骄、败不馁，尊重对手、尊重观众、尊重裁判，表现出良好体育道德和文明礼仪，表现出自强、自信的民族精神和为国争光、无私奉献的爱国情怀，让全社会为之振奋，为之感动，实现了"为人生添彩、为奥运增辉、为民族争气、为祖国争光"的誓言，生动诠释了对奥林匹克精神的深刻理解，赢得了对手的尊敬和世界的喝彩，向祖国和人民交上了一分优异的答卷。

在北京奥运会期间，中国体育界与国际体育界加强友好交流，增进了相互了解和友谊。作为北京奥运会的参加者和中国人民的友好使者，我国体育健儿与世界各国体育健儿共同切磋技艺，互相学习，共同提高，真正体现了团结、友谊、进步的奥林匹克宗旨，营造了"同一个世界、同一个梦想"的浓厚氛围。

中国体育健儿的优异表现在全国掀起了新的体育热、奥运热、爱国热，使体育成为全社会的关注焦点和热门话题，人们通过多种形式了解体育项目的规则、特点和历史，掌握奥林匹克知识和体育知识。体育健儿以高超的技艺、顽强的作风和文明友好的举止对奥林匹克精神做出了精彩演绎，"更高、更快、更强"的奥林匹克格言和"团结、友谊、进步"的奥林匹克宗旨家喻户晓、深入人心。北京奥运会掀起的空前的体育热潮，必将产生巨大的长期效应，对群众体育、竞技体育、体育产业等各项体育事业的发展产生全面而深刻的影响。

从"东亚病夫"刻骨铭心的屈辱，到笑傲世界体坛的扬眉吐气，中国体育的辉煌历程，见证了人民共和国的繁荣富强，见证了改革开放给中国社会带来的翻天覆地的变化。正是改革开放30年取得的伟大成就，为体育事业的发展奠定了强大的物质基础、政策保障和精神动力，使中国体育健儿以前所未有的自信、自强、自豪的姿态站在国际体育赛场上，在北京奥运会上奋力追求更快、更高、更强，完美展示超越、融合、共享，为中国改革开放 30 周年献礼。

体育是不懈追求、永无止境的事业。在我们迎来改革开放 30 年之际，让我们更加紧密地团结在以胡锦涛同志为总书记的党中央周围，以党的十七大精神为指引，以科学发展观为统领，全面继承和弘扬北京奥运会留下的宝贵遗产，充分发挥北京奥运会的长期效应，发扬中国体育的优良传统，心向祖国，心系人民，谦虚谨慎，戒骄戒躁，拼搏奋斗，不懈追求，在新的、更高的起点上积极推进体育事业的全面、协调、可持续发展，为全面建设小康社会、构建社会主义和谐社会，为中华民族的伟大复兴做出新的、更大的贡献！

蔡振华，现任国家体育总局副局长，中国奥委会副主席，中华全国青年联合会副主席，中国共产党第 17 届中央委员会候补委员，第二届中央国家机关青联委员。

1961 年出生于江苏无锡，运动员期间，曾获得第 36 届、第 37 届世界乒乓球锦标赛团体冠军，第 37 届世界乒乓球锦标赛男双冠军，第 38 届世界乒乓球锦标赛混双冠军。退役后，赴意大利执教。1989 年当中国乒乓球队陷入低谷时，毅然放弃国外优厚待遇回国执教，带领中国乒乓球队实现了翻身，在 1995 年天津第 43 届世界乒乓球锦标赛上重夺全部 7 项金牌，并且在 1996 年、2000 年奥运会乒乓球比赛上包揽了全部金牌，培养了多位乒乓球世界冠军、奥运冠军，创造了中国乒乓球队新的辉煌。

曾获"全国先进工作者"、"中央国家机关杰出青年"、全国十佳教练员等称号，多次荣获国家体育荣誉奖章。

1982：一号文件

黄守宏 ······················

全面建设社会主义现代化不仅需要纲领与方针，更需要从一点着手实施。根据"自愿选择"精神起草的1982年的中央"一号文件"，正式肯定了土地的联产承包责任制，结束了包产到户30年的争论。第一个"一号文件"把"75号文件"中包产到户的社会主义临时户口改成了正式户口，从此包产到户得到了新的发展，关乎国计民生的"三农问题"成为经济建设中的大事。以此为开端的第一个五个"一号文件"与2004—2008年的五个"一号文件"，共同勾勒了改革开放30年来农村改革发展的政策变迁轨迹。

1982年1月1日，中共中央发出第一个关于农村工作的"一号文件"，正式肯定了包产到户、包干到户等联产承包责任制的合法性，并宣布长期不变。"一号文件"发布那几天，全国各地农村沸腾了，刊登文件的报纸被抢购一空，基层干部群众奔走相告，很多农民燃放鞭炮庆祝。那个时候，我正在北京农业大学（现中国农业大学）农业经济管理系学习。当时我们教科书里讲的还是过去人民公社"三级所有、队为基础"那一套，其中还有批判包产到户的内容。这个肯定家庭承包责任制的"一号文件"，从根本上否定了"三级所有、队为基础"，对传统的农业经济理论带来了强烈的冲击。看到文件后，系里的老师和同学立即进行

1984年，山东省济南市郊段店大队第六生产队的干部、社员在学习讨论《中共中央关于1984年农村工作的通知》。（来源：新华社资料图片，时盘棋 摄）

学习讨论，大家情绪极为兴奋，讨论气氛十分热烈，各种观点相互交锋。此情此景，至今仍历历在目。

这个"一号文件"和以后下发的4个"一号文件"，对当时正在学校读书的我产生了深刻的影响。通过认真学习和深入思考，我深深地体会到，我国是一个农村人口占多数的国家，现代化建设的成败取决于农业农村，没有农业农村的现代化就没有整个国家的现代化，作为一个来自农村、学习农业的学生，有责任为农村改革发展贡献自己的力量。从此，我就与"三农"工作结下了不解之缘，无论是毕业后分到农业部，还是后来调到国务院研究室，我都一直从事农村政策研究工作。在新世纪，中央又发出了关于"三农"工作的5个"一号文件"，我有幸参与了文件的起草工作，并为此付出了自己的努力。在农村改革30周年的今天，当我们站在新的历史起点上回眸时可以看到，10个中央"一号文件"和其他重要文件，奏响了推动农业发展、促进农民增收、繁荣农村经济的气势磅礴的主旋律，使我国农村发生了翻天覆地的历史巨变，亿万农民昂首迈进了富裕文明的新时代。

1982年中央"一号文件"的出台，是有着深刻的历史背景的。长期以来，我们农村实行的"三级所有、队为基础"的人民公社体制，严重挫伤了农民的生产积极性，导致农业长期徘徊，农民生活极为贫困。到70年代末，全国有三分之一的农民吃不饱肚子，很多农民外出讨荒要饭。1978年

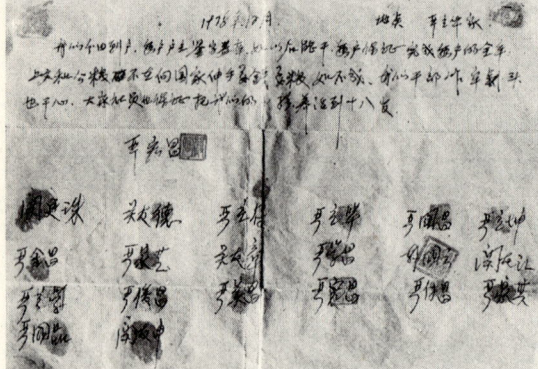

上图为 2008 年 10 月 7 日，小岗村村干部正在整理有关土地流转的协议文档。（来源：新华社资料图片，王雷摄）

下图为 30 年前，18 位农民按下红手印的"大包干"契约（资料照片）。（来源：新华社资料图片）

冬天的一个夜晚，安徽省凤阳县小岗村 18 个农民在一张合同书上按下鲜红的指印，上面说"我们分田到户……如不成，我们干部作（坐）牢杀头也干（甘）心……"，由此拉开了农村改革的序幕。但在当时，社会上围绕包产到户、包干到户的争论非常激烈。赞成者有之，认为它符合农业生产特点、最能调动农民积极性；反对者也有之，认为这是搞私有化、搞资本主义。在我们农大的师生中，意见也不一致，大家有时会争得面红耳赤。当时已经搞了包产到户、包干到户的地方的农民普遍担心政策变，没有搞的地方一直在犹豫观望。1982 年的中央"一号文件"一锤定音，它明确提出，所有的责任制形式，包括包产到组、包干到户、包产到户，都是社会主义制度的自我完善，它不同于过去的分田单干，更不能当作资本主义去反对，并强调生产责任制长期不变。在中央"一号文件"的鼓舞下，包产到户、包干到户等各种形式的家庭承包责任制很快就在全国普及了。连一直批判资本主义思想、全国农业的学习样板山西昔阳县大寨村，也在 1982 年底实行了包产到户。当地的群众说："砸了大锅饭，磨盘不推自己转，头儿不干，咱大家干。"1983 年至 1986 年，为破除计划经济束缚、促进农村商品经济发展，中央又连续发了 4 个"一号文件"，出台了一系列重大政策措施，包括延长土地承包期，取消农产品统购派购制度，放开农产品市场，推进农产品流通体制改革，调整农村产业结构，发展乡镇企业和建设小城镇等。

1982年至1986年这5个中央"一号文件"，激发了亿万农民的积极性，农业生产快速发展，农民收入大幅提高。1978年到1988年，粮食总产量由4000亿斤增加到8000亿斤，一举解决了十几亿人口的吃饭问题；农民收入保持两位数增长，其中1982年的年增长率为19.9%，为历史最高。乡镇企业如雨后春笋般涌现，到20世纪90年代初期，乡镇企业成为中国经济中最活跃的部分，全国工业产值中"三分天下有其一"。很多人评论，这个时期是中国农村改革发展的第一个黄金时期。

但是，农村改革发展的道路是不平坦的。特别是围绕要不要坚持以家庭承包经营为基础、统分结合的双层经营体制的争议一直不断。作为在中央机关从事农村政策研究工作的我，对此有很深的感触。我曾亲身经历过这样一件事。1989年"六四"风波之后，社会上关于家庭联产承包责任制的议论很多，引起了农民和基层干部的疑虑，担心政策变、走回头路成了这个时期的普遍心态。11月初，我和时任国务院研究室农村组组长的余国耀同志来到"大包干"的发源地凤阳县小岗村调研，当时的村长严俊昌和村干部严宏昌面色严峻，向我们坦陈对农村局势的忧虑："这一段时间我们农民心里日夜不安哪，现在最怕又要搞一大二公那一套。"随后我们又到安徽、江苏的其他地方调研，都听到了类似的声音。11月21日回京后，一种责任感驱使着我们连夜起草了调研报告，如实反映了农民的担忧，提出了关于稳定家庭联产承包责任制等党在农村基本政策的建议，上报了中央领导，受到江泽民总书记的重视。12月1日，江泽民总书记在听取"全国农业综合经验交流会议"汇报会上，提及我们这份报告，并强调：党的十一届三中全会以来党在农村的基本政策不会变，包产到户的政策不会变；我们各级党政领导和部门，要明确宣传稳定政策，宣传联产承包制不会变，让农民一百二十个放心。江泽民总书记的重要讲话传达后，消除了包括小岗村农民在内的广大农民群众的疑虑，稳定了农村局势。根据有关领导指示，我们将调研报告略作修改，12月4日《人民日报》予以发表，题为《稳定农村基本政策是群众的愿望》。从这件事上，我深深体会到，我们的党中央是和广大农民心连心的，急群众所急、想群众所想、办群众所盼。

进入新世纪新阶段，农业和农村发展面临着很多新的矛盾和问题，突出的是农民增收困难。特别是从1997年开始，农民收入增幅连续4年下降，城乡发展严重失衡，农村社会矛盾日益突出，城乡居民收入在一度缩小后又进一步扩大。农民反映"有饭吃，缺钱花"、"吃饱了饭，看不起病，读不起书"。由于农民负担沉重，部分农区干群关系十分紧张，群体性事件不断发生，特别是每年都有农民因负担重自杀的事件发生。2002年，时任湖北省监利县棋盘乡党委书记的李昌平上书朱镕基总理，反映"农民真苦，农村真穷，农业真危险"，呼吁要采取措施尽快解决。

中央高度重视、认真对待、着力解决新时期的"三农"问题。时隔18年之后，中央"一号文件"再次聚焦"三农"。2004年至2008年中央的5个"一号文件"，主题分别是促进农民增收、提高农业综合生产能力、推进新农村建设、发展现代农业和加强农业基础建设，其核心思想是按照统筹城乡发展要求，实行工业反哺农业、城市支持农村和多予少取放活方针，重点是促进农业稳定发展、农民持续增收，强调给农民平等权利，给农村优先地位，给农业更多反哺。特别是出台了一系列具有里程碑和划时代意义的重大举措：取消了"农业四税"（指农业税、屠宰税、牧业税、农业特产税），对农民实行"四补贴"（指粮食直补、良种补贴、农机补贴、农资综合补贴），实施农村义务教育"两免一补"（指对农村义务教育阶段的学生免收课本费、免收学杂费，对贫困寄宿生给予生活补助金），建立农村新型合作医疗制度和农村最低保障制度等等。

党的强农惠农政策受到了广大农民的衷心拥护，他们说现在种地不交税、上学不交费、看病不花钱，这在过去是做梦都不敢想的。一些地方农民以传统的方式、自发的行动、朴实的语言，表达对党和政府的感激之情。河北灵寿县青廉村60岁的农民王三妮，自费16万元，曾先后铸过两个鼎，就是一个生动的例子。国家正式免征农业税的2006年，王三妮铸了"告别田赋鼎"，上面雕刻了他自己撰写的570字的铭文，记述了一段厚重的历史："田赋始于春秋时代……1979年邓小平搞改革开放，施行联产承包责任制，使亿万农民富裕起来。乾坤转天地变。从2006年1月1日起依法彻底告别延续了两千六百多年的田赋。亿万农民歌唱社会主义好，高呼中国共产党万岁！我是农民的儿子，祖上几代耕织辈辈纳税。今朝告别了田赋，我要代表农民铸鼎刻铭，告知后人，万代歌颂永世不忘。"2008年，王三妮再铸"恩惠鼎"。十条铭文历数免除农业税，实行农业补贴、新型农村合作医疗、农村最低生活保障、农民子女上学免费、农民工免费培训技术等惠农政策。铭文的结论质朴而深刻："惠农政策给我家7口人带来收益共5000余元，深感党和政府对农民的恩惠……"无独有偶，2007年3月，四川省南部县保城乡宋家坪村500余名农民竖立起了"告别田赋纪念碑"，碑文记录着"……二零零六，农税全免，五百人口，四百亩田，减税七万，实惠八方。"沉甸甸的铜鼎和石碑，承载着同样沉甸甸的情感，述说了农民群众刻骨铭心的温暖记忆，凝聚了农民群众发自肺腑的真情实感，凸显了中央5个"一号

2006年2月10日，江苏泰州兴化市昭阳镇严家村的村民代表在民主议事室参加"三清（清洁水源、清洁家园、清洁田园）"民主议事会。（来源：新华社资料图片，朱旭东 摄）

文件"的历史地位。

新时期的5个"一号文件"共同形成了新时期加强"三农"工作的基本思路和政策体系，构建了以工促农、以城带乡的制度框架，有力地促进了农业和农村发展。粮食生产扭转了连续多年下滑的局面，实现了连续5年增产；农民人均收入增速由2003年的4.3%提高到2007年的9.5%。这5年，被公认为是新中国成立以来农业发展最好、农村变化最大、农民得到实惠最多、干部群众心气最顺的时期之一，为实现国民经济又好又快发展、保持社会和谐稳定奠定了坚实基础，提供了重要支撑，做出了巨大贡献。

30年农村改革发展取得的成就无疑是巨大的，但要从根本上改变农村落后面貌，还需要作出长期艰苦的努力。当前，我国农村改革发展正处在新的历史起点上，既有着难得的历史机遇，也面临着严峻的挑战。特别是城乡二元结构造成的深层次矛盾突出，城乡差距扩大的趋势还没有根本改变。实现全面建设小康社会的宏伟目标，最艰巨最繁重的任务仍在农村，最广泛最深厚的基础也在农村。农村改革发展任重而道远。

在改革开放30年之际，2008年10月9日至12日，国内外瞩目的党的十七届三中全会在北京召开。这次全会审议通过了《中共中央关于推进农村改革发展若干重大问题的决定》，系统回顾总结了我国农村改革发展的光辉历程和宝贵经验，对新阶段的农村改革发展作出了重大战略部署。这对于进一步统一全党全社会认识，加快推进社会主义新农村建设，对于全面贯彻党的十七大精神，夺取全面建设小康社会新胜利、开创中国特色社会主义事业新局面具有重大而深远的意义。我有幸参与了全会文件的起草工作，深深体会到，十七届三中全会立足开创全面建设小康社会新局面，适应农村改革发展新形势，顺应亿万农民过上美好生活新期待，描绘了社会主义新农村建设的宏伟蓝图，出台了更加有力的重大政策措施，中国农村迎来了新的黄金发展期。

潮平两岸阔，风正一帆悬。展望未来，在全面建设小康社会、加快推进社会主义现代化的新征途中，广大农村的面貌必将日新月异，亿万农民的生活必将越来越好，我们伟大的祖国必将更加繁荣富强。作为一名农村政策研究工作者，我将以更加高昂的精神状态，投身到农村改革发展和现代化建设的大潮中，努力创造无愧于时代和人民的业绩。最后，我愿用自己的座右铭，《钢铁是怎样炼成的》的作者奥斯特洛夫斯基那段名言与青联朋友们共勉："人最宝贵的是生命，生命对于我们来说只有一次……一个人的一生应当这样度过：当他回首往事的时候，不因虚度年华而悔恨，也不因碌碌无为而羞耻。这样，在临终的时候，他就可以说，我的整个生命和全部精力都已经献给了世界上最壮丽的事业……"

黄守宏，现任国务院研究室党组成员。第三届中央国家机关青联常委，中国人民大学、中国农业大学、云南民族大学兼职教授、博士生导师。

1964年出生于河南范县。1981年至1987年在北京农业大学经济管理系学习，1987年至1989年在农业部政策法规司工作，1989年至今在国务院研究室工作。1997年后先后任农村司副司长、司长等职。

曾多次参与起草党中央、国务院重要文件和领导同志重要讲话，包括《政府工作报告》和中央经济工作会议、中央农村工作会议文件等，是2004至2008年5个中央"一号文件"和十七届三中全会文件的执笔人之一；主持的研究课题曾获得国家科技成果进步二等奖，在国家级报纸杂志发表论文上百篇，被评为中央国家机关"优秀青年"。

1983：严打

何挺

省级机构改革、国企利改税、农粮棉创收……一切都预言着处于社会转型期的中国正逐渐强大。然而，一小撮人却在本应诚实合法享受改革开放带来的经济成果的道路上迷失自我，各种犯罪活动随之而生。于是，对国家内部问题的调整被提上日程。"严打"是邓小平同志亲自提出的，这是继解放初期进行的镇反运动后，在党中央直接领导下的大行动，是公安战线坚决贯彻人民民主专政思想的一次重要体现。这一场"严打"，是坚持人民民主专政的又一个具有历史意义的里程碑。

　　1983年7月31日，是我从西南政法大学刑事侦查系毕业到公安部报到的第一天。报到时，正赶上部里按照中央要求，部署开展"依法从重从快打击严重危害社会治安的犯罪分子"的活动，也就是"严打"活动。

　　因为在刑侦局工作，所以有机会看到地方刑侦部门的工作报告。在这些报告里，经常有这样的文字："女职工大多不敢去上夜班，即使要上下夜班，也都得有家人或男职工陪同"。我清楚地记得，这一年的前8个月，重大案件每月平均递增15.8%，8月份发案竟达8200余起，其中，杀人、抢劫、强奸、诈骗四类大要案逐月增多的速度更快。这一年的2月12日，也就是农历大年三十，沈阳市发生了震惊全国的"二王"事件，王宗坊、王宗玮开枪打死打伤7人后，流窜全国若干省市，沿途多次打死打伤干部群众和公安民警；5月5日发生客机被劫持案，中国民航296号客机从沈阳飞往上海途中，被卓长仁等6人持枪劫持至汉城春川机场；6月16日，内蒙古呼伦贝尔盟牙克石林业局发生一起10名流氓歹徒手持枪支、凶器，屠杀无辜群众26人，强奸轮奸女青年，炸毁房屋等重大案件。

之所以出现如此局面，在于当时的经济建设和社会结构刚刚走出"十年动乱"的桎梏，改革开放政策的施行则将中国推入了社会转型时期。发达资本主义国家在物质上的富裕和精神上的某些畸形表现突然展现在国人面前时，一些人对金钱物质的追求欲望一下子膨胀起来。在追求财富过程中，便不可避免地会采取不同的方式，有合法的，有偏差的，甚至有铤而走险的，各种犯罪活动随之产生。一些犯罪分子经常在光天化日之下结伙起哄，寻衅闹事，聚众斗殴，掠夺财物，甚至在公共场合追逐调戏女青年，抢劫轮奸妇女的事情也常有发生，许多地方公共场所秩序混乱，人民群众没有安全感，甚至出现了好人怕坏人的不正常状况。

严峻的治安形势，不仅让整治社会治安成为公安司法工作面临的首要问题，而且也引起了党和国家领导人的高度关注。彭真同志提出，打击犯罪要"依法从重从快"、要"满足两个基本要求"（基本事实清楚、基本证据确实充分）、"严打"和预防犯罪要结合起来，邓小平同志则在1983年7月19日和彭真及时任公安部部长的刘复之同志的谈话中提出了"严打"思想。记得刘复之部长回到部里后迅速全面传达了小平同志的指示和工作要求："小平同志要求必须严厉打击刑事犯罪，态度非常坚决。他系统地谈了严厉打击刑事犯罪活动的方针、步骤和措施。他说：'为什么不可以组织一次、二次、三次严厉打击刑事犯罪活动的战役？每个大、中城市，都要在三年内组织几次战役。比如说北京市，流氓犯罪集团到底有多少，有哪些人，是不难搞清楚的。像彭真同志讲的，找老民警当顾问，调查调查，情况就清楚了，就可以组织战役了。一次战役打击他一大批，就这么干下去。我们说过不搞运动，但集

2002年4月4日晚，北京市西城区公安分局地安门派出所会同有关部门，对辖区内出售盗版光盘制品的永盛世纪等音像店进行清理整顿，查缴各类盗版光盘近5万张。图为民警正在清点查缴的盗版光盘。（来源：新华社资料图片，袁满 摄）

中打击严重刑事犯罪活动还必须发动群众。动员全市人民参加，这本身对人民是教育，同时能挽救很多人，挽救很多青年。发动群众，声势大，有的罪犯会闻风跑掉，那也不要紧，还有第二次战役可以追回来。'……'对严重刑事犯罪分子，包括杀人犯、抢劫犯、流氓犯罪团伙分子、教唆犯、在劳改劳教中继续传授犯罪技术的惯犯，以及人贩子、老鸨儿等，必须坚决逮捕、判刑，组织劳动改造，给予严厉的法律制裁。必须依法杀一批，有些要长期关起来。还要不断地打击，冒出一批抓一批。不然的话，犯罪的人无所畏惧，十年二十年也解决不了问题……严厉打击刑事犯罪活动是一件大快人心的事。先从北京开始，然后上海、天津，以至其他城市。只要坚持这么干，情况一定能好转。'"

8月25日，中央发出《关于严厉打击刑事犯罪活动的决定》，要求严厉打击社会治安领域犯罪活动。9月2日全国人大常委会通过《全国人民代表大会常务委员会关于严惩严重危害社会治安的犯罪分子的决定》，明确规定对一些严重危害社会治安的犯罪分子，可以在刑法规定的最高刑以上处刑，直至判处死刑。这两个《决定》的发布实施，标志着我国的"严打"政策正式形成。

"严打"得到了民意的支持。实际上，在"严打"开始前，局里几乎每天都能收到要求严厉打击犯罪活动的群众来信。"严打"活动中，民众的支持和参与发挥了重大作用，据统计，"严打"第一战役第一仗中群众检举揭

发犯罪线索多达149.43万条，扭送违法犯罪分子4.75万人，违法犯罪分子投案自首的就有10.64万人。第一战役第三仗中群众检举揭发犯罪线索达18.4万条，扭送违法犯罪分子达20469人，违法犯罪分子主动投案自首的就达9467人。

"严打"活动为保护人民群众的生命财产安全，维护社会治安秩序的持续稳定，保障改革开放和经济建设的顺利进行，发挥了重大的历史作用。"严打"本身也取得了巨大的成果：一是打击了犯罪分子的嚣张气焰。全国共逮捕177.2万人，判处174.1万人，送劳动教养321万人，缴获各种枪支3万多支，子弹200多万发；共查获各类犯罪团伙197万个，成员876万人，基本改变了"坏人神气、好人受气、积极分子憋气、基层干部泄气"的不正常状况，改变了不少地方公共场所秩序混乱，女工上夜班要人接送的状况，大大增强了人民群众的安全感。二是打击了破坏改革、开放、搞活的经济犯罪活动。全国检察机关查处的经济犯罪案件12万起（其中万元以上的大案2.3万起），全国法院系统审理判决的经济犯罪分子206万人，为国家、集体挽回经济损失123亿多元。三是打击了卖淫、吸毒、赌博、传播淫秽录像书刊等违法犯罪行为，抑制了社会丑恶现象的泛滥，促进了社会主义精神文明建设。四是推进了社会治安综合治理工作，增强了干部群众的法制观念，推进了社会主义民主和法制建设。

2001年8月16日，一大批非法枪支弹药在福州被销毁，这是福建省在开展严打整治斗争以来第二次大规模集中销毁非法枪支弹药。图为公安人员在清点即将销毁的枪支。（来源：新华社资料图片，张国俊 摄）

　　"严打"后，我参与了很多重大案件的侦查工作。这些工作让我对"严打"有了更为深刻的认识。

　　1985年发生在吉林的小火车爆炸案，死伤达数百人。我记得我是和刑侦局乌国庆局长到的现场。小火车是头天下午行驶到桥上时爆炸的，现场30多具尸体凌乱地浮在冰面上。当时已是春节过后，中午的暖阳将河的表层融化成水，勘查现场时尸体已和冰面冻结在一起了，根本不能翻动，也就无法进行现场勘查。我们只得用镐和其他硬工具刨尸体，然后用手将尸体从冰层中剥离出来，快如利刀的冰刃割破手套和手指，血水就顺着手指滴到冰面上，凝成大片的"血冰"。从侦查技术的角度看，这样的现场是很难勘察，也是很难判断死者的特征、受伤或致命部位的。可见，当时的犯罪分子不仅气势猖狂，还很狡猾，从作案时间、地点、手段等方方面面给公安机关的侦查工作设置障碍。

　　1990年发生在广州白云机场的劫机案，当场死亡就达270人。劫机犯在飞机上要求飞往台湾，飞机在天空盘旋了一个多钟头后在白云机场降落。落地后，劫机犯看到机场不是台北，气急败坏干扰驾驶员的正常驾驶，飞机就从跑道穿过草坪向停机坪冲过去，其间将一架飞往重庆的波音737飞机驾驶舱撞毁之后，拦腰撞向已上满旅客的广州至上海的航班，造成人员重大伤亡和财产的重大损失。我和刑侦专家们到达现场后，首先见到的是一片狼籍和到处散落的尸体，有的无头，有的身子被拦腰截断……情景惨不忍睹。在进行现场勘查的同时，我也在不断地思考，对于类似的严重暴力犯罪活动，不严厉打击行吗？如果一而再，再而三地发生，我们还对得起国家、对得起人民吗？

　　1983年的"严打"为整治社会治安、打击犯罪活动提供了一个垂范，20世纪90年代的专项斗争和集中"严打"，以及2000年至今的集中"严打"和专项整治活动，都取得了预期成效。比如经过1996年全国性的"严打"集中统一行动，使犯罪得到了有效遏制，社会治安形势明显好转。刑事案件发案出现了多年来少有的平稳态势。全年共立案160余万起，比上年下

1997 年 6 月 3 日，广东警方将收缴的 300 公斤海洛因和 200 公斤的冰毒在虎门销毁。（来源：新华社资料图片，唐师曾 摄）

降 5.4%，重特大案件立案 69 万余起，下降 1.7%。爆炸、杀人、伤害、抢劫、盗窃等几类主要案件比上年均有所下降，这是几年来第一次出现全部案件和重大案件同时下降的情况。

进入 21 世纪后，刑事犯罪活动出现了新的特征，"严打"对策和具体方式也发生了新的变化，同样取得了辉煌战果。尤其是当时的几个上访大案中，群众对于拐卖妇女儿童犯罪的深切痛恨与血泪控诉，惊动了中央。摆在我办公桌上的首长批示和一封封群众来信，时刻在警醒我，这是必须完成的艰巨任务。我当时意识到，这仅仅是个案，我们不能只满足于解决个案，还应从根子上彻底解决拐卖妇女儿童犯罪的问题。如此，必须要依靠高科技作支撑，方能事半功倍，简捷高效。在领导的高度重视，有关部门的大力支持和同志们的辛勤工作下，我倡导和主抓的被拐卖妇女儿童数据库、拐卖妇女儿童犯罪分子数据库、被拐卖儿童父母的 DNA 数据库终于建立了，继而还设立了公安部物证鉴定中心、北京、沈阳、广州四个 DNA 检测站。"科学技术是第一生产力"，自此，高科技的威力在刑侦工作中充分发挥出来，在 2000 年开始的"打拐"专项行动中，全国共破获拐卖妇女儿童犯罪案件 11 万余起，抓获人贩子 17 万余名，解救被拐卖妇女 11 万人和大批儿童，其中通过 DNA 数据库为 418 名儿童找到了亲生父母。这种在新

1999年，河北省保定市公安机关在"夏季治安整治统一行动"中将打击假币犯罪作为专项斗争进行部署，仅一个多月的时间，就破获假币案7起。图为保定市雄县公安机关的公安干警在清点收缴的假币。（来源：新华社资料图片，高洁 摄）

的历史条件下，利用高科技手段开展的"严打"专项行动，是20世纪80年代、90年代集中"严打"方式的新发展。

辩证唯物主义认为，任何事物都有正反两方面，世界上没有十全十美的事物。"严打"也是一样。"严打"过程中，一些单位和干部民警片面甚至错误理解"严打"关于"从重"、"从快"、"两个基本"等要求，不顾法律规定，一味追求打击效果。因此，在取得辉煌战果的同时，"严打"中也出现过一些冤假错案，其中有些案件还引起各级领导和社会大众的关注，带来了一定的负面影响。比如湖北省京山县佘祥林"故意杀人"案。1994年1月20日，佘祥林的妻子张在玉突然失踪，公安机关怀疑被佘所杀，遂立案侦查后移送起诉、审判，1998年法院终审认定佘犯"故意杀人罪"，判处徒刑十五年，剥夺政治权利五年。2005年3月，张在玉突然"生还"，从外地返回家乡，证明本案为错案。1998年4月，在昆明市一辆面包警车里，一男一女两名警察被枪杀。男性死者王俊波为当地某县公安局副局长，女性死者王晓湘是市局机关干部，是市局戒毒所民警杜培武的妻子。作为重大犯罪嫌疑人，杜培武被立案侦查、起诉、审判。1999年法院终审认定杜培武持枪报复杀人，构成故意杀人罪，判其死刑、缓期二年执行，剥夺政治权利终身。2000年6月，公安机关破获以铁路警察杨天勇为首的特大杀人团伙案。杨天勇等 7 名案犯先后落网后交代了杀害王俊波和王晓湘的犯罪事实。此案的侦破终于证明杜培武案是错案。这些冤案错案，均发生在集中"严打"活动期间，暴露出某些地方和一些办案民警重打击，轻保护；重实体，轻程序等错误倾向。这些都是被媒体曝光的案例，我想，在"严打"中，尤其是 80 年代初的集中"严打"活动中，冤假错案也许还要多。因此，在新的历史时期，在依法治国，全面贯彻落实科学发展观，构建社会主义和谐社会的今天，我们必须对"严打"政策和"严打"活动进行反思，尽量减少或消除其弊端，使其不断完善，健康发展。

"严打"政策应当受到宽严相济政策的指导和约束。宽严相济的刑事政策是罗干同志于 2005 年 12 月 5 日在全国政法工作会议上首次提出的。在 2006 年召开的十六届六中全会上，该政策被确定为我国的基本刑事政策，标志着我国刑事政策又取得了进一步发展。其基本涵义是依法当宽则宽，当严必严，在既有"宽"的情节，又有"严"的情节时，"宽"和"严"要相互呼应、互相协调、宽严适度。作为公安战线上的一名老兵，一直以来，我也在不断总结、研究、反思开展了近 30 年的"严打"。其实，"严打"政策的实施，除了一系列的专项斗争或专项行动之外，主要靠"运动式"的几次集中"严打"活动来具体贯彻。这种方式，对短、平、快地打击犯罪，发挥了无可替代的作用，收到了很好的效果，但也暴露了一些不足。主要表现在执行过程的随意性和对犯罪人人权保障的不足等方面。该"严"的都从严打击了，但对该宽的却很少"宽"，这种做法，显然不能满足当今构建和谐社会的要求。我想，在宽严相济政策的指导下，今后"严打"的对象应该主要针对有组织犯罪、黑恶势力犯罪、严重暴力犯罪、跨国境犯罪、恐怖主义犯罪、严重影响国家社会安全的多发性犯罪等犯罪类型，再也不能搞"一哄而上"，再也不能不分情况一律从严打击。

另外，应该考虑对"严打"进行立法规制。我认为，在西方国家，同样存在"严打"政策和"严打"活动，只是提法不同，渊源不同而已。在欧洲，15—17 世纪，流浪罪和乞讨罪是当时刑法关注的重点。到了 19 世纪，随着欧洲的工业化进程，城市无产者反对现代统治秩序的犯罪日趋严重，打击城市无产者犯罪成为各国刑事立法的重心。20世纪50、60年代，同商业犯罪作斗争开始在刑事立法中占据突出的地位。70年代以后，抢劫、入室盗窃等暴力性犯罪及由此带来的社会不安全感问题，成为整个西方社会关注的焦点，严厉打击暴力性犯罪又处于立法优先考虑的地位。可见，这些国家的"严打"活动多是以立法为前提的。这值得我们参考、借鉴。我们也可以考虑制订"严打"特别法，分别规定实体法律制度和程序法律制度，对于"严打"的适用范围、启动条件、"严打"活动中的证据规则及相关程序制度做出特别规定，为"严打"活动的开展提供明确法律依据，使这项活动逐步走上法制化、规范化的轨道。

何挺，现任甘肃省省长助理，省公安厅厅长。第九届全国青联委员，第十届全国青联常委，第三届中央国家机关青联委员。

1962年出生于山东荣成，1983年西南政法大学刑侦系毕业后进入公安部工作，2002年任公安部反恐怖局局长，2003年任公安部刑侦局局长。

指挥和参与侦破了一系列在国内外有重大影响的刑事案件，指挥公安机关妥善处置危及社会稳定的群体性事件，领导建立和规范了公安反恐怖、刑侦等基层基础工作制度，进一步促进了公安机关队伍尤其是公安刑侦队伍的正规化建设。在今年甘南维稳，抗震救灾工作中，不惧艰险，亲临一线，靠前指挥，表现突出，做出了重要贡献。曾获中央国家机关杰出青年、优秀公务员，全国优秀人民警察称号。

1983：春晚

张泽群 ●●●●●●●●●●●●●●●●●●●●●●●●●

　　1983年，中央电视台"春节联欢晚会"的华丽亮相，不仅开创了电视综艺节目的先河，成为综艺文化发展的蓝本，而且逐渐成为中国电视精神和文化的象征。看春节联欢晚会也与"包饺子、吃年夜饭"并称为年三十的三件大事，深刻影响和改变着老百姓的生活方式。虽然自从20世纪90年代以来，历届春节晚会都多有争议，但不可否认，25年来央视春节联欢晚会留下了许多令人印象深刻的人和事。它制造了许多流行语，捧红了许多明星，产生了不少值得关注的电视现象。对绝大多数中国人来说，春节晚会有着和年夜饭一样重要的意义，既回味和享受着一年丰硕的收获，同时又彰显着当时的文化思潮和社会情绪。

　　在许多人的回忆中，1983年第一届"春晚"的铺排可能还比不上今天一个市级晚会的规格，没有专门的主持人，马季、姜昆、王景愚、刘晓庆就是那个不大的舞台上的当家，他们也是当年中国演艺圈的大牌。在晚会演出时，演员、主持人动不动就走下台和观众打成了一片。刘晓庆那一袭红衣黑裙反映出那个年代的时尚，一头乌黑的披肩发，带着质朴的笑容向大家问好。三位男主持们身着中山装，卡其布的工装，偶尔还会见到西装，但不打领带，简单质朴。中国人特有的年的温情就通过这样的画面散播到守候在电视机前的每个人的心里。

第一届"春晚"，我就是热心观众之一。当年的晚会就呼吁观众参与，我记得好像是出了五道谜语，让观众来猜。其中一道题目是：镜子里面有个人——打一个字。北京的观众可以打电话，我们在河南也是第二天就去邮局寄走了答案。那也是电视机前好多人讨论的结果。过了几天，也是从电视里知道答对的人也不是太多，好多人跟我们一样，把"镜子里面有个人"的那个字答成"我"了。我们想到一块儿了：镜子里的人，谁照不就是谁吗，你一看镜子里面有个人，肯定第一反应就是"我"。但标准答案是："人"。如果我没有记错，是刘露老师在《文化生活》栏目里专门做了解释，还把写着"人"字的纸板摆在镜子前面，再看镜子里的字就是"人"了。那欢乐的记忆一晃也二十多年了。

后来我到台里，才听到了更多关于第一届"春晚"的幕后故事，当年的节目大多没有完整地彩排过，许多节目都是观众通过现场设立的热线电话点播的，所以李谷一老师史无前例地唱了7首歌，包括在当时被划为"禁歌"的《乡恋》。那时，台里只为"春晚"配了4部电话，这4部电话的铃声此起彼伏，大家不仅担心电话线路不够用，更担心电话线路会不会因过热而引发火灾，因此当观众们迫不及待地打进电话的时候，工作人员们却准备了灭火器，在电话旁边严阵以待。再想象电话那边的情景，20多年前，大多数人家没有私人电话，人们在公用电话前排队给央视"春晚"打电话，那真可谓是中国电视文艺史上的第一次互动联欢。

在那个文化生活相对单调的年代，"春晚"带给了人们太多的欢笑。1984年：最令人难忘。张明敏的《我的中国心》，马季的单口相声《宇宙牌香烟》，陈佩斯和朱时茂的小品《吃面条》，李谷一的歌曲《难忘今宵》，朱明瑛的歌曲《大海啊故乡》、《回娘家》，沈小岑演唱的《请到天涯海角来》

1986年春节联欢晚会的排练活动在中央电视台的演播厅里进行。图为蒋大为（左二）和彭丽媛（左一）排练联欢会节目《歌曲联唱》。（来源：新华社资料图片，韩居策 摄）

等都给人们带来了美的满足。1985年：创新带来的遗憾。这一年的"春晚"其实有许多精彩节目，如马三立的单口相声《大乐、特乐》，吕念祖的歌曲《万里长城永不倒》，房新华演唱的《小草》等，可惜由于场馆改在北京工人体育馆，这些好看的节目没有能够被很好地传输到电视荧屏上。1986年：稳中有升。这一年的歌曲联唱把许多当时广为流行的歌曲像《在那桃花盛开的地方》、《阿里山的姑娘》等一股脑儿地送到观众面前，让人们着实过了一把歌瘾。

从1987年走过来的中国人，大都知道费翔这个名字。在那年的春节晚会上，费翔第一次亮相央视春晚。当时他头顶蓬松鬈发，身穿红色西装，一曲《冬天里的一把火》劲爆火辣，让当时思想相对保守的内地观众看得目瞪口呆。费翔进入内地之时，台湾歌曲在内地已拥有了庞大的群众基础，《乡间的小路》、《外婆的澎湖湾》等台湾校园歌曲已在内地风行，邓丽君的"靡靡之音"也已经公开化。同时，崔健的《一无所有》、郭峰的《让世界充满爱》等原创歌曲也唱响内地歌坛，这时费翔的进入，真正架起了台湾与内地流行音乐的桥梁。当然，费翔的一夜走红还要感激1987年春晚的导演邓在军，在某些领导严令不许给疯狂舞蹈的费翔卜半身镜头的时候，邓导在直播的控制室里说："给全身，给全身镜头，不管。"在这之后的几年里，"费翔旋风"席卷大江南北。

随着经济社会的不断发展，"春晚"的形式内容也在进行不断创新。尤其是从1992年起，增加了"我最喜欢的春节联欢晚会节目"评选活动并举办颁奖晚会宣布评选结果，从2001年起，改为在元宵节晚会上宣布。评选活动进一步激发了普通观众对"春晚"的热情，从一开始的电话投票、写信投票，到现在的手机短信投票、网络投票，越来越多的观众参与到"春晚"当中来，评选出他们最喜欢的节目。2005年，"爱是我们共同的语言"，《千手观音》带给所有人震撼；2006年，《剪纸姑娘》的美丽与灵动让我们赏心悦目；2007年，《小城雨巷》带给我们江南的恬静与温婉；2008年，因为南方特大冰雪灾害，"春晚"在第四次彩排时新加了"赈灾板块"。整块节目长近10分钟，一首诗加一支歌的形式虽然很简单，但央视13位著名主持人和姜文、陈道明、张国立、徐静蕾等众多演艺界明星全体出动，站在同一个舞台上深情朗诵，令人感受到万众同心的巨大感召力。有观众留意到，很多明星是第一次参加春晚的演出——徐静蕾的眼眶里泛着泪光；陈道明念词最严肃；黄晓明紧张得有些卡壳；濮存昕最专业，深情自然；姜文的哑嗓子听起来有点异样……不过，这一切都不要紧，主持人和影视明星们，因为雪灾而聚集在一起，用自己的影响力体现集体的力量，这本

1987年，中央电视台除夕晚会彩排，270多位演员登台表演约5小时。图为姜昆（左）、唐杰忠在彩排时表演相声《虎口遐想》。（来源：新华社资料图片，巫加都 摄）

身就是一件值得张扬的事情。所以，尽管在这个临时增加的节目中，明星们的表现不是个个完美，但观众依然对它称赞不已。由此，这个板块也成为这一届"春晚"最感染人的环节。

在我最美好的人生岁月里，我目睹了"春晚"的由纯朴简单到繁花似锦的渐进历程。我们寻常百姓家里的电视也已经从黑白时代进入到彩色和高清时代，我也从电视机前的观众转变为一名电视工作者，近三年更有幸成为"春晚"的参与者，我对"春晚"的观感和情感也有着"划时代"的变化。

我第一次靠近"春晚"，是1989年。回想起89年的元旦，那时我还在北广上学，在电视台实习的同学告诉我，中央电视台青少部的徐家察主任点名要我去《我们这一代》节目实习，毕业后就去青少部工作。那一年，我在电视台的圆楼里看着要参加"春晚"彩排的摩肩接踵的人群，也跟着兴奋，溜进那个神秘的演播大厅去看看，对两个年轻的大胡子导演充满敬意，视他们如统领千军万马的将军。从此，每当圆楼人潮涌动的时候，我都会对文艺部的人羡慕不已，像新兵看着大部队上前线。

第一次站上"春晚"演播大厅的舞台，是1998年，春晚刚结束，我们社教中心和新闻中心在一号厅大联欢，我是主持人之一，那个舞台大得让人发慌。八年后，我第一次走到了"春晚"舞台的中心，当我说出："在这辞旧迎新的时刻，我们向全国各族人民……"时，心中洋溢着神圣和幸福。当所有人一起唱起《难忘今宵》的时候，更是有如梦如幻的感觉……

我曾经说过，每次看到大型节目结尾时那长串的字幕就很感慨，那是我们的战友的阵容。亲身经历了春晚，每年经过六次彩排和惊心动魄的直播，才真正知道"春晚"二字的份量。今年我为自己在"春晚"的失误公开道了歉，是由衷地感到自己的表现给节目和节日带来了遗憾，每当我想起：每次彩排之后从部长台长到各工种人员都要开三四个小时的总结会，每次彩排后节目都会有新的改动，每次改进都凝聚着大家的心血，每次上下道具的场工都像战士在冲锋，自己就愧疚不已！当记忆伴随痛苦会比欢

1999年2月8日晚，中央电视台在1号演播大厅进行了1999年春节联欢晚会彩排。此次晚会以"欢声笑语张灯结彩春节大团圆，载歌载舞万众欢腾迈向新世纪"为主题，图为河北歌舞团的孩子们表演的《玉兔迎春》。（来源：新华社资料图片，杨飞 摄）

乐更深刻，这是我一生铭记的教训。

"春晚"带给我们太多的经典，但不可否认的是，随着审美水平的不断提高，观众对"春晚"的要求也越来越高。这几年看过"春晚"后，很多人都在想：现在的"春晚"怎么没有过去精彩了呢？或者说："春晚"怎么还不如一些小型节目吸引人呢？我们知道，每年的"春晚"从导演到节目到演员，无不是经过重重筛选，层层把关，用客观的眼光去看，它们应该都是很优秀的。之所以会出现种种褒贬不一的议论，原因是深层次的。与其说"春晚"不如以前了，不如说是人们的自身发生了变化，或者说人们遭遇了审美疲劳。再美的东西如果天天都看到，也会渐渐失去看它的兴趣。再好吃的东西，如果天天吃，也会倒胃口。一朵小花，如果把它单独放到你面前，你可能觉得它差强人意，如果让它和满园的鲜花一起开放，你可能根本不会注意到它。可是如果换一个场景，你可以想象一下，在万物初长的春天，或者是在一派萧索的冬日，这样一朵小花盛开在草丛中或者灰暗的土壤里，那它将赢来多少欣喜、赞赏的眼光，你可能会觉得它是天底下最美的东西了。说了这么多，其实我只是想说：20多年前，我们看"春晚"的时候，所能接触到的类似的娱乐节目还太少，那时的"春晚"在我们的眼里就仿佛是万绿丛中或灰暗土地上的一抹春红，我们惊叹于它的清新美丽，在我们的记忆中它永远被定格为最美。伴随着改革开放，在20多年后的今天，我们随手打开电视就可以发现，各类精彩的节目如雨后春笋般层出不穷。我们看的多了，一方面欣赏的品位提高了，另一方面，也开始麻木了，产生了审美疲劳，太多的好东西吸引了我们的眼球。这时候，即使是精彩的、出色的，也很难在极短的时间里触动我们那根敏感神经。

其实，在中国，"春晚"已经不仅仅代表着一台晚会，我们看"春晚"，也不仅仅是为了欣赏精彩的节目。有人说，"春晚"已经成为改革开放以来中国最成功、最广为人知的文化品牌。它承载着太多人的记忆，代表着团聚、家庭、亲情等等温馨的词汇。对于很多家庭来说，在灯火阑珊的夜晚，全家人一起看"春晚"是一种难忘的享受，因为它让我们找到了回家的感觉。现代都市，即使是亲人与亲人之间，也常常因为各自为生计奔忙，而少了情感上的沟通与互动。我们经常感觉到孤独与寂寞，我们渴望回家，渴望向亲人诉说心中的情感，可总是找不到合适的契机。是一年一度的"春晚"，给了我们这样的契机；是《难忘今宵》的优美旋律，让我们停下匆忙的脚步。确乎只有在中国才有这样的盛况：同一个夜晚，许多台电视，不同职业的人群，收看同一个频道，同一个节目——春节联欢晚会。那是一种难以用语言表述的感觉，只有开始，没有结束；那是一种莫名的触动，欢笑中夹杂着泪水，热烈中蕴含宁谧。无论是一时的委屈，还是长久的牢骚，在这特定的时刻都化为乌有。"春晚"的笑声，亲人的欢聚，让每个人的心联系在了一起。我们喜欢"春晚"，不仅仅是因为我们从中可以获取欢乐的笑声，更重要的是因为我们在"春晚"的舞台上，听到了亲人细细的絮语，品到了浓烈的亲情美酒。我们在"春晚"的荧屏上，欣赏精彩节目，放飞奔腾思绪，尽情体味着家的美好与温馨。"春晚"是一个载体，它让我们感动，那一份感动里有割舍不断的情怀。我们也质疑过"春晚"，但是当每一个除夕之夜来临的时候，我们还是会情不自禁地打开电视机，将遥控器定格在春节联欢晚会上，因为对于我们来说，观看"春晚"早已成为一种习惯，它越来越升华为一种感觉，那细腻而绵长的感觉，是我们与家的连缀！相约"春晚"，"春晚"让我们回家。

"春晚"是个大舞台，是艺术的舞台，更是人生的舞台。小时候总不理解为什么"要敢于胜利"，人们都渴望胜利，怎么会不敢呢？现在明白，要想胜利是需要勇气的，要站在"春晚"的舞台上也是需要勇气的，这是承担、奉献和牺牲的勇气。伴随着25届"春晚"，这种承担、奉献和牺牲已经成为电视文艺工作者的一种精神。我向这种精神致敬，更要永远追随这种精神。

张泽群，中央电视台文艺部节目主持人，第八届、九届全国青联委员，第十届全国青联常委，第三届中央国家机关青联常委。

1965年出生于河南郑州，1985年至1989在北京广播学院播音系、新闻系学习。1989年至今，曾先后在中国农业电影电视中心、中央电视台青少部《十二演播室》、中央电视台新闻评论部《东方之子》、中央电视台文艺部《舞蹈世界》等栏目担任主持人。

从毕业实习主持中央电视台中学生节目《我们这一代》至今，主持电视节目已有近20年。多年来的节目服务于青年学生，颇得青年学生青春力量之鼓舞，也追求与当代青年同呼吸、共命运。除主持节目外，还拍摄过诸多专题片、纪录片。25岁时担任导演的纪录片《山碑》曾荣获中国农业电视神农奖银奖，之后还获得过中央电视台青年节目主持人大赛金奖，全国青年节目金奖，青少年电视国家奖"金童奖"金奖，五四新闻奖银奖等。

1984：小平您好

曾钫

署名中国的通信卫星在头顶萦绕，地球的最
南端有了华人的身影，奥运会"零"的突破，东
方之珠回归有日，景致勾勒得一切都如此完美，
人们永远不会忘记这一蓝图的总设计师。1984年
10月1日盛大的群众游行，当北大学生队伍行至
天安门广场时，人群中突然亮出"小平您好"的
标语，那一幕深深地铭刻在亿万人民的心中。而
北大学生口中这句亲切的口号，却正好真实地表
达了人民对这位领袖的感激之情，以及对于"宽
容、尊重、平等、自由"的追求。

1984年10月2日，本应是星期一，但还在国庆假期里。我们宿舍按惯
例都是无课要睡到食堂十一点开饭的，而我十点不到就翻身下床了，我有
事要办。头天晚上在天安门广场大联欢时，我碰到了二姐，她说第二天要
带同屋的女同学来北大玩，并很关键地补了一句，"顺便帮你洗衣服"，广
场联欢的氛围确实容易使人健康向善。尽管我在生物系刚念了一年基础课，
但我们生物系宿舍水房的卫生状况并不需要太多的专业知识就可以轻易地
得出结论。所以我一早爬起身来想把偌大的水房打扫一下。怎么也得为学

1984 年 10 月 1 日，中华人民共和国成立 35 周年庆祝日，盛大游行队伍通过天安门时，北京大学游行队伍中展现出一条"小平您好"的醒目横幅。(来源：新华社资料图片)

雷锋的活动营造一个好的工作环境啊，也有利于此项活动长期坚持下去。

我冲进了水房却发现墩布（我们南方人叫拖把）池里是空的。尽管我平时与墩布联系不多，但它们的形状和平日常呆的地点我还是熟悉的，哪去了呢？我跑回宿舍，摇醒有洁癖的张震宇，"你把水房的墩布弄哪去了？还不赶紧弄回来。"他半睁着眼睛，带着无辜的表情，"不关我的事"，正僵持着，我们年级画骷髅画得最好（他画的骷髅能带各种表情，神了）的鱼京鳝同学，梦游般说："张震宇，十有八九是你干的！"多好的睡在我下铺的兄弟啊。张震宇只得爬起来帮我望风，从楼上经济系水房顺了一把墩布。

一番折腾，全宿舍的都醒了，开始热议八一级细胞遗传专业的师兄们头天干的大事，去拍他们 203 宿舍的门，也没人答应。大家只好拼凑出个大概，他们用床单做了个横幅，偷偷带去了天安门；在游行时打开了，引起好一阵骚动，横幅只有四个字："小平您好"。

24 年过去了，203 宿舍的常生、张志、杜杰、柳波、王新力和郭建崴师兄们陆续接受过许多采访，事情的经过都很详细地报道过，在这就无需转述了。但这件事、这个横幅却给当时和现在的许多人留下了极其深刻的印象。

首先给人印象最深的是，这是一个自发性的、违规的事。首倡者常生师兄的本意是让全世界看看他的书法，郭建崴等同学穿实验室白大褂把伪装成大花束的横幅夹带进去也是怕组织者发现，毕竟三令五申地强调不许带任何未经批准的物品进天安门游行队伍，更何况是政治性的横幅。所以一过了天安门，他们就赶紧把横幅丢掉，主要还是想灭失物证。而且从他们宿舍几位同学连夜躲起来不敢回宿舍来看，说明大家还是害怕被校方"问责"，甚至担心被公安部门"教育"。

可是，第二天党报《人民日报》第二版登出了同学们兴高采烈打着"小平您好"横幅的大幅照片，而且马上有人写诗说这反映了全国人民的共同心声。

"小平您好"为什么大家印象深刻，是因为"全国人民的共同心声"吗，还是像许多人分析的是因为"反个人崇拜"、"平民化"、"亲切"；还是反映不但党和政府亲民而且民亲政府；还是体现出小平同志个人的魅力呢，仅仅这些能使这个自发草制的横幅影响至今吗？

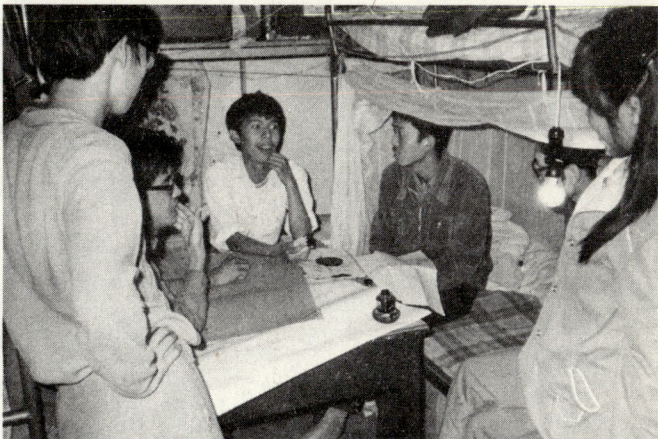

1984年首都国庆群众游行队伍里，北京大学学生们打出的横幅"小平您好"，表达了我国亿万人民的心声，在国内外引起了广泛而热烈的议论。图为国庆前夕学生们商量写"小平您好"横幅时的情景。（来源：新华社资料图片，于宏实 摄）

我认为这个横幅在当时解决了一个问题。解决了人民如何对待党的领袖、党的领导人的态度问题。对中国及中国人民来说，这是一个十分重要的问题，在一些非常时期，这甚至是一个关乎个人命运和生死存亡的问题。

1949年革命胜利以后，广大工人、农民、学生、知识分子发自内心地拥戴毛泽东主席，毛主席万岁、万万岁的口号同样反映的是那个时期人民的心声，迅速传遍大江南北，在各种聚众或会议场合往往是自发地呼喊出来。在"文革"时期，尤其是把林彪作为毛主席的接班人写进党章后，还多了一个林副统帅身体健康、永远健康的口号。"文革"时期谁敢不喊，那肯定就是现行反革命，轻则入另册，重则从肉体上消灭。林彪外逃摔死事件公布后，谁敢再喊林副统帅永远健康，毫无疑问是"五一六"反革命分子。因而人民心中肯定要反思的。以华国锋同志为中心的党中央粉碎了"四人帮"，媒体和文件中都是称华国锋同志为英明领袖华主席，当时学生写作文也都言必称"英明领袖华主席教育我们……"尽管与前面时期的称谓不同，但个人崇拜的色彩仍然浓烈，是新造神运动。

邓小平同志重新主政后，开展了真理标准的大讨论，批驳了"两个凡是"，使得反个人崇拜成为全党全国人民的主流共识，为改革清除了精神禁锢，为开放打下了民意基础。

可是作为百姓，还是有一个问题没解决，怎么对待党的核心领袖邓小平同志呢？小平同志三起三落的丰富人生，顽强的革命意志使人景仰，他主持的拨乱反正和锐意改革、坚持开放的政策都是造福百姓、深得民心的。比如当时在校大学生就都是他主政后恢复高考政策的受益者。人是感恩的，知恩图报更是中华民族传统的伦理要求，也就是说不知恩不图报者是小人、是白眼狼、是被众人所不齿的，而且要高标准实践，比如滴水之恩当涌泉相报。可是，"文革"刚刚过去，殷鉴未远，个人崇拜的危害、恶果还历历在目，总不能走回从前的老路吧。而且从别的社会主义国家的经验发现这个问题也没解决，仍在搞个人崇拜。苏联倒没太多个人崇拜了，但感觉那个国家不像学习的对象。而中国历代王朝，都是"吾皇万岁、万万岁"，也学不得。

1984年，建国三十五周年大阅兵大游行中，一闪而过的自制横幅，通过媒体把"小平您好"传遍了全国。很简洁，才四个字；很亲切，就是你我经常的问候语；很平民化，跟问候邻居王大娘没什么分别；反对个人崇拜，是的，没有任何崇拜的味道。很平等，同事、朋友间也常用；没有不敬，用的是"您"，是敬语，是尊称。而且也符合中华传统伦理，大恩不言谢，都心领了，心里都记得了。特别是，职务不重要了，尊重的是小平这个人，中国人民的儿子，而不是他的任何一个要职。

问题解决了，对党的核心领导人只需说您好就可以了，不用把他的丰功伟绩挂在嘴上了，像尊重一位长者、长辈那样尊重他就可以了。人格是平等的，回复到了中国共产党一贯的主张：劳动者只有分工不同，没有高低贵贱之分。同时，可以推论出，普通劳动者跟党的最高领导人人格上都是平等的，跟党和政府的各级领导人人格上怎么可能不平等呢？那他们工作不尽如意时，又有什么理由不能批评和提出建议的呢？"文革"时期，反对书记就是反党，个人崇拜下面的个人小拜，应该彻底成为历史了。而且，小平同志之后党的高级领导人或不那么高级的领导人，在取得很大成绩时，自我感觉超级良好时，飘飘然颇有被崇拜可能时，扪心自问，能否有小平同志那样的资历和功劳，能否像小平同志一样影响了中国社会发展的历史进程，增加了全中国人民的福祉，夜深人静时，是不难得出清醒认识的。何况，人民群众的眼睛是雪亮的，对小平同志说的是小平您好，只是说您好，只需说您好，只用说您好。也许，人们基本可以说：别了，个人崇拜。这是解放思想的结果，同样也是进一步解放思想的前提。

媒体后来也报道了，当"小平您好"的横幅展开时，胡耀邦同志先看到了，指给小平同志看，"小平同志笑着向同学们挥着手"。这点很重要，表明了小平同志的开明、随和，以及他本人的认可。这点当然重要，尤其是对天安门游行的各级、各方面组织者，不管他们自己对这个横幅的感受如何，从责任上他们都可以轻松了。全国人民也很高兴，"反映全国人民心声"的问候语，被被问候者本人笑着认可了，确实亲切、平民化、平等。也让几位桀骜不驯、标新立异的学生们松了口气。北大校方最后对这些同学既没批评也没表扬。问题解决得很圆满，很宽容，很平和，真好！

正因为如此，正因为"小平您好"表达了人民的心声，解决了人民百姓对待党的最高领导人的政治伦理问题，人们才会每每想起这条自发的违规的横幅。在中国这个以伦理治国的国度里，这确实是个重大事件。这自然入选各种版本的年度大事记，而且对当下和谐社会和创新型国家的构建颇有启示。

《说文》中"和"字的字义是：音不同而谐。和，是个音乐术语，是指不同音频、音色的音，组合在一起很般配、很悦耳，能产生美感。古人云：君子和而不同。可见，和的前提是不同，只有不同才能产生和，才有和谐。而不同是需要表达出来后才有可能产生和谐。现代社会，人们的利益、偏好、价值取向以及信仰、传统等等都是不尽相同的，这也是和谐社会丰富多彩的基础。前提是不同，不同则必须要有表达方式，只有表达出来了才有可能知道不同，才有可能建设成和谐社会。而我们当下的表达路径是否健全畅通，表达的话语权是否公平，表达的效率效果是否令人满意，只要想想被瞒报的安全生产事故，就知道任重而道远了。"小平您好"给我们的启示是，自发的哪怕是违规的表达并不见得是洪水猛兽，也未尝不可能成为历史的华彩乐章。所以应该充分尊重人民表达意愿的权力，学会倾听不同的声音，才有可能构建和谐社会。

另一个重要启示是宽容。对于别人的不同，我们可以试着理解，不好理解可以试着欣赏，欣赏不了可以尊重。尊重别人不同的权力，这才是宽容。同时，宽容意味着允许失败，允许犯错误，这样才能鼓励创新，鼓励创造，毕竟只有创新才能发展，才能构建和谐。人们的需求是与时俱进的，所以和谐社会也是相对的、动态平衡的。毫无疑问，只有当社会允许人们犯错误时，才能激发出人们的创造力，社会才会收获创新，我们才有可能建设创新型国家，我们才有可能应对各种新挑战，解决各种新问题。

20世纪70年代末80年代初，在政治、经济、社会等各个领域里人们都进行了积极的、热烈的争辩和探索，上至党中央、下到各级党政部门都积极地参与其中，共同形成了思想大解放和改革开放的第一轮高潮。20多年过去了，应该说我们的经济体制改革是很有成就的，也取得了举世瞩目的经济成果，而政治体制改革和社会体制改革还任重而道远，仍需要新的解放思想和进一步的改革开放，仍需要重视人民各种利益的诉求和各种意见的表达，仍需要继续保持对各种新观点、对各类新举措以及对各种创新中不能尽如人意之诸多结果的宽容。

……

此事可待成追忆，只是当时已茫然。

当年我们宿舍里热议了好几天这个横幅，认识很不统一，仅有的共识是：师兄们干这么大的一件事，竟然是用我们水房的墩布杆做横幅柄，太不体现严谨的实验室精神了。按说怎么也应该到前边教工集体宿舍的水房里，找两个白净体面些的墩布杆呀！

曾钫，现任北京帝恒集团董事长、总裁。第十届全国青联常委，第三届中央国家机关青联常委，中国青年企业家协会副会长，维护青年企业家权益专业委员会主任，江西省青联副主席，广西壮族自治区青联副主席，北京市非公经济联谊会常务理事，北京市青联常委，北京奥运会志愿者协会副会长，民主建国促进会会员。

1966年出生于江西宜春，1987年北京大学生物系本科毕业，1990年北京大学心理系硕士毕业，2007年北京大学城环系历史地理博士毕业。

曾获北京市五四奖章，团中央"抗洪救灾先进个人"，中青企协"管理创新奖"，亚洲青年理事会"亚洲青年贡献个人奖"，北京大学"校友奖"等奖项。

1985:企业

张玉卓 ●●●●●●●●●●●●●●●●●●●●●●●●●●●●●●

　　1985 年到 1986 年，国家加大力度整顿经济
领域的不正之风，要求各地区、各部门坚决制止
因乱涨生产资料价格和向建设单位乱摊派费用造
成工业成本普遍上升的现象。从1985年开始，国
务院决定在国营大中型企业中实行职工工资总额
同企业经济效益按比例浮动的办法，实行分级管
理的体制。各部门积极贯彻"政企分开、简政放
权"的原则，从根本上解决条块分割问题，开展
各种形式的联合和专业化协作。至此，国企改革
正式启动，"铁饭碗"、"接班"、"顶替"等名词尘
封于历史。

　　在波澜壮阔的30年改革开放历程中，1985年启动的企业改革，特别是
国有企业改革，是我国30年辉煌业绩中值得浓墨重彩的一页。前一半时间，
我是见证者；后一半时间，我是参与者。

　　1985年，可以称为国有企业改革的元年。

　　1984年10月，党的十二届三中全会作出了关于经济体制改革的决定，
提出了社会主义经济是有计划的商品经济。发展有计划的商品经济，就需

要全面推进以增强企业活力，特别是增强国有大中型企业活力为中心的，以城市为重点的经济体制改革。国有企业改革的目标是，要使企业真正成为相对独立的经济实体，成为自主经营、自负盈亏的社会主义商品生产者和经营者，具有自我改造和自我发展能力，成为具有一定权利和义务的法人。按照这一目标，国有企业改革转向实行"两权分离"，即国家的所有权与企业的经营权分离。1985年1月5日国务院发出《关于国营企业工资改革问题的通知》，决定在国营大中型企业中，实行职工工资总额同企业经济效益按比例浮动的办法；国家对企业的工资，实行分级管理的体制，国家负责核定省、自治区、直辖市和国务院有关部门所属企业的全部工资总额及其随同经济效益浮动的比例。这是第一次打破铁工资和铁饭碗的正式规定。2月5日至14日全国经济工作会议在天津举行。会议提出，1985年要紧紧围绕增强企业活力，特别是增强国营大中型企业活力这个中心环节，搞好城市改革和其他各项工作，进一步提高经济效益。要树立起有计划的商品经济的观念，用发展商品生产的办法来管理经济，采取加快推行厂长

负责制，发展多种形式的经济联合体，实行工资总额随同经济效益浮动等政策措施，促进企业由单纯生产型向经营开拓型转变。7月中共中央办公厅、国务院办公厅发出《关于解决公司政企不分问题的通知》。8月中共中央政治局第十次全体会议在北戴河召开，讨论并原则通过《关于价格、工资改革的初步方案》。9月，国务院批转国家经委、国家体改委《关于增强大中型国营工业企业活力若干问题的暂行规定》并发出通知，要求各地区、各部门要按照政企职责分开、简政放权的原则，为增强大中型国营企业的活力积极创造条件。11月9日时任国务院副总理姚依林在中南海听取中国筹建证券交易所汇报，得出的结论是，中国搞证券交易所"一是条件不成熟，二是非搞不可"。12月，国务院《关于深化企业改革增强企业活力的若干规定》提出全民所有制小型企业可积极试行承包、租赁经营，全民大中型企业要实行多种经营责任制，各地可以选择少数有条件的全民所有制企业进行股份制试点。

1985年这些紧锣密鼓的改革举措，明确了国有企业改革的方向，为企业发展注入了活力。

1993年11月，党的十四届三中全会明确了国有企业改革的方向，是建立"产权清晰、权责明确、政企分开、管理科学"的现代企业制度。1997年党的十五大提出，要把国有企业改革同改组、改造、加强管理结合起来。要着眼于搞好整个国有经济，抓好大的，放活小的，对国有企业实施战略性改组。要实行鼓励兼并、规范破产、下岗分流、减员增效和再就业工程，形成企业优胜劣汰的竞争机制。在十五届四中全会通过的决定中，进一步阐明了国有企业改革发展的基本方向、主要目标和指导方针，明确了国有经济布局战略性调整的方向。这十年间，在国有大中型企业推进建立现代企业制度试点，采取改组、联合、兼并、租赁、承包经营和股份合作制、出售等形式放开搞活国有中小企业。特别是1998—2000年，党中央、国务院带领国有企业实施了改革脱困3年攻坚，通过债转股、技改贴息、政策性关闭破产等一系列政策措施，减轻企业负担，推动企业技术进步和产业升级，促进国有企业的优胜劣汰，实现了国有企业的整体扭亏为盈，为国有企业持续快速健康发展打下了良好基础。

　　党的十六大针对长期制约国有企业改革发展的体制性矛盾和问题，提出深化国有资产管理体制改革的重大任务，明确提出：国家要制定法律法规，建立中央政府和地方政府分别代表国家履行出资人职责，享有所有者权益，权利、义务和责任相统一，管资产和管人、管事相结合的国有资产

　　2008年，伴随着中国改革开放的滚滚洪流，国企改革也迈入了第30个年头。图为吉林省吉林市东晨毛纺有限责任公司纺纱车间（2000年11月摄）。（来源：新华社资料图片）

管理体制。贯彻落实十六大精神，中央、省、市（地）三级国有资产监管机构相继组建，《企业国有资产监督管理暂行条例》等法规规章相继出台，在国有企业逐步实施了企业负责人经营业绩考核，国有资产保值增值责任

层层落实，国有资产监管进一步加强。

经过20多年的发展，国有企业的实力大大增强。1985年，全国工业企业总产值为8759亿元。2007年，全国国有企业销售收入为18万亿元；1985年，国营企业全面亏损，2007年利润为16200亿元，上缴税收15700亿元。150多家中央企业资产总额2007年达到14.79万亿元，销售收入9.84万亿元，实现利润9968.5亿元。国有经济的快速发展和显著变化，得到国内外的广泛关注和普遍赞誉。

1985年，国有企业被称为国营企业，其实不是真正意义上的企业，仅仅是一个生产车间，企业对政府高度依赖，职工生老病死由企业统包，企业缺乏独立性和创造性。经过30年改革，国有企业已经成为市场竞争的主体。

国有企业的竞争能力大大增强。在国内市场上，国有企业在与外资企业、民营企业的平等竞争中显示出很强的实力，涌现出一批有影响力的知名品牌和行业排头兵。在国际市场上，一批国有大型企业尤其是中央企业已经成长为与跨国公司竞争的重要力量。

股份制改革增强了企业活力。一批大型国有企业先后在境内外资本市场上市，在A股市场的1500多家上市公司中，含有国有股份的上市公司有1100多家，在香港、纽约、新加坡等境外资本市场上市的中央企业控股的上市公司达78户。同时，国有企业法人治理结构逐步完善，股东会、董事会、监事会、经理层各负其责、协调运转、有效制衡的机制正在形成。

国有企业的运行机制发生了深刻变化。国有企业普遍实行了全员劳动合同制、全员竞争上岗和以岗位工资为主的工资制度，一些企业还探索了工资集体协商制度、企业经营者年薪制和股权期权激励制度，初步建立起管理者能上能下、职工能进能出、工资能升能降的新机制。中央企业通过市场化方式选用的各级经营管理人才约占总数的30%。一批企业建立了比较完善有效的面向社会公开招聘和全体员工竞争上岗、量化考核、收入分配与业绩挂钩的机制。

我们这一代人，是国家30年改革开放的亲历者和见证人。我是1978年

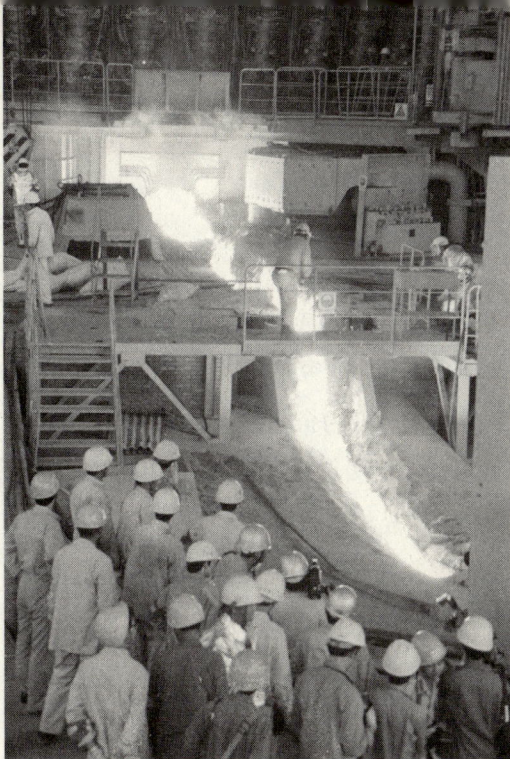

1985年9月16日上午10点15分，我国第一座日产万吨铁的高炉——宝钢一号高炉胜利炼出了第一炉生铁，火红的铁水从4号出铁口滚滚流出。(来源：新华社资料图片，张平 摄)

考入大学，1985硕士研究生毕业。这时，对于我国企业的状态尚没有切身体验。之后，又在国内外的大学和研究院学习工作，直到1995年，才算是参与到经济建设的主战场上。1997年，我作为煤炭工业基层的代表（我那时担任煤炭科学研究总院副院长），出席了党的十五大。当时讨论最热烈的是十五大报告中关于公有制实现形式的论述，对股份制的认识还不是十分清晰。报告中说，股份制是现代企业的一种资本组织形式，有利于所有权和经营权的分离，有利于提高企业和资本的运作效率，资本主义可以用，社会主义也可以用。这对于思想解放无疑作用是很大的。

1998年，煤炭工业部选派我到山东兖州矿业集团公司挂职锻炼，担任兖矿集团公司副总经理。此时，我国也受亚洲金融危机的影响，煤炭行业很不景气。而兖矿集团作为煤炭工业的明星企业，在困难中开拓市场，努力推进改革创新，取得了很多好的经验。我年初到达兖矿时，企业正在进行资产重组。新组建的股份公司兖州煤业的股票7月1日在香港、纽约和上海三地同时上市，当时在煤炭行业是第一家。我在兖矿，第一次真正融入企业，了解和学到了很多东西。赵经彻董事长作为煤炭企业的一位资深领导人，把握大局，锐意改革，把地处山东济宁、八万多名员工、资源十分有限的企业，塑造成了一个全球知名的矿业公司，一度成为煤炭行业和国内工业企业改革最成功的典型。

　　1999年刚过春节，我接到了国家煤炭工业局（此时包括煤炭部在内的工业部已撤销）的指示，回京接任煤炭科学研究总院院长。我不知道上级领导当时是不是清楚，科研院所很快要转变为企业。我上任不久，就赶上了科研院所转制。1999年底，国家12个部委联合发出通知，把242个科研院所转变为科技企业，煤科总院是其中规模最大的一家，在职员工有6000多人，全国有16个分支机构。不当家不知柴米油盐贵。国家给科研院所断奶，留下的事业费还不够离退休人员的退休金。可以想象，当时的困难和挑战还是很大的。走出困境只能靠改革。改革和发展的条件还是存在的，科研院所具备的人才和科技优势就是一般企业所没有的。如何把这些优势转变为经济实力，必须把技术和资本结合起来。于是，我们就开始了创立上市公司的努力，把科研院已经具有一定产业基础的部分，重组为股份有限公司。当时中国证监会对高科技企业有一个认证程序，申请认证的企业很多。获得认证是一个前提条件，没有通过认证的企业将不能获得上市资格。我记得，我作为公司董事长，前去参加由中国科学院组织的答辩，当天同时参加的还有东北一所著名高校创办的股份公司。我们顺利通过了，他们没有通过，该公司的答辩人当即晕倒在现场。我们创办的公司叫天地科技股份公司，经过运营和相关程序，终于在上海证券交易所成功上市，为科技企业的腾飞奠定了资本基础。近几年，天地科技公司快速发展，2007年实现销售收入33亿元，利润超过6亿元。这说明，改革能够为发展提供不竭动力。

　　2002年初，我从科研系统调到神华集团公司，担任副总经理，主要负责煤制油和煤化工业务。这七年，神华集团在中央直属国有企业中，改革和创新取得了辉煌的业绩。煤炭产销量在2003年迈上亿吨门槛后，2007年以2.8亿吨的销量超过美国博地能源公司，成为世界第一。同时，神华电力、铁路港口、煤制油化工业务发展迅速，在国际国内能源领域具有较大影响。神华集团公司控股的中国神华能源股份公司，成功实现在香港和上海上市，成为能源领域最具竞争力的企业之一。神华集团是国资委最早开展董事会试点的企业，现在有外部董事六名，内部董事四名。这在大型国有企业董事会组成中还不多见。这一试点，为股东会、董事会、监事会、经理层明确定位、各负其责、有效制衡提供了制度基础。

1985年启动的国企改革具有里程碑的意义。经过20多年的不懈努力，已经取得了辉煌成就。毋庸置疑，这是一个成功的改革。成功的经验值得总结。首先，解放思想、理论创新是改革的前提条件。国有企业的改革发展历程，是一次次解放思想、积极探索的过程。第二，改革要遵循企业发展规律，坚持市场化改革方向，同时又与宏观调控紧密配合。第三，改革要循序渐进，把握改革的力度和速度，既不能停滞不前，又不能急躁冒进。第四，配套改革措施要跟上。改革是一个系统工程，需要统筹兼顾，协调推进。

应该看到，国有企业虽然取得了辉煌成绩，但与实力强劲的跨国公司相比，还有不少差距。看中央企业，2007年资产总额已达14.6万亿元，收入近10万亿元，利润近万亿元。可是与世界500强的业绩对比，我们的企业既不够大也不够强。中央国有企业的业绩加起来，相当于国际上一个百货企业（沃尔玛）加三个石油公司。把国有企业培养成在世界市场占有一席之地、有控制力和影响力的跨国公司，任重而道远。

张玉卓，现任神华集团有限责任公司副总经理。中国科协委员，中国能源研究会副理事长，中国煤炭学会副理事长，全国青联常委，中央国家机关青联副主席，中央企业青联副主席。

1962年出生于山东寿光，1988年获北京科技大学博士学位，1992年至1996年在英国南安普顿大学从事博士后研究，1993年至1996年在美国南伊利诺依大学从事研究和教学工作，1996年至2001年在煤炭科学研究总院工作，历任院长助理、副院长、院长，2002年至今在神华集团公司工作，任副总经理，负责煤制油化工工程。曾获多项国家科技奖励。

1986: 普法

查庆九 ●●●●●●●●●●●●●●●●●●●●●●●●●●●●●●●●●●●●

　　1986年是"七五"计划开局之年，也是深刻
地影响了国人行为方式与理念的全民普法元年。
这一年起，第一个五年普法教育工作在全体公民
中有领导、有组织、有计划、有步骤地开展起来。
从"一五"普法到"五五"普法，中国百姓历经
了法治知识的启蒙以及法治精神的洗礼。普法教
育无论在规模、内容和形式上，都堪称是中外法
制建设史上的一大创举，在推进依法治国，建设
社会主义法治国家的历史进程中，谱写了重要的
篇章。

　　20世纪90年代中期，我刚刚从北京大学法学院研究生毕业，进入在中
国法制新闻领域最负盛名的《法制日报》工作。其时，一部名叫《秋菊打
官司》的电影正风靡神州大地，电影中女主人公"讨个说法"的台词一时
间也成为人们嘴上的流行语，成为运用法律手段维护自身权益的形象说法。
一部既没有"大投入"、也没有"大场面"，反而显得有些"土里土气"的
电影，缘何产生如此巨大的轰动效应？这就要归功于1986年开始的全民普
及法律常识运动。从那时开始的普法，使亿万中国人民接受了法律知识的

著名导演 张艺谋 双一力作
著名影星 巩 俐

彩色遮幅式故事

秋

香港银都机构有限公司

2005年11月9日，《中国电影海报及影人画像展》在海南三亚市开幕，400多幅涵盖中国各个时期的电影海报及近100幅著名影人油画肖像首次与市民见面。图为一名观众从《秋菊打官司》的大幅海报前走过。（来源：新华社资料图片，王庆钦 摄）

教育，人们的法制观念普遍提升，到了20世纪90年代，全社会的法治氛围已经初步形成。也正是这个时候，身为农村妇女的秋菊拿起法律武器，为受到人身伤害的丈夫"讨说法"，才会引起无数普通人的广泛共鸣。

法治是迄今为止人类社会探索出来的治理国家的最合理模式。从1986年开始、持续至今并将长期坚持下去的全民普及法律知识运动，是改革开放后中国进行的一项持续时间长、意义重大、影响深远的宏大社会工程，它是从持续动乱中艰难走出的中国人民，在中国共产党的领导下，决意走法治道路的重要象征和实际行动，也是新中国成立后，经过曲折探索，中国共产党找到正确治国方略的重要标志。众所周知，建国以来，我们党在治国方略的探索中走过了一段弯路。由于封建人治传统和"左"的思想影响，法律在很长一段时间不受重视，最终发展到十年动乱期间法制遭到严重破坏、公检法被废除的"无法无天"局面。党的十一届三中全会认真总结这一惨痛教训，清醒地认识到加强法制的重要性和紧迫性，在做出把党的工作重心转移到经济建设的同时，提出了发展社会主义民主、健全社会主义法制的战略方针。邓小平，这位引领中国走上改革开放强国之路的睿智老人，在三中全会上发出了振聋发聩的时代强音："为了保障人民民主，必须加强社会主义法制，使民主制度化、法律化，使这种制度和法律具有稳定性、连续性和极大的权威性，做到有法可依，有法必依，执法必严，违法必究。"三中全会拉开了中国社会主义民主法制建设的序幕。1979 年 7 月 1 日，第五届全国人大常委会第二次会议在一天之内通过了刑法、刑事诉讼法、地方各级人民代表大会和地方各级人民政府组织法、全国人民代表大会和地方各级人民代表大会选举法、人民法院组织法、人民检察院组织法、中外合资经营企业法等七部重要法律。一日七法，在新中国立法史上绝无仅有，集中反映了长期处于法制荒芜状态的中国极度渴望法制的迫切心情。1982 年 12 月 4 日，五届人大五次会议审议通过了《中华人民共和国宪法》，也就是我们通常所称的"82《宪法》"。"82《宪法》"确立了宪法在国家政治生活中的根本法地位，具有最高的法律效力，并庄严宣布："全国各族人民、一切国家机关和武装力量、各政党和各社会团体、各企业事业组织，都必须以宪法为根本的活动准则"；"任何组织和个人都不得有超越宪法和法律的特权"；"一切违反宪法和法律的行为，都必须予以追究"。《宪法》第24 条还明确规定，"国家通过普及理想教育、道德教育、文化教育、纪律和法制教育，通过在城乡不同范围的群众中制定和执行各种守则、公约，加强社会主义精神文明的建设"，从而为 4 年之后在全国开展的普法运动埋下了伏笔。

20 世纪 70 年代末 80 年代初，是法制建设领域万物复苏的年代。立法机关的立法进程启动了，"无法可依"的局面正在一点点得到改变；检察院恢复了，司法部恢复了，执法司法工作也开始走进社会生活。然而，刚刚与法制恢复接触的中国却尴尬地发现，在没有法律的日子里呆得太久了的人们，从庙堂冠盖到百姓黎民，对法律全都是那样的陌生，以至于有人把刚刚建立起来的检察院与看病问诊的"检查"院画上了等号。更为严重的是，由于法律常识匮乏，法制观念淡薄，当时社会中违法犯罪居高不下，特别是青少年违法犯罪现象严重，社会秩序混乱，人民群众的安全感得不到保证，以至于中央不得不发起一场"严打"斗争来遏制和震慑犯罪分子。没有法律知识的普及，没有全民法律素质的提高，法治建设就如沙基建塔、空

图为山东沂南县税务局深入乡、镇集市，进行税收政策宣传，培养广大纳税人员主动纳税的作风。
（来源：新华社资料图片，陶俊峰 摄）

中成楼，成为一件遥不可及的事情。勤奋的法制工作者们敏锐地意识到了这一点。1981年，辽宁省本溪市委根据市司法局的建议，决定在全市开展普法宣传教育。经过几年坚持不懈的努力，全市群众的法制观念有了明显提高，遵纪守法、依法办事的意识和能力明显增强，一个显著的变化是当时城乡社会治安秩序大为好转。在本溪市开展全市法制宣传教育后一段时间里，黑龙江、广东等省的一些地方也纷纷开始了这项前所未有的探索。各地的普法实践，收到了良好的效果，积累了有益的经验，形成了一定的社会影响，为最终在全国范围内普遍开展法制宣传教育打下了坚实的基础。

1985年11月，全国人大常委会通过了《关于在公民中基本普及法律常识的决议》，中共中央、国务院同时转发了《关于向全体公民普及法律常识的五年规划》通知，决定从1986年至1990年，用五年时间，在全体公民中开展普及法律常识教育。从此，以五年为一个阶段、持续不断二十多年、至今仍在深入发展的全民普法运动，就此拉开了大幕。

从1986年到1990年是第一个五年普法规划实施阶段。"一五"普法的主要特点是普及法律常识，也就是对全体公民进行法律知识启蒙教育。根据"一五"普法规划，这一阶段法制宣传教育的基本内容是宪法、民族区域自治法、兵役法、刑法、刑事诉讼法、民法通则、民事诉讼法（试行）、

上海复旦大学法律系学生从1983年起定期到社会上进行普法宣传。图为1987年寒假学生们在江湾五角场地区进行法律宣传和咨询活动。（来源：新华社资料图片，王子瑾 摄）

婚姻法、继承法、经济合同法、治安管理处罚条例的基本法律常识，简称"十法一条例"。普法，这一诞生在东方古老国度的新事物，从此走进了千家万户。由于有了党和政府自上而下的推动，普法工作很快深入到中国政治、经济和社会生活的各个方面。在80年代初创刊的以传播法律知识为首要任务的《法制日报》（创刊时为《中国法制报》），在80年代末90年代初发行量达到了惊人的200多万份，其令人称奇的发展速度，从一个侧面印证了当时整个社会和广大公民对法律的渴求。据统计，"一五"普法期间，全国7.5亿普法对象（占当时全国总人口的70%）中，有7亿多人参加了普法学习，占普法对象总数的93%。

"市场经济就是法制经济！"这一当初引起巨大波澜的著名断言，就诞生在从1991至1995年的"二五"普法时期。这一时期，随着社会主义市场经济体制的探索、正式提出和发展，规范市场行为、维护市场秩序、保护市场主体的合法权益，成为法制建设刻不容缓的重大课题。普及市场法律知识，养成依法办事观念，促进市场主体和全体公民依法从事市场行为，也就成了"二五"普法的重要任务。因此，这一阶段普法工作的鲜明特点，

就是把规范市场各个方面秩序的专业法作为法制宣传的重点内容。随着
1993年制定的《消费者权益保护法》的普及，以"消法"为武器的"打假英雄"王海几乎是一夜成名。王海打假的故事及其巨大的社会影响，是"二五"期间普及市场经济法律知识成效的生动写照。通过"二五"普法，全国8.1亿普法对象中约有7亿人接受了普法教育。全国96个行业系统制定了专业法学习规划，200多部法律纳入了学习内容。

　　1994年12月9日，一位温文儒雅的年轻人走上了中南海怀仁堂的讲台，他就是时任华东政法学院副教授、现最高人民检察院检察长的曹建明同志，而听课的"学生"则是江泽民总书记等当时的中央领导同志。中南海成为法制宣传的最高讲堂，中央领导同志率先垂范听取法制讲座，一时间这一消息轰动国内外，传为美谈。从那时起，中央领导听法制讲座成为惯例。中央领导同志听取法制讲座，是对全民普法教育最好的肯定与支持，是普法教育深入人心的生动例证。同时，中央领导带头学法，也表明党中央对领导干部学法用法提出了明确要求，因此，从1996年至2000年"三五"普法的一大特点和亮点，就是国家工作人员特别是各级领导干部学法形成热潮，并逐步走向规范化、制度化。随着全民法律意识特别是领导干部法制观念的增强，依法办事、用法律治理国家和社会渐成共识。1996年2月8日，在中央举办的法制讲座上，中国社会科学院法学所研究员王家福提出了"依法治国，建设社会主义法制国家"的重要命题；一年半后的1997年金秋，中国共产党第十五次全国代表大会把"依法治国"确定为党领导人民治理国家的基本方略；1999年3月，九届全国人大二次会议把"依法治国，建设社会主义法治国家"庄严载入宪法，成为中国人民的奋斗目标。法治，从此成为中国共产党和中国人民在发展道路和发展方向上坚定不移的选择。春风化雨、润物无声，坚持不懈的全民普法在依法治国基本方略的确立过程中功不可没。

　　12月4日，是现行宪法颁布施行纪念日。2001年12月4日，这一天又被赋予特殊的意义——经党中央、国务院批准的"四五"普法规划确定，12

月4日作为"全国法制宣传日"。将现行宪法纪念日作为全国法制宣传日，充分体现了宪法在我国政治、经济、社会生活中的重要地位，充分体现了党和国家实施依法治国基本方略、坚持依宪治国、维护宪法权威和尊严的决心。以胡锦涛同志为总书记的党中央高度重视宪法实施。2002年12月4日，胡锦涛总书记出席首都各界纪念现行宪法颁布施行20周年大会并发表重要讲话，强调要在全社会进一步树立宪法意识和宪法权威，切实保证宪法的贯彻实施。同月26日，中央政治局以"认真贯彻实施宪法和全面建设小康社会"为题，举行了集体学习。党中央和中央领导的率先垂范，极大地促进了全社会学习宪法、宣传宪法、贯彻实施宪法的积极性和自觉性，树立宪法权威、维护宪法尊严的社会意识进一步提高。在全民宪法观念进一步增强的宏大背景下，2001年到2005年的"四五"普法提出了"两个转变、两个提高"的总体目标，即深入开展法制宣传教育，全面提高全体公民特别是各级领导干部的法律素质；扎实推进地方、行业、基层依法治理，全面提高社会法制化管理水平，努力实现由提高全民法律意识向提高全民法律素质的转变，实现由注重依靠行政手段管理向注重运用法律手段管理的转变。"四五"普法在宣传教育的深度和广度上都取得了新的进展。以宪法为核心的法律知识得到广泛的普及，以领导干部、公务员、青少年、企业经营管理人员为重点的全民法律意识逐步增强，依法治理工作深入开展，全社会法制化管理水平进一步提高。

2006年2月15日和16日，中央政治局常委会、国务院常务会议分别听取司法部部长吴爱英关于"四五"普法工作和"五五"普法规划的情况汇报。同年3月中旬，中共中央、国务院批转了《中央宣传部、司法部关于在公民中开展法制宣传教育的第五个五年规划》；4月底，十届全国人大常委会第21次会议审议通过《关于加强法制宣传教育的决议》，第五个五年普法工作全面启动。"五五"普法规划是在贯彻落实科学发展观、全面建设小康社会这一新的历史条件下实施的，具有重要的现实意义和时代特征。"五五"普法的总体目标是：通过深入扎实的法制宣传教育和法治实践，进一步提高全民法律意识和法律素质；进一步增强公务员社会主义法治理念，提高依法行政能力和水平；进一步增强各级政府和社会组织依法治理的自觉性，提高依法管理和服务社会的水平。"五五"普法规划把领导干部、公务员、青少年、企业经营管理人员和农民作为法制宣传教育的重点对象，突出了法制宣传的针对性。普法，在20年厚重积累中向纵深推进。

2006年9月的一个上午，海南省儋州市兰洋镇加老村村支书钟文齐领着市司法局工作人员，在村里挨家挨户发放一本叫《农民常用法律法规知识手册》的小册子。这是海南省"法律进乡村"工程的一项具体措施。在"五五"普法规划中，普法的组织实施者提出了推进法律进机关、进乡村、进社区、进学校、进企业、进单位的"法律六进"活动设想，为新形势下把法制宣传教育做深做实、真正融入机关、单位的工作和人民群众的生产生活之中，创造了一个有效载体。"法律六进"活动在全国得到了广泛推行，两年过去了，这项让法律渗透到社会每一个细胞组织的普法举措，正在发挥越来越显著的作用。

2007年9月，在黄金时段打开电视的北京市民新鲜地发现，可爱的动漫小福娃们正在向人们生动形象地宣传奥运相关法律知识。这是北京市司法局开展奥运法治宣传的一大创造。为了给北京奥运会营造良好的社会法治环境，2007年7月，中央宣传部、司法部、国家体育总局、北京奥组委、全国普法办联合发出通知，在全国范围内开展以"人文奥运、法治同行"为主题的奥运法治宣传活动。北京、上海、天津、沈阳、青岛、秦皇岛等奥运承办城市纷纷响应号召，积极采取多种形式，宣传普及与奥运相关的法律知识，奥林匹克法律法规和有关国际惯例得到广泛传播，为奥运会的成功举行营造了浓厚的法治氛围。与此同时，在中国律师界享有盛名的金杜律师事务所，则默默无闻、然而卓有成效地为北京奥组委提供法律服务业已多年，金杜是在奥运法律服务竞标中击败国内外竞争对手脱颖而出的唯一一家境内法律服务机构。法律，在北京奥运会的成功举办中，从社会和专业层面上同时扮演了重要角色。不仅如此，法制宣传和法律服务在今年抗击特大雨雪冰冻灾害和四川汶川特大地震灾害中，同样发挥了重要作用，为夺取这两场重大斗争的胜利做出了特殊贡献。

2008年行将走进历史，"五五"普法也时间过半，进入了中期督导检查阶段。"五五"普法的枝桠上已经硕果累累，而这些丰硕的成果，则包含着22年全民普法运动的丰富营养。

原司法部部长邹瑜在谈到普法时，经常会讲这样一件事：我任司法部长时，德国司法部长汉斯来访，我问他你到中国访问，印象最深刻的是什么？他说我第一个印象就是中国搞普法，这个是西方做不到的。政府自上而下地动员和进行普法，只有你们社会主义国家才有这个力量，资本主义国家不可能做到。

查庆九，法学博士，现任司法部办公厅副主任。第十届全国青联委员，第三届中央国家机关青联委员，中央政法委员会政法研究所特邀研究员，中国行政管理学会理事，中国法学会行政学法研究会理事。

1969年出生于安徽太湖，1986年至1993年在北京大学法学院学习，获法学硕士学位。毕业后进入法制日报社工作，历任记者、编辑、评论员、评论部副主任、理论评论部主任，2002年任法制日报社党委委员、编委会委员、总编辑助理，2003年任法制日报副总编辑。2000年至2004年在北京大学法学院宪法与行政法专业学习，获法学博士学位。2004年至今任司法部办公厅副主任。

1987：冬天里的一把火

郭秋林 ●●●●●●●●●●●●●●●●●●●●●●●●●●●●

　　1987年，党的社会主义初级阶段理论的确立，为社会主义现代化建设指明了方向。在国力日渐强盛，人民生活水平不断提高的同时，老百姓开始对精神文化生活有了更高的追求。当年，春晚上的一曲《冬天里的一把火》风靡全国，费翔成为了全国男女老少都热爱的大众情人，由他点燃的那一把熊熊烈火着实温暖了老百姓的心窝。从那时开始，人们不再掩饰对于明星与偶像的崇拜，而且逐渐成为都市文化的主流之一，中国第一批追星族出现了，艺术平民化、大众化的潮流势不可挡。

　　　　　　　　话说一九七八年，
　　　　　　　　三中全会召开前。
　　　　　　　　那年我才十八岁，
　　　　　　　　进入专业艺术团。

　　这就说上了，谁让我是山东快书演员呢。

1978年，十一届三中全会召开前半年，我参加工作进入了专业文艺团体，那年我十八岁。30年来，我手握着鸳鸯铜板，伴随着改革开放的春风一路走来，见证了国家经济建设的飞跃发展，目睹了文化艺术领域的变化。这30年，要说的实在太多了，真不知从哪儿说起，那就凭着记忆从"春晚"说起，说一说民族民间艺术在这30年间的发展吧。

　　　山东快书上春晚，
　　　镜头全是大侧脸。
　　　时过境迁变化大，
　　　感同身受话当年。

　　1987年春晚，"一把火"将那年冬天的国人燃烧得热血沸腾。这《冬天里的一把火》，是由一个叫费翔的华裔美籍歌手唱"火"的，唱火了那年的冬天，也温暖了那年的冬天。

　　其实，早在1986年春节联欢晚会上，我就表演了山东快书小段儿"吹牛"，也曾"吹火"过，虽然不像《冬天里一把火》那么火，在曲艺界可是大事。也许您记不太真了，如果上网搜一下，您就能看到那年我在春节晚会上的表演视频。我上春晚很偶然，当时春晚剧组到北京第二外国语学院观看我们说唱团演出，主要是审查相声节目，无意中看上了我的山东快书。第二天春晚剧组的导演就打来电话邀请我参加春节联欢晚会，我就这样上了春晚，一切就这么顺理成章。

图为本文作者在1986年春节联欢晚会上的剧照

　　那时候的春节联欢晚会要比现在的春晚影响大，因为全国观众都关注着这台年三十的电视直播文艺晚会，被称为年三十"包饺子、吃年夜饭、看春节联欢晚会"三件大事之一。记得那时候演播厅的条件非常简陋，演员挤在一个不到10平米化妆间里化妆,舞台上就那么一块像孔雀羽毛似的布景,脚底下全是四方格的钢化玻璃,玻璃下边是灯箱,五颜六色的彩灯交相辉映,显得特别有动感,就这个舞台当时肯定是全国最"豪华"的了。那时候在电视上看春节晚会,感觉场面特别大,当身临演播厅现场一看就觉得特别小,这就是中央电视台当时唯一的演播厅——600平米。就在这个演播厅向全国直播了1983年、1984年、1986年的春节联欢晚会。现在看看那时候的布景、灯光、摄像,再看看演员的化妆和服装,一看就是改革开放初期的水平。

晚会播出那天,台上台下显得格外红火热闹。由于观众席中加上了十几张茶座,演员的表演区域已经很小了,很多语言类的节目基本上都是安插在观众席里表演。你仔细看看我那段视频就知道了,我表演时镜头里全是观众,而且他们都是正面镜头,给我的镜头反而是一个大侧脸儿,以至于晚会播出后没几个观众认识我,认识我的都是从侧面认出来的……这是玩笑话了。可演员谁不希望给个正面镜头,好在那时候年轻,怎么拍都不难看。现在再看看这个大侧脸儿,已经成了珍贵的历史镜头了,因为在全国观众面前展示山东快书艺术这还是第一次,也是目前在春节晚会上表演山东快书的唯一影像资料。

晚会播出后,观众评价很高,虽然是侧脸儿,还真有观众认出我来了。晚会总导演黄一鹤这样评价:这才是80年代的山东快书。这句话在当时可不是一般的夸赞,也就是说你的表演有时代感。那时候我用普通话作为开场白与观众交流,表演上节奏明快,节目短小精悍,最重要的是我把山东方言通俗普通化了,让全国的观众都能听得懂。那时候我在舞台上的演出效果比在电视上还要"火"呢,要不怎么能选我上春节联欢晚会呀。那年山东快书上春节晚会在曲艺界影响很大,大家认为这体现了"百花齐放,推陈出新"的方针政策。

后来,春节联欢晚会现场搬到了新的中央电视台演播厅向全国直播了。现在的演播厅最大是1800平米的一号演播厅,还有1000平米的,600平米的就有两个，800 平米的也是双的，还有 400 平米的……多了去了。1987年春节联欢晚会上，费翔演唱的《故乡的云》、《冬天里的一把火》就是在1000 平米的演播厅向全国直播的。在广电总局大院内的老演播厅已经不见了，在原址上已经建起了篮球场，篮球场的下边是地下三层车库。每当我路过这个篮球场，我就忘不了那个演播厅，因为那里是我第一次上春节联欢晚会的地方。很多著名演员都是从那里被观众熟悉的，那个演播厅留下了很多艺术家的美好记忆。

时代不同了，人的观念随之也跟着变化。那时候上春晚和现在上春晚最大的不同是它可以让你一夜成名，第二天就家喻户晓了，走到哪儿观众就能把你认出来，要不怎么我的侧脸儿特有"名"呢。现在上春晚就没有这个效应了，很多演员抱怨，上了多次春晚，观众还是认不出来。这可不能埋怨观众，主要是现在的年三十，观众可以选择娱乐的东西太多了，已经不是人人都要看春节联欢晚会那个年代了，你想连吃年夜饭都不在家吃了，他怎么能认出你来呢。不过，我每年还是喜欢看春节联欢晚会，除了它能带给我春节那种特有的欢快喜庆气氛之外，我还能从中了解到文化艺术以及演艺界的发展和变化。

> 大地复苏春风暖，
> 开启两岸破冰船。
> 同胞兄弟情谊浓，
> 传统曲艺到台湾。

自从费翔在 1987 年春节晚会上饱含深情演唱《故乡的云》这首歌以后，不知是巧合还是就该如此，那年底，台湾当局就宣布"荣民弟兄"可以返回大陆探亲了，从此打开两岸近 40 年不相往来那扇大门。这一开放不要紧，十几年的功夫就成了现在这个局面了，现在已经不光是老兵探亲了，连国民党主席都来了，您说如果不是改革开放，两岸交流哪有今天这场面啊。

我的大爷就是台湾老兵。记得伯父一家1989年回烟台老家探亲的时候，他们都是带着好奇的眼神看着周围一切，我能感觉到他们看到的和他们想象中的是不一样。后来伯父在闲聊中对我说："我们这次回来还带了一次性的筷子，还带了很多方便面，害怕大陆卫生条件不好，也担心大陆没吃的，没想到这儿的一次性筷子比我带来的还要好呢……"后来他们多次回来探亲旅游，什么东西也不带了，用我伯父的话说：你们什么都不缺呀。

2006年5月4日，"今夜无人入睡——沪港之夜"大型文艺晚会在香港文化中心举行。图为歌手费翔在演唱。(来源：新华社资料图片，王小川 摄)

90年代初，大陆艺术家到台湾演出是新鲜事儿。1993年，中国广播说唱团是最先到台湾演出的大陆艺术团体，这是中国传统曲艺首次与台湾观众见面。临行前，唐杰忠老师对我说："在台湾咱们山东人多，山东快书肯定受欢迎。"他还说，"这次就能见到你大爷了吧？"听着这句话，我是又高兴又难过，高兴的是从小就知道宝岛台湾，能去台湾演出不光是高兴，还有历史意义呢。难过的是我的父亲曾因为有这个"海外关系"的哥哥，而遭受了很多磨难。1987年我父亲在香港与我大爷见了面，兄弟俩百感交集，含着泪竟然不知说什么。我父亲从香港回来一周后，因过于激动而脑溢血去世……几年的功夫儿，我竟然要到台湾去演出了，如果我父亲还活在世上，说什么他也不会相信，今天的两岸关系已经和他所经历的不一样了。

简短点儿说吧，说唱团在台湾的演出非常成功，山东快书无疑是最受欢迎的节目之一。在台北国父纪念馆首场演出那天，我演唱完《武松打虎》之后，观众给予了长时间的掌声，以至于我返场站在麦克风前，热情的掌声使我无法开口讲话。主持人倪萍几次想打断掌声都没如愿，我俩就站在

图为本文作者在河南小浪底水利工程工地上为工人师傅表演山东快书

　　舞台上一直等到掌声回落，这时倪萍才感慨地说了一句话：真是经久不息的掌声啊！

　　台湾著名体育节目主持人傅达仁先生，来到后台边走边喊："俺老乡呢，俺老乡在哪儿？"见到我又拍肩膀又握手，"表演得太精彩了，在台湾能看到这样的节目真是难得……"说着就用家乡话跟我聊起了他记忆中的山东快书。

　　最让我感动的是在台北最后一场演出，当我站在舞台上谢幕的时候，有一位八十岁的老太太站在台下，一只手扶着舞台，一只手招呼我。当我在后台见到老人的时候，她和家人把我围住，拉着我手告诉我，她连续看了五场，非常喜欢我的山东快书。她说："今天我把七十岁的妹妹和家人都叫来了，为的就是来看你的山东快书。"说着，老人从手提包中找出一条纯棉手绢儿递给我，并叮嘱我说："在舞台上表演《武松打虎》时，用这条手绢儿擦汗吧。"老人家还告诉我她是北京人，每年都回北京，有些地方变化的她都不认识了，希望在北京还能看到我的表演。我一直怀念这位老人家，那条手绢儿我保存至今，舞台上我就用这条手绢儿擦汗。

　　在台北，93岁高龄的张学良将军也来观看我们演出了，他端坐在第一排，老人家精神矍铄，只是听觉不灵敏了。中场休息时，我们来到观众席向张将军问候并与他合影。老人家非常亲和，我还请他签名留念，他欣然写下了"张学良"三个字，当我告诉他"张"字写得不太清楚时，他非常爽快地笑着说："好，我再给你写个清楚的张字。"就这样给我的签名多了一个"张"字。

难忘的经历，难忘的演出，难忘的这些可敬的台湾观众。

我在台北演出那几天，最高兴的莫过于我的大爷，他天天陪着我，天天看我们演出，逢人就说：这是我的侄子。那一刻你就觉得血缘相连的亲情是无法割断的，不管分离多久，只要在一起它就是那么的亲近、自然。像我和大爷都是隔一辈儿了，反而更加亲密。

我想如果不是改革开放，两岸的交流还要等很久；如果不是改革开放，台胞决不会来了就不想走；如果不是改革开放，两党领导人怎么能在人民大会堂握手；如果不是改革开放，台湾不可能这么欢迎大陆人去旅游；如果……如果……

> 我是青联老委员，
> 经常参加慰问团。
> 鸳鸯铜板伴我行，
> 见证发展三十年。

我有很多早年就移民美国的台湾朋友，他们都是有成就的华人。他们每年自己组团到大陆旅游观光，对大陆的了解甚至比我们还要清楚。他们每次回大陆都要拍很多的照片，回去用电脑把照片转输到电视屏幕上，邀请好朋友来家里观看，一边用鼠标翻着照片，一边讲解照片上的风土人情以及过去和现在的变化。我多次被他们邀请参加过这样的聚会，看到他们对大陆的热爱，听着他们对大陆的建言和对未来的愿景，我心中有一种说不出的感动和喜悦。谁不说俺家乡好，他们已经把大陆当成自己的家了，他们当中有很多人都在大陆买了房子，甚至以在大陆购房为一种时尚。由于职业的关系，我要到全国各地去演出，看得多经历的多，所以我和他们交流起来有共同的感受，那就是改革开放让中国确确实实进入现代化了。

　　我从1985年开始参加慰问演出活动，除了西藏没去之外，其它的各省、自治区、直辖市几乎都去过了，而且大都是随青联组织以及中央慰问团到少数民族和偏远地区慰问演出。记得第一次参加慰问活动，我就是随全国青联到贵州慰问少数民族观众，现在回想起来特别有纪念意义。当时，刚从团中央第一书记调任贵州省委书记的胡锦涛同志，接见了慰问团的全体演员，并在贵阳饭店宴请我们吃贵州小吃。让我记忆犹新的是，在临别时，胡锦涛书记代表贵州人民感谢艺术家们到贵州少数民族地区慰问演出，随后，他亲自送给每位团员一瓶贵州茅台酒，还跟大家笑着说："送给大家的茅台酒肯定是真的！"送给我的那瓶茅台酒早已经喝了，可茅台酒的醇香，现在回味起来感觉更浓。

　　我随全国青联去过云南最落后的山寨；我参加了中央"心连心"艺术团在宁夏看望过最贫困的家庭；我去过河南小浪底水利工程的工地为工人师傅演出；我在新疆边防哨所为守卫国防的战士表演；在四川灾区，我与青川的青少年爱心结对，帮助他们健康成长，在都江堰我为灾区观众演唱山东快书。我去过最落后的山村，我到过最发达的地区，我感受到了改革开放对落后地区的大力扶持，给发达地区更加优惠的政策。我看到了改革开放给落后地区带来的巨大变化，使发达地区更加国际化。我了解过去，我知道今天，改革开放正在把过去和今天的距离逐步缩短。

　　回想过去，因为没有高速公路，演员经常被堵在路上十几个小时而耽误演出。今天遍布全国的高速公路网，让我们分享了发展经济所带来的快捷便利。我们亲眼看着首都机场从最早的候机大厅，到扩建的2号候机楼，以及今天新建的全球最大单体3号航站楼。我也经历了中央电视台唯一的600平米演播厅，到后来1800平米的最大演播厅，再看今天朝阳区地标性的建筑——（看一眼就忘不掉的）新中央电视台大楼。2008年8月8日，当我参加北京奥运会开幕式那天，站在国家奥林匹克公园仰视着鸟巢，直视着水立方，注视着国家体育馆，我从心底里感叹道：我们发展了，有钱了，中国真是不一般了……

　　北京奥运会结束后，我在电视上看到美国一个经济学家这样评价道：北京奥运会让世界真正了解了中国，因为我们看到中国人会做事，能做大事！他预计奥运会后，美国的公司和企业会踊跃到中国投资。再说这次美国引发的全球金融风暴，全世界都要看中国的决策和行动。我想他们也纳闷儿，资本主义经济体系怎么就不如有特色的社会主义呢？一句话，如不是改革开放，谁能看中国人的脸色呀。

　　从改革开放第一部国产电视连续剧《敌营十八年》，到今年北京奥运会震撼世界的开幕式艺术表演，我们从传统进入现代，又由现代回归传统。我们运用高科技的先进设备，把我们传统文化和现代艺术巧妙地融合在一起，让世界了解了我们悠久的灿烂文化，从而拉近了我们和世界人民的距离。国家经济发达了，传统艺术才得以发扬光大。就说我从事的山东快书专业吧，2006年已被文化部列入第一批国家级非物质文化遗产名录了，一大批传统民间艺术得到了国家级的保护。现在你再看我表演山东快书就得注意点儿了，只能看不能触摸，已经有文物价值了……现在国家号召"推动社会主义文化大发展大繁荣"，这就是经济发展的象征，经济支撑着文化的繁荣，文化又推动经济的发展。我不是理论家，我感觉就是这么一个道理，要不怎么说"文化搭台，经济唱戏"呢。有人说应该是"经济搭台，文化唱戏"，这不是一样吗，怎么你都得唱戏。所以说如果没有改革开放，国家就不会有今天的经济发展，没有经济实力做后盾，就不会有今天这么大规模对传统文化的保护和弘扬。

　　这正是：

　　　　改革开放大发展，
　　　　世界刮目来相看。
　　　　再过一个三十年，
　　　　七老八十话今天。

郭秋林，中国广播艺术团说唱团国家一级演员，第十届中华全国青年联合会常委，第三届国家机关青年联合会常委，中央企业青年联合会常委。

1960年出生于山东烟台，自幼受家庭熏陶，8岁学唱京剧，12岁学习山东快书表演和创作。1986年参加中央电视台春节联欢晚会，表演的山东快书"吹牛"，赢得观众的喜爱和欢迎。

曾连续四届参加中央"心连心"艺术团赴新疆、内蒙古、广西、宁夏慰问少数民族观众，荣获"天山奖"、"骏马奖"、"漓江奖"、"贺兰山奖"。1986年获得首届全国"景阳冈杯"山东快书大奖赛最佳演员奖。1995年荣获曲艺最高奖"牡丹奖"。

应邀到北京大学、清华大学等高校演讲，师生反响强烈。应邀赴日本参加国际学术研讨会，受到专家学者的赞赏，将山东快书推向了国际学术论坛。前后出访美国、新加坡、新西兰及香港、澳门和台湾地区，所表演的《武松打虎》等曲目深受观众喜爱。

1988: 躁动

冯慧君 ●

> 陕西作家贾平凹以一部《浮躁》荣获美国飞
> 马文学奖，"浮躁"两个字，几乎代表了中国1980
> 年代末的国民心态。在很多年以后，当人们回忆
> 起1988年时，尽管更多的会谈论当年惊骇一时的
> "物价闯关"和席卷全国的"抢购风"，但同样有
> 许多人还在重新回望那80年代的文化时光。尽管
> 那些所谓"前卫"的艺术形式如今看来如此粗糙、
> 野蛮，但却吻合了从压抑中解脱出来的人们的需
> 求。于是，1988年和那个年代给人的感觉一样—
> —青春、激动、混乱。

1988年，我不到23岁，只身从家乡来到山东省省会济南，一腔热血地投身于山东第一张晚报——《齐鲁晚报》的创刊。

20年后的今天，2008年秋，我坐在距著名的"鸟巢"不到两公里的家中写下这些文字，那里刚刚结束了一场盛大的狂欢，为北京为中国为整个世界留下了一段美轮美奂的回忆。而我知道，在数百公里之外的济南，当年从四个版办起来的《齐鲁晚报》，已不可同日而语，现已发展成了拥有百万读者每年数亿收入的大报。他们的奥运报道团队也刚刚经历了一次大

考，从京城凯旋。在与他们带队来京的一位副总编辑一起回忆起当年创刊的日子和历数 20 年的变化时，我们不禁一阵唏嘘。

这样的一些切身经历，像一只记忆的手拉扯着我也温暖着我。但是我明白，无论是个体的我，还是我曾经工作过的那张晚报，我们的成长都无法离开时代的变迁。而这 20 年，又是在改革开放 30 年的大的历史章节中，这样的变迁，才是一种伟大的成长，一个民族一个国家走向了强大。

拥有如此的大背景，是我们这一代人甚至几代人的幸运和福气。站在今天的大背景中，让我们回到 20 年前——1988：我们很激动！

这是个激动得甚至有些混乱的年份，以至于 20 年后我们再来回想时，只能用"风"、"潮"、"热"这样的一些带有极高温度的词语来形容，这便注定了这一年的不平凡。最具标志性的事件就是"抢购风"、"商潮"和"文化热"。

抢购风：物价闯关

即使曾经身处 1988 年的那场"抢购风潮"中，恐怕在当时也很难说清"风潮"的来龙去脉，而事过多年的今天，再来梳理，我们就会发现一个完整的脉络。

首先是，经济学界 1987 年的某些提法是多么不可思议，其中的典型语句包括"长痛不如短痛"和"价格闯关"。

进入年初，各种物价已陆续上扬，几分、几角、几元不等，不过人们似乎还感觉不到什么。春节过后，一些城市开始悄悄刮起"抢购风"，主要是从"三大件"着手，所谓"三大件"一般是指电视机、洗衣机、电冰箱，这在当时，可谓家用高档商品，一是价格不菲，二是供应不足。

当时，计划经济的色彩还很浓，商品价格非常规范，厂家是不能任意加价的。于是人们纷纷下海经商，各类贸易公司如雨后春笋般出现，大都

20世纪80年代，中国每年新增人口将20%新增国民收入消耗掉，使生产总是无法满足需要。图为1989年四川省重庆市民抢购商品。（来源：新华社资料图片，刘前刚 摄）

打着单位的牌子注册，甚至一些企业的工会以组织名义介入其中，他倒过来，我倒过去，层层加码，到了消费者手里，已经涨了几倍。

5月份，政府宣布物价补贴由暗补转为明补，6月份政府一再表示要下决心克服价格改革的障碍。

7月28日，国家决定对13种名烟名酒的市场价格放开，从这天起，全国各大中城市百货公司和烟酒门市部出现了抢购名烟名酒的风潮。北京、天津、上海的商店在开店后的几个小时内，准备供应一天的烟酒全部被抢购一空。当天下午，北京30多个销售点协调行动，价格上浮，全国各大城市也分别在29、30日两次调整价格，才使抢购烟酒的局面渐趋稳定。

1988年7月，国家统计局公布的物价上涨幅度为19.3%，为改革开放以来的最高记录，由此催生了一场席卷全国的抢购风潮。在普通老百姓参与抢购之前，商人们已经开始囤积居奇，那时候流行的囤积物品包括钢材、水泥等基建物资和彩电、冰箱之类的家用电器。囤家电在今天看来是多么不可思议的一件亏本生意，而在1988年，一些开始有钱的中产者把存款从银行提出来，走后门去换成若干彩电冰箱，给每个子女先囤积一台以备将来婚嫁用。

8月17日，中央决定放开绝大多数商品价格，变长痛为短痛，闯物价改革关，一时间物价大涨，抢购风遍及大江南北，火柴、肥皂、毛巾、金饰、洗衣机……几乎是见什么抢什么。济南时装公司日销棉布7000多米，

1988年6月,正值收购春茧之际,四川省合川、铜梁、潼南、武胜等县的一些单位和个人不顾国务院三令五申,相互抬价,抢购蚕茧,合川县蚕茧主产地太和区蚕茧收购价每公斤12.80元,比省规定的最高限价高出近一倍,但终因财力有限不得不暂时关门停止收购。(来源:新华社资料图片,刘前刚摄)

8月24日至29日平均日销15836米。随着抢购风潮的蔓延,几乎什么东西都在涨价,连针头线脑也不例外,仿佛一夜之间,物资紧缺得厉害,人人感到恐慌,就连一些冷眼旁观者,也开始紧张起来,要下手时,已力不从心,价格太昂贵了,只好选些涨幅不大的买。于是乎,一些日常生活用品价格也开始上扬,人们只要凑在一起,就只有一个话题:什么东西还要涨,买!快点买,不买还要涨!

以上海为例,8月17日、18日,抢购的迹象已渐明显,火柴、肥皂、洗衣粉、毛巾、被单、铝锅等成为热门货。从8月19日起皮夹克、鸭绒被、驼毛被、羊毛毯、毛巾毯、毛线、床罩、棉毛衫裤、汗衫背心、洗衣机、吸尘器、油烟脱排机、高档录音机、录像机、金饰品等均在被抢购之列。银行门前提款的人拥挤不堪,上海银行告急。上海华联商厦每两分钟即售出一台洗衣机,一天售出500台,8月27日这天现金销售达230万元,创历史最高记录。8月28日,上海抢购狂潮进入最高潮,上海市政府不得不采取紧急措施,实行凭票供应食盐、凭票供应火柴、购买铝锅以旧换新或凭结婚证、户口申请购买。29日至31日,因物价未全面上涨,抢购风才自然平息。

这场新中国成立以来最大的抢购风潮平息下来后,据国家统计局统计,

1988年8月，扣除物价上涨因素，商品零售总额增加了13%，其中粮食增销30.9%，棉布增销41.2%，电视机增销56%，电冰箱增销82.8%，洗衣机增销130%。伴随抢购风潮引发的挤兑银行存款现象，则使8月份银行存款减少了26亿元，官方宣布的通货膨胀率达到18.5%。为了整顿严重的通货膨胀，中央对经济实行全面的"治理整顿"，其措施之严厉堪称改革开放以来之最。

当时的我，因为刚到济南不久，过着单身生活，吃着单位的食堂，又忙着创刊不久的报纸，几乎没有参与过什么东西的抢购。再说也没什么积蓄，工资又实在是微薄，的确也没有抢购的条件。能够留下记忆的是一些家在济南的老编辑、老记者们，不少人恐慌又兴奋地参与了抢购，他们大多也不是什么富人，所以抢购的也多是日常生活用品，有的光火柴就买了数十包，每包10盒，加起来有几百盒。那时的济南，只有三大商场：百货大楼、人民商场和大观园，各个商场的情况都差不多，天天人很多，但货架上的商品很快就没了，连多年积压的商品都卖了，而且还卖了个好价钱。

后来的数字表明，1988年，物价比上年上涨18.5%，第四季度末的零售总额比上年同期上涨20.3%。

商潮：躁动的背影

1988年的中国，又一个显著的特征是，经商大潮滚滚而来，一浪高过一浪。许多朋友，今天还是机关干部，明天再见面，已经停薪留职办公司去了；邻家男孩女孩，感觉中好像还没长大，却突然不见了，后来知道是下深圳、闯海南了。各种传闻漫天飞舞：北京前门的一位老人娘靠卖红薯，一年收入过万元；广州一位初中毕业的女青年，找不到工作，摆个服装摊，一年下来也腰缠万贯。

这一年，从机关干部到企业职工再到几乎所有普通百姓，都出现了前所未有的躁动，"南下"和"下海"成为最大的流行。自古以来受到轻视的商人，成为1988年最具光彩的象征。私营企业开始悄然涌起，国家统计局统计表明，雇工8人以上的私营企业已达22.5万家，而全民所有制工业的比重由1978年的80%下降到57.5%。

这一年，头5个月，北京新增公司700家，上海猛增公司达3000家，深圳的国贸大厦云集有300家公司，到1988年底，全国公司达47.7万家。在国家工商部门注册的公司从业人员达到4000万人，占全国职工总人数的1/4。

这一年，海南岛正式成为中国的第23个省，早在此消息传出时，全国各地的专业技术人才便铺天盖地而来。当时海口最主要的两条街道——海府路和海秀路的交接处，成为海南最大的人才集散地，各种信息在这里交汇，各种故事在这里编织。在当时也是全国最有特色的一个地方——不论你从哪里来，都能听到乡音。但你千万别小看这里的人，卖报纸的姑娘是大学生，端面条的小伙是研究生，熙熙攘攘皆为理想。他们或是因为不满足于平静的生活想到海南换一种活法，或是因为不满意自己的现状来海南寻求实惠，总之，他们都是来海南寻求机会的。他们当中的大部分人是辞了公职后来海南的，大多数人来的时候手里才几百块钱，连买一张回程票的钱都不够——他们甚至根本就没有想着要回去。由于他们可以说一无所有——除了自认为有一身本事外，所以他们无所顾忌，具有很强的冒险精神，为了达到自己的目的，他们敢干敢闯，什么都愿意一试，决不会轻易放弃任何一次机会。每天都有数十个新的公司诞生，最多时，一天到工商管理部门登记注册的公司达到三百家，以致在海南，刻制公章成为了一个不大不小的行业。

这一年，有个人不能不提，那就是被称为"中国承包第一人"的马胜利。"马承包"这个称呼来自4年前，当时，46岁的马胜利在石家庄造纸厂做销售科长。上面给厂里下了17万的利润任务，厂里不敢接受，酝酿着找个能人来承包，一年只要交厂里17万就行了。销售科长马胜利跳出来，说：

"不是没有人敢接这17万吗？我接，我要把这17万倒个个儿，保证今年完成70万。"他在厂门口竖起个1.5米高的大牌子，上书"厂长马胜利"。结果，承包第一年就为厂里赢利140万元。承包4年，利润增长了21.94倍。马胜利一个人救活了一个厂，成为中国将承包引入国有企业的第一人，媒体也有了"一包就灵"的赞誉。

1988年，马胜利再次名声大振。这年1月19日，中国马胜利造纸企业集团隆重成立，在不到两个月的时间里，马胜利与全国28家企业签订了承包合同，另有70多家也在请马胜利。后来果然搞到100个厂，而且效益不错。兵不血刃，马先生造了个中国造纸大托拉斯。然而，问题很快出现，不少承包企业在扭亏以后再次出现亏空，最终累及他的大本营——石家庄造纸厂。这也怨不得马胜利，那承包合同，既动不得产权，又动不得资金，充其量是个厂长经理速成培训班。马胜利苦苦支撑，毕竟是一厂之长。1993年，有本事的都去倒腾股票、期货、土地、美金了，马却在造纸厂大门一角开了家"胜利餐厅"，谁都得吃饭吧。到了1996年，造纸厂日子愈发难了，工资发不出，产品滞销，资不抵债，只好申请破产，数千职工回家自谋生路，加入下岗大军。那年，马胜利58岁，离国家规定的退休年龄还差两岁，但他提前撤了。

还有一个人不能不提，他叫王宗明。29岁的王宗明7月毕业于哈尔滨东北农学院，以优秀的论文通过博士答辩，获得兽医学科的博士学位。这之前，王宗明曾由四川农业大学毕业，考取东北农学院硕士生。受到长达9年高等教育的王宗明却因分配问题陷入困境，黑龙江省最大的兽医研究单位——哈尔滨兽医研究所，无此专业，没有收留他，母校东北农学院编制已满，王宗明已联系到西南民族学院，但黑龙江省规定：博士生外流必须交纳5000元至26000元的培训费。家境贫寒的王宗明哪里能拿出这笔当时看来庞大的费用，为维持生计，王宗明无可奈何地在东北农学院校园旁摆起了小烟摊。

教授卖烧鸡，博士摆小摊，这就是1988年的困惑。学者许纪霖在一篇文章中写道:"商品经济的大潮以不可阻挡的气势席卷社会的每一个角落……偌大的神州,已放不下一张平静的书桌,神圣的校园失去了往日的清高,安宁的书斋,也难以再抚慰学者们一颗寂寞的心。"

1988的这股"商潮",可以说是泥沙俱下,但历史的车轮滚滚向前,也正是有了这样的一些躁动不安的经历,无论是中国的市场经济还是处在市场经济中的国人,才一起变得越来越成熟,越来越健康。

文化热:蝴蝶飞舞

1988年的"文化热",应当说,主要是由两个人引发的,一个是王朔,一个是张艺谋。

这一年,被称作"王朔电影年",他的4部小说先后被改编成电影,分别是米家山执导的《顽主》,夏钢执导的《一半是火焰,一半是海水》,黄建新执导的《轮回》以及叶大鹰执导的《大喘气》,同一类带有"痞子"气的顽主形象在银幕上集体亮相。

王朔是个语言天才,复活了北京民间大批鲜活的市井流行语,并用调侃的方式来躲避崇高,从而消解了中国文学严肃、正经的刻板面目。他创造的"我是流氓我怕谁"、"过把瘾就死"、"千万别把我当人"、"一点正经没有"等语录,成为那几年街头巷尾的日常用语。他的语言风格,影响了一代人说话和写字的表达方式,更重要的是,他改变了人们看世界的眼光。"侃大山"由此成为时尚,人们沉溺于亦庄亦谐调侃的语言快感之中,来释放种种的烦恼和郁闷。

《红高粱》获金熊大奖,这是中国电影第一次获得世界顶级电影节的最高奖项,也是"张艺谋导演"成为品牌的历史性开端。到了《我的父亲母亲》时,张艺谋已经是公认的世界级导演了。一直到北京奥运会开幕式总导演,这20年,张艺谋始终站在中国导演人的制高点上,但我们都不会忘记，是《红高粱》让他一夜成名，从此开始跻身国际大导演的行列。

这一年的"文化热"，还必须要提到的是一个特别的群体——陕西作家群。

路遥，1988年5月25日下午，在陕北甘泉县招待所，用热水敷开痉挛的手，写完《平凡的世界》最后一页，把那支用了几年的笔扔出窗外，如释重负。

《平凡的世界》从1982年开始构思，到1988年完稿，历时6年。待《平凡的世界》完稿，这位40岁不到，原本铁塔般壮实的汉子，两鬓已新添了许多白发，满脸皱纹，颜色憔悴，形容枯槁，看上去全然像一个老人。

1992年，路遥去世，西安这座城市最美丽的一个篇章结束了。

陈忠实，在1988年的一天到长安县查阅县志和文史资料时，遇到一个搞文学的朋友，晚上一起喝酒。朋友问陈忠实："以你在农村的生活经历，写一部长篇小说还不够吗？怎么还要下这么大功夫来收集材料，你究竟想干什么？"陈忠实当时喝了酒，性情有点控制不住，就对他说了句："我现在已经46岁了，我要写一本在我死的时候可以做枕头的小说。我写了一辈子小说，如果到死的时候才发现，自己没有一部能够陪葬的小说，那我在棺材里都躺不稳。"

1988年，陈忠实开始动笔写作《白鹿原》。在西安东郊西蒋村的老屋，靠着冬天一只火炉，夏天一盆凉水，一写就是4年。

当路遥、陈忠实和贾平凹们埋头创作的时候，"第三代"的诗人们正在全国到处游窜，要"把玉米一直种到大海边"去。而译制片《神探亨特》，崔建的《一无所有》，春节晚会上冒出来的牛群的一句："领导，冒号"，毛阿敏的一曲《思念》也正风行大江南北。

"好像一只蝴蝶飞过我的窗前"，20年岁月匆匆而去，留给我们的是不尽的思念，也为明天写下了最好的注解。

冯慧君，现任华夏时报社党委书记，执行社长，高级编辑。第三届中央国家机关青联委员，中国记协理事。

1965年出生于山东临朐。1987年12月参加《齐鲁晚报》创刊，担任"青未了"副刊编辑。1991年3月调大众日报文艺部，担任"丰收"副刊编辑。1996年11月参加《生活日报》创刊，先后担任副总编辑、常务副总编辑、总编辑，期间作为编采负责人创刊《鲁中生活日报》（现《鲁中晨报》）。

所写作品曾获多项全国及省级新闻奖或文学奖；所编版面曾被评为省十大名牌栏目的第一名；个人曾获得泰山新闻奖提名奖，并被省政府记二等功。担任《生活日报》总编辑期间，报纸被评为全省十佳报纸，报社被授予省"青年文明号"；担任《华夏时报》总编辑期间，报纸有作品获中国新闻奖，报社曾获得中宣部授予的抗击非典先进集体等荣誉称号。

1989: 希望工程

沈冰

1989 年 10 月 30 日，团中央、全国青联等单位联合创办的中国青少年发展基金会通过募捐创建中国第一个"救助贫困地区失学少年基金"，长期资助我国贫困地区品学兼优而又因家庭困难失学的孩子，帮助他们重新获得受教育的机会。这项被命名为"希望工程"的救助活动，已成为 20 世纪 90 年代社会参与最广泛、最具社会影响力的民间社会公益事业。于是，1989 年便成为名副其实的"希望工程元年"。而它带给中国的远不止是改变了一个个失学儿童的命运，更多的是唤起了全社会的慈善意识，深刻改变了国人的财富观。

我想，用一张大家非常熟悉的照片开始我们这个主题的讲述。

这个有着一双漂亮的大眼睛的小姑娘叫苏明娟，1983 年出生在安徽省金寨县桃岭乡张湾村一个普通的农家，她是中国千千万万个贫困山区的孩子中的一个，父母靠打鱼、养蚕、养猪和种田、种板栗为生，一家人过着拮据、简朴的乡村生活。

1991 年 5 月，《中国青年报》摄影记者解海龙为了采访报道希望工程来

1989年10月30日，共青团中央和中国青少年发展基金会于当天宣布，建立救助贫困地区失学少年的基金，实施希望工程。图为1991年4月安徽省金寨县桃岭乡三合中心学校小学生苏明娟在认真听课的照片，成为"希望工程"形象标志。（来源：新华社资料图片，解海龙摄）

到了金寨县，当他跑了十几个村庄，最后来到张湾小学时，他看到了正在上课的苏明娟，她那一双特别能代表贫困山区孩子"渴望读书的大眼睛"深深震撼了他的心。很快，各大媒体争相发表解海龙拍摄的这张名为"我要上学"的照片，而画面上这个手握铅笔头、两只直视前方对求知充满渴望的大眼睛小女孩则成为了中国希望工程的形象代表。从那时开始，我便永远也不能忘记这双大眼睛。

直到今天，当我看到这双眼睛时依然会感到深深的震撼。为什么这双眼睛，会让我们的内心久久不能平静？是因为它充满了怯弱无助的彷徨还是因为它饱含着无可言说的渴望？是因为它如水晶般的纯净易碎还是因为它如湖水那样的深邃幽然？

关键词一：希望工程

如果说1978年是中国改革开放之年的话，那么1989年则应该是新中国的"希望之年"。

翻开历史的书籍，在新中国的1989年，赫然写着这样重要的一笔——1989年10月30日，中国青少年发展基金会作出决定：设立救助贫困地区失学少年基金会，长期资助我国贫困地区品学兼优而又因家庭困难失学的孩子，让他们重新获得受教育的机会。

1990年9月5日，邓小平为基金会题名——"希望工程"。

希望工程，多么美好而富有生命力的名字，它点燃了中国贫困山区无数青少年的求学之梦，也照亮了中国慈善事业前进的方向——世界上任何一个国家，特别是中国这样的发展中大国，做慈善事业仅仅依靠政府的力量是远远不够的，广泛的发动社会的力量才能使慈善事业真正的深入人心并发挥其应有的作用与力量。

这项被命名为"希望工程"的救助活动，得到了党和国家许多领导人的赞许和支持。李先念题词："救助贫困地区失学少年，形成全社会关心青少年好风尚"；聂荣臻题词："为了孩子，为了未来"；邓小平亲笔题写了"希望工程"四个大字并两次以"一个老共产党员"的名义向希望工程捐款；江泽民为希望工程题词："支持希望工程，关心孩子成长"；李鹏为希望工程题词："希望工程，救助贫困，兴学利民，造福后代"。

今天，我们欣喜地看到希望工程取得了令人瞩目的实施成果和综合效益，赢得了党和政府以及全社会的高度评价，这正是因为希望工程的社会理念深入人心，得到了社会各界、海内外团体、企业和个人的积极支持和热情参与，可以说，希望工程已经成为我国最具社会影响力和享有崇高声誉的民间慈善事业。

希望工程的实施，改变了一大批失学儿童的命运，改善了贫困地区的办学条件，而最深刻的意义，则是希望工程唤起了当时全社会的

自2006年秋季以来，宁夏在全面落实国家实施的"两免一补"（免费提供教科书、免除杂费和补助生活费）基础上，免费为贫困家庭学生提供一套教辅材料，使98万多中小学生从中受益。图为2007年10月16日宁夏银川市镇北堡镇奕龙希望小学的学生在上课。（来源：新华社资料图片，王鹏 摄）

慈善意识，促进了慈善事业的成长和发展；在整个社会中弘扬了扶贫济困、助人为乐的优良传统，从而推动了社会主义精神文明建设。可以说，希望工程是改革开放后新中国慈善事业的起点。

关键词二：民间慈善组织

慈善事业并不是简单的捐赠，真正的慈善事业的完成需要相当大的时间和精力成本。因此，各类慈善组织应运而生，成为了帮助人们行善的载体，其中广大的民间慈善组织，成为了中国慈善事业舞台上一颗独特的星。

大家都知道的中华慈善总会于1994年4月12日在北京正式成立，它是全国所有民间慈善组织中惟一的一家全国性的联合性社团。随着慈善事业的发展，全国各地的各种基层社区的慈善组织也开始出现，甚至包括县级和乡镇级慈善会。基层社区慈善组织的建立是中国慈善事业向纵深发展的一个标志。

然而，面对各种名号、各类性质的民间慈善组织，社会民众感到普遍的怀疑和忧虑，人们最直接的担心是自己捐助的财物能否真正地使用在那些需要帮助的人们身上，而不是被这些民间慈善组织挪作他用。举个简单的例子，我的一个朋友非常愿意自己联系山区的学校，长年资助一个贫困的孩子上学，却不愿意通过各种民间慈善组织捐款捐物，原因是她对社会上良莠不齐的民间慈善组织缺乏信任。

我想起一个成功的例子，可以为中国富人如何参与慈善，民间慈善组织如何树立自己良好的形象提供一条可资借鉴的道路。

2007年9月26日，中国平安董事长兼CEO马明哲宣布，将在中国宋庆龄基金会名下设立明园基金，首期捐赠2000万元，并计划在5年内通过追加投入，最终达到1亿元的目标捐赠额。值得一提的是，作为国内首个以个人名义设立的慈善基金，明园基金采取了本金制管理的模式，委托第三方机构进行投资运作，并将未来每年所获取的投资收益部分，投向妇女、儿童、教育等亟须慈善救助的领域。正是这一委托第三方运作的模式，通过发布定期报告等方式，有效地解决了目前国内类似慈善基金的透明与规范运作的难题。

由此可见，中国的民间慈善组织要想存活和良性发展，首先要打消捐赠者的疑虑。那么，就需要外界客观公正地对其进行评估和监管，评估可以从必要的市场准入门槛、捐赠钱物在慈善组织流转过程中的透明化、慈善组织运行效果的年度总结等三个方面进行衡量和评价。而政府应对民间慈善组织保持合理距离的监管，当政府对民间慈善组织的评估完成并公之于众时，这些低劣的慈善组织就自然会被市场和公众淘汰。

中国的慈善事业要良性循环的发展，就要形成公众、慈善组织、政府的权利与义务支撑三角结构，让公众愿意把钱物使用的代理权利交给慈善组织，同时把监督慈善组织慎用权利的责任交给政府，这样，才能消除彼此之间不信任的"隔阂"。民间慈善组织的规范发展与科学运作，才能为更多的拥有财富并希望将财富奉献给需要的人们的那些慈善家服务，才能真正的造福那些需要帮助的人们。

关键词三：慈善制度

国际慈善界流传着这样一句话——没有先天的慈善家。也就是说，我们需要培育"后天的慈善家"，而达到这一目的，首先需要"先天制度"的支撑。

2008年度《中国慈善捐赠发展蓝皮书》中说，中国慈善事业大多停留在"政府主导"的形态中，"一方有难，八方支援"是中国慈善事业的缩影，还没有成为全社会的事业。和许多先进国家相比，中国慈善事业的发展尚缺少"制度性力量"。

同时，我们可以发现，社会上公众对慈善文化与制度建设的关注度正在提升，人们不再像过去那样只求心安地献爱心，"为慈善尽义务"，而是越来越关注如何实现自己财富的最大价值。这从一个角度表明中国社会的进步与公民权利意识的觉醒，我们必须懂得，关注慈善制度是公众的一种权利。

回顾改革开放30年，我国制定和完善了慈善公益组织社会标准规范蓝本和管理制度，规范其运行，促进其发展。建立了集管理、监督和培育于一体的慈善组织管理体制和运行制度。国家通过税收杠杆的倾斜，鼓励向慈善事业捐赠，扩大慈善资金量，实现社会财富的重新分配。学习和借鉴慈善事业发展较快国家、地区的通行做法，大力发展慈善事业，把政府社会救济和社会福利方面的部分事务性职能转移给有资质的慈善组织，国家在加强监管的同时给予可能的支持，如划拨部分社会福利基金给慈善组织，用于慈善救助，壮大慈善事业力量，增强慈善事业发挥社会功能的实力。

民政部发布的《中国慈善事业发展指导纲要（2006—2010）》指出，未来五年中，民政部将推动制定便利捐赠人办理税收优惠政策的程序，全面落实企业和个人自愿无偿为公益事业捐赠财产应享受的税收优惠政策。

目前，尽管一些政策在落实上还存在一些问题，但相信这些发展中的问题定能用发展的办法很好地解决；也相信随着慈善事业的发展，随着这些促进慈善事业发展的优惠政策的规范和落到实处，必将有效地激发企业和个人参与慈善事业的积极性，慈善事业必将得到更快发展。

关键词四：财富观与公信力

慈善事业兴衰的决定因素是社会的财富观和慈善组织的公信力，这一点是最根本也是最直接的影响因素。即使有政策与制度的支持，如果整个社会不能树立正确的财富观念，慈善组织不能塑造自己的公信力，那么恐怕也难以激发慈善事业的活力。

人民网曾经发表过一篇关于正确树立财富观的评论，我觉得对中国的慈善事业是一个启迪。评论的观点是——财富观是公众价值观的重要组成部分，绝大多数人崇尚财富，尊敬富人，以富为荣，以穷为耻，努力创造和积累财富。这是健康社会中的一种合理的、科学的财富观。

结合中国社会的实际情况，也许我们会发现，公众的财富观经历了很长一个时期的成长和变革。随着改革开放后贫富差距的扩大，形成了两种不正确的财富观——一种是装穷和害怕露富，富人担心捐赠可能导致"露富"，并可能招致外界的负面评价，甚至给自己带来某种威胁或危险。另一种就是"仇富"心态。认为绝大部分富人的财富都取之无道、来之不义。在这种歪曲的财富观的隐喻下，一个富人为慈善事业慷慨解囊，不仅没有受到应有的社会尊重和爱戴，反而可能被误解和猜疑，被质疑他的财富来源是否有不可告人的捷径，甚至会认为富人捐献慈善业只是一个幌子，真实的目的不过是为了"洗钱"或洗清自己剥削的罪恶，寻求心灵上的解脱。在这一点上，欧洲发达国家的经验是政府的措施和制度的核心目的是引导富人在"财产约半数被征税"与"捐赠慈善事业留下美名"之间倾向于选择后者。可见，对于中国这样的发展中国家，社会财富观念能否正确树立，对富裕阶层投入慈善业构成了现实的制约。

在引导社会财富观的同时，慈善组织的公信力对促进慈善事业的发展起着异常重要的作用。慈善事业的本源在于奉献，因此慈善家的慈善行为追求的是精神满足，这一特点使慈善行为极易受到对慈善组织主观印象的影响，慈善组织内部的廉洁与否，慈善组织成员的社会声誉，会极大地影响慈善家的精神满足程度，从而极大地影响慈善行为。所以，应当努力加强慈善机构的内部约束，接受社会监督，提高善款使用的透明度，树立慈善机构的良好形象。同时应减少慈善家寻找捐献机会的成本和监督成本。只有立足于公众的财富观和慈善组织的公信力，才能促进慈善事业的发展。

关键词五：慈善观念

孟子曰："达则兼济天下，穷则独善其身。"中国的慈善事业如同中华文化一样自古有之，历史上已知最早的官方慈善机构——孤独园，在南朝萧梁时期就出现了。

几千年后改革开放的新中国，慈善事业发展颇为迅速，对促进全社会公共事业和福利事业的发展起到了不可低估的作用。尽管如此，中国的慈善力量和慈善观念还是比较弱的。

所以，中国慈善事业的健康发展，需要从社会机制、体制上解决存在的问题和弊端，更要从社会文化心理入手，使慈善观念深深植根于社会，植根于民众的内心。

让我们用一组数字来看一下美国的慈善观念。

美国公民的捐助额每人每年为人均522美元，美国人每年捐赠的钱相当于丹麦、挪威等国家一年的生产总值。美国"9·11"事件造成数千人伤亡，好莱坞巨星们在短短一星期筹办了一台节目义演，筹得2亿美元捐款。两年多前，美国首富、微软公司创始人比尔·盖茨宣布，在他约185亿美元的净资产中，他将只给孩子们每人留1000万美元，剩下的将捐献慈善事业。美国第二大富翁沃伦·巴菲特也已经放言，他的子女将很难得到他的巨额财产，他的财产将大部分捐给慈善业。已故希腊船王亚里士多德·奥纳西斯的外孙女阿西娜·奥纳西斯，计划将从外祖父那继承来的15亿美元通通捐出去，宁愿当个没钱的普通人。

也许有人会说，这是生活水平的差距问题，其实，我们不必讳言，这也是一个社会观念的差距问题，如何让中国民众认识到每个人都有回馈社会的义务，而不应该成为只会守财、享乐而不具有创造力的人。慈善事业逾越了民族地域、宗教信仰、意识形态的种种界限，成为倡扬社会文明精神的途径。

从1998年抗洪救灾，到2003年的抗击非典，从2008年初的南方冰雪灾害，到刚刚过去的5·12汶川大地震，"慈善"在我国已经被赋予了新的含义——它并不是资本主义的"专利"，更不是居高临下的"施舍和恩赐"，而是一个社会精神文明的体现，是人们爱心奉献和社会责任感的体现，是社会保障体系的有益补充。

在5·12汶川地震之后，我有幸参与发起并推动了中国青少年发展基金会"512心灵守望计划"这一公益项目，旨在通过科学、有序和持续的专业心理服务和培训为灾区的班主任老师和同学们提供长期的精神和心理支持。这一项目的发起者包括了中国青少年发展基金会、中国医师协会、中央直属机关青联、中央国家机关青联、北京市青联和四川省青联等组织；彩虹助学基金、北京华夏国科心理研究院和《环球企业家》杂志社既是发起机构又是具体的执行机构。此外还得到了诸多企业的善款支持，也算是一种新慈善模式的尝试。专业团队一直在四川按照规划推进项目实施，随着进程的深入，应该能有更深的感悟与更好途径的探索。

慈善是仁德与善行的统一，慈善就是给人光明、希望、信心和力量。

改革开放30年，慈善事业在中国的发展，从一个角度表明了中国正在朝着一个多元化的社会结构转变，随着精神文明和物质文明的丰富，社会的慈善观念也会得到更新和进步。中国的慈善事业发展任重而道远，需要一代代的人们不懈的追求和努力，慈善中华，大爱无疆。（感谢孙芊芊在写作过程中给予的支持和帮助！）

沈冰，中央电视台节目主持人，第九届、第十届全国青联委员，第三届中央国家机关青联常委。

1976年出生于山西武乡，1995年保送至浙江大学，同年获得新加坡政府奖学金，赴新加坡南洋理工大学商务与财务系学习并获学士学位。大学期间又获得新加坡报业控股奖学金，1999年毕业后在新加坡《联合早报》

任财经记者。2000年8月至2001年3月参加中央电视台全国主持人大赛获得第二名后,进入中央电视台工作。2005年至2007年在北京大学光华管理学院获得高级工商管理硕士学位。

曾经主持过《对话》、《经济半小时》、《新闻会客厅》等新闻和财经类重点节目,在2002年韩日世界杯期间主持《你好世界杯》广获好评,并成功担纲2008年北京奥运会和残奥会的奥运频道总主持人。采访了省部级官员、国内外经济学家和企业家、文化体育界明星和其他新闻人物300多位。在"中国电视榜"等多类媒体评奖中多年获奖。

持续关注并参与公益事业,持续资助云南丽江玉龙县和新疆巴音布鲁克的两所学校。在2008年汶川地震后,参与发起了"512心灵守望计划",旨在长期支持灾区老师和学生的精神与心灵。

1990: 证券

盛希泰

"我们亚洲，山是高昂的头……"，1990年北京亚运会让世人真正开始认识了昂起头的东方雄狮。第五颗人造地球卫星上天，浦东开发拉开序幕，股份制试点公司日益增多。上海证券交易所与深圳证券交易也相继顺势而生，证券营业部门如雨后春笋般在全国兴起，国家设立了中国证券监督管理委员会以对这一新兴市场进行管理。从此，证券市场逐渐成为我国经济的重要组成部分，深刻地影响着改革开放和经济发展，中国金融业发展翻开了新篇章。

伟大的起步：中国证券市场的诞生

中国证券市场的诞生，最早源于股份制改革试点。1988年，当时的深圳经济特区尝试对一些企业进行股份制改制，其中包括一家由深圳几家农村信用社改组而成的股份制银行，这就是后来让无数股民爱恨交织的深发展（深圳发展银行，股票交易代码为000001）。当然，更早些时候，还有沈阳金杯汽车等股票的发行，但那还不算是规范的形式。

后来，大家开始交易股票，发现买股票不仅可以分红，而且还可以从买卖股票中赚钱。在当时的情况下，深圳几支股票分红的比例很高，而且还有送股和配股，加上股票的价格在涨，所以投资收益率相当可观，当时的交易场面非常火爆。这就是中国的证券市场最早期的状况。

然而，事态很快出人意料地发生了逆转。炒股票引起了相当一部分人的狂热，很多人都不去上班了，天天去关注股市。那时候，交易还都是通过人工写牌来报价，写在深圳经济特区证券公司的一块大的白色牌子上面。每天发放200个号，大家排队领号进去交易，很多人一大早就去排队，希望能第一个进去交易。由于没有规范的交易制度，就产生了很多问题。比如，由于没有规范的过户机制，有人会毁约，结果导致争执甚至打架斗殴。优厚的分红派息方案以及发行数额供不应求，勾起了人们的股票发财梦，

深圳证券交易所的正式开业和《深圳市股票发行与交易管理的暂行办法》等多项法规的颁布实施，标志着深圳股票市场的发展按国际惯例走上规范化的轨道。图为1992年5月，深圳市出现购买股票的狂热现象，各证券营业点门前人们排着长队，等候购买股票。（来源：新华社资料图片，潘家珉 摄）

盲目抢购之风盛行，交易场所人山人海，甚至要出动警察维持秩序。

这个狂热的现象引起了从中央到地方各个方面的重视。当时有很多人提出解决这个问题的办法，其中一个很重要的建议就是建立规范的证券交易所。参照国际上规范的做法，提出了一些基本的概念。比如说，股票交易必须要有规范的交易场所、完善的交易制度、严格的上市公司监管制度，以及对投资人严格的登记注册制度。中央也看到这件事情的重要性，决定让深圳和上海两地来起草这些制度。那时候大家都在探索"有中国特色的社会主义道路"应该怎么走，对于股票市场这样的属于"资本主义"

1990 年 12 月 19 日，新中国开办的第一家证券交易所、世界上第一个社会主义性质的证券交易所——上海证券交易所挂牌开业。（来源：新华社资料图片）

的东西，大家都没有观点，没有看法，走在前面的人压力很大，还要冒很大的政治风险。

证券市场能够真正被纳入社会主义市场经济体系，要归因于1990年的上海浦东开发政策。在浦东开发的十条政策里，最后一条是在上海设立证券交易所。因为开发浦东的政策是中央定的，所以大家都不会去争论这件事情，也不需要去承担政治风险，这迅速地推动了中国证券市场的发展。同年11月，上海证券交易所经国务院授权、人民银行批准，正式宣告成立。第二年，即1991年4月，深圳证券交易所才得到批准，正式成立。所以，直到今天，深、沪两家交易所还在为谁是中国的第一家证券交易所进行争论，争论着到底是以"出生"为先还是以"出生证"为先。

在计划经济体制下建立具有"资本主义"特色的证券市场，难度是极其巨大的，即使到了今天，有过计划经济经历的人们都会觉得这是一件极不容易的事情。国家的主要领导人在中国证券市场的创建过程中展示了极大的政治智慧和胆识。而在中国证券市场诞生的日子里，政府综合经济管理部门，如国家计委、体改委、财政部和人民银行在推动中国证券市场建设中也起到了关键的作用。

邓小平同志曾讲："证券、股票这些东西究竟好不好，有没有危险，是不是资本主义独有的东西，社会主义能不能用，允许看，但要坚持试。搞一两年，对了，放开；错了，纠正，关了就是。关，可以快关，也可以慢关，也可以留一点尾巴。怕什么，坚持这种态度就不要紧，就不会犯大错误。"回过头来看，如果没有党中央和国务院领导同志的远见卓识和稳步改革的决断，中国不会在这么短的时间里建立起令人瞩目的证券市场，证券市场的建立更开创了改革开放的新阶段，具有极其重要的历史意义。

改制和融资：证券市场推动了经济发展

我国证券市场经过20年的发展，从无到有，从小到大，到今天已然成为我国经济生活的重要组成部分，并在我国的改革开放和经济发展中发挥着日益重要的作用。

计划经济下的企业只具备工厂的职能，在中国经济发展的市场化进程中，大量的企业从工厂转为面向市场、具有"产供销"职能的新型公司，但随之而来出现了诸如公司股权属性和结构、公司治理和管理等问题，证券市场的诞生和发展正好为这些问题的解决提供了契机，企业通过改制上市，既明晰了股权结构，又促进了企业治理结构的建立和规范，使企业成为真正意义上的现代企业。同样，证券市场在推动企业财务和会计制度的规范完善、企业信息披露等方面也发挥了极其重要的作用。

也是通过证券市场，一大批新兴和传统企业发行股票、债券，获得了企业发展重要的资金支持，既改善了企业的负债结构，更推动了企业的技术改造和产业升级，在大大促进企业发展的同时，也促进了国民经济的发展和总体经济效益的提高。据统计，通过国内证券市场直接融资，上市公司累计筹集资金超过了2万亿，一大批企业通过证券市场得以发展壮大，成为具有国际竞争力的优秀企业。

此外，证券市场通过证券价格的影响，引导资金的流动，使资金流向具有良好发展前景的行业和企业，从而实现了社会资源的合理配置。从证券市场的发展实践看，不仅国有企业得益于证券市场取得了显著的发展，大量的民营、合资企业也取得了长足的发展，证券市场有效地促进了多种经济成分的竞争、发展，在社会主义市场经济体制的建立过程中起到了积极的推动作用。

20年中国证券市场的风雨历程，给中国经济带来了强劲的发展动力，在这期间，党中央、国务院对证券市场的发展始终给予了充分的关注和支持。中央领导针对证券市场发展过程中遇到的各种问题和困难多次做过重要指示，指明了证券市场发展的正确方向。

B股和H股：证券市场的国际化尝试

我国证券市场的国际化，比任何一个新兴市场走的都要快得多。1991年刚刚设立沪深两个股票交易所，1992年就开始了中国企业的海外上市之路。但是追溯中国资本市场发展的国际化思路，则要从B股、H股谈起。

90年代初期，整个中国正处于经济发展的起步阶段，非常需要资金。此前我们国家利用外资的方式就三种：境外发债、从国外借款和外资直接投资。当时就有人提出来，能不能让外商也来承担风险？而发行股票是既可以利用外资，又不承担还债义务的最好融资方式。尽管当时中国的证券市场已经有条件可以这样做，但由于人民币不能够自由流通，所以股权融资不能够在中国做，只能够到国外去做，于是就有了 B 股和 H 股的模式。

当时设计的 B 股是在境内上市，H 股是在境外上市。由于 B 股没有在国外申请上市，那么招股说明书就不能够公开注册，所以股票就只能够卖给机构投资者，不能够卖给国外的中小投资者，这样就对国外的投资者没有多少吸引力。为了更好地吸引外资，大家自然而然想到了境外上市。根据香港联交所和香港政府的建议，国内的企业可以直接到香港上市，这就是 H 股的模式。时至今日，我们可以看到全球 IPO 最多的是在亚太地区，而亚太地区上市最多的是中国的 H 股企业。

H 股的模式，对于中国证券市场在借鉴国际经验、规范本国的市场方面起到了很重要的作用。为使一些纯粹的国有企业能在海外上市，国务院有关部门针对 H 股企业起草了一些特别的规定和制度。这些制度安排包括：股东治理结构、财务会计核算原则、董事的诚信制度、上市规则和信息披露的规定以及保护中小股东的规定。这些制度的制定，帮助我们完善了国内的证券市场。今天对中小股东的保护机制，也是始于 H 股的监管理念。中国证券市场不仅从理论上，而且从政策的制定和实际的操作上，开始适应国际市场的制度框架和监管要求。

随着证券市场的日益成熟，中国证券市场对外开放的步伐也渐渐加快。2005 年 11 月 5 日，中国人民银行和中国证监会联合发布了《合格境外机构投资者境内证券投资管理暂行办法》，正式宣布在中国引入 QFII 制度。2006 年 9 月 6 日，中国首只 QDII 外币基金——华安国际配置基金经国家外汇管理局批准，获得 5 亿美元 QDII 投资额度，到了 2008 年 10 月 QFII 和 QDII 的额度已经分别达到 106 亿美元和 645 亿美元。

截至目前，中国已全部履行了加入世界贸易组织时有关证券市场对外开放的承诺。例如外国证券机构可以直接从事 B 股交易；允许合资公司从事国内证券投资基金管理业务等等。证券市场的国际化进程正在促进中国证券市场进一步发展壮大。

股权分置改革:一次伟大的革命

我国证券市场发展之初的上市公司股权被人为地分割成流动性截然不同的两种类型,即不能流通的国有股、法人股和可流通交易的社会公众股,这样的设计导致了流通股和非流通股同股不同权、同股不同价,由此形成了非流通股股东与流通股股东利益目标的背离,给证券市场的健康发展留下了一个十分棘手的问题和隐患。

随着我国经济体制改革的深化和证券市场的发展,这种制度安排的弊端和矛盾逐步显现出来。由于占比多的"非流通股"股票不能上市流通,证券市场的"经济晴雨表"功能、资源配置优化功能,以及价值发现功能被大大弱化,投机炒作、大股东损害中小投资者利益等问题日趋严重,社会公众对股市的信心不足,这与国家宏观经济发展的良好态势极不相称。

2004 年 1 月 31 日发布的"国九条",是中国证券市场极具里程碑意义的文献之一。这份全称为《关于推进资本市场改革开放和稳定发展的若干意见》的文件提出了九个方面的纲领性意见,将大力发展资本市场提升到前所未有的战略高度。"国九条"确立了尊重市场规律解决股权分置问题的基本原则。2005 年 4 月 29 日,证监会正式启动股权分置改革,以"非流通股"股东向流通股股东支付"对价"的方式来获取"非流通股"的流通权,截至 2007 年底,沪深两市的绝大部分上市公司均完成了股权分置改革。

股权分置改革的顺利实施是我国证券市场制度的一大创举,具有划时代的意义。首先,股权分置问题的解决促进了证券市场制度和上市公司治理结构的改善,有利于市场的长期健康发展;其次,股权分置问题的解决,实现了证券市场真实的供求关系和定价机制,有利于改善投资环境,使证券市场回归资源配置的基础功能;第三,保护投资者特别是公众投资者的合法权益,提高了投资者的信心;第四,股权分置问题解决后,一系列金融创新才有了推出的基础,这有利于完善我国证券市场的产品结构,增加投资品种，促进资本市场资源合理配置。

次贷风暴：危机中的挑战和机遇

2002年以来，美国房地产金融机构在房价上升过程中过多地发放次级抵押贷款，而这些次级抵押贷款又被华尔街的投资银行作为抵押物，开发出的巨额金融衍生品卖给各类投资者。美国房地产价格从2006年开始下跌，房贷违约开始攀升，次贷市场风险逐步显现，其对应的金融衍生产品市值大幅缩水，至2007年8月终于引发了次贷危机，大量持有次贷相关资产的投资银行、对冲基金等机构遭遇巨额亏损甚至陷入困境，华尔街顿时一片风声鹤唳，亏损、裁员、倒闭之声不绝于耳，而随着近期雷曼兄弟宣布破产，美林被美国银行收购，美国国际集团（AIG）拉响警报，次贷危机演变成一场波及全球的金融海啸。

由于全球化条件下世界各国经济的紧密相连，以及美国作为世界头号经济强国的地位，美国次贷危机也给中国经济带来一系列的影响：从贸易方面看，美国是中国重要的贸易市场之一，美国经济下降，尤其是当消费出现下滑，对中国的出口显然会有明显影响；而在资本市场上，不仅高额的外汇储备和美国国债面临贬值和损失的压力，中资银行购买的各类美国机构债券也可能血本无归。

次贷危机以及由此引发的世界经济环境的变化，把中国更加彻底地推到了经济发展方式必须转变的十字路口，给我国宏观经济的稳定与发展增加了不确定性，受此影响的拖累，上证指数从2007年10月中旬的6124的高点，一路震荡下行，至2008年9月甚至一度跌破2000点，跌幅超过60%，给国内投资者带来了巨大的损失，也给我们提出了国际化过程中金融风险防范的严峻课题。

我国政府迅速展开应对次贷危机的自救：下调贷款利率及存款准备金

率；将证券交易印花税改为单边征收；中央汇金公司将在二级市场自主购入工、中、建三行股票；国资委鼓励国有股东回购上市公司股票等多项政策密集出台，初步稳定了市场情绪，彰显了管理层稳定市场的决心。

另外一方面，此次美国次贷危机无疑有很多值得我们借鉴的经验和需要引以为戒的教训。

其一，金融创新是一把双刃剑，如果片面强调产品创新，而忽视制度建设，将导致金融市场对风险定价核心功能的失效。次贷危机中，尽管金融机构对次贷衍生产品建立了精巧繁杂的定价和评级模型，但面对美国房地产市场价格突然逆转的系统性风险，模型的前提假设和市场现实严重偏离，导致金融市场最核心的风险定价功能失效，引发投资者的恐慌，并通过"羊群效应"传导放大风险，酿成了全面性系统危机。

其二，不能过分信任市场的自我调节能力，完善的市场纪律和监管机制对防范道德风险、维护金融业的安全稳健运行具有重要意义。在本次危机中先后倒下的贝尔斯登、雷曼、美林，都曾是华尔街的明星公司。其内部风险管理制度一向被市场认为非常健全，经营模式被视为市场典范。但是，在盲目投资造成的巨大损失拖累下，这些机构无一幸免，百年的辉煌化为历史，其结局令人唏嘘不已，监管部门的过度放任无疑应承担相当的责任。

"祸兮福所倚，福兮祸所伏"，除了危机之外，我们还应看到次贷风暴也为我国金融业参与国际市场提供了难得的机遇：在次贷危机爆发之前，发达国家政府对发展中国家主权财富基金的股权投资通常是持警惕和抵制态度的。然而次贷危机爆发后，为缓解危机对金融系统的冲击，发达国家政府的态度发生了极大转变，现在它们对发展中国家主权财富基金的投资持谨慎欢迎的态度。如果能趁此机会，在风险可控的前提下，推动中资参与国际市场，将有力地提升我国金融业在国际市场上的影响力，使"中国资本"和"中国制造"一样具备全球竞争力。

　　风物长宜放眼量，中国证券市场依旧任重道远。面对国际金融市场的剧烈动荡以及国内市场环境日新月异的变化，我国证券市场面临着前所未有的机遇和挑战，这已经不仅仅是上证指数跌破2000点以后K线图该如何演绎的问题，而是在搭建健康市场的基础框架之后，如何形成一种在创新和规范之间掌握微妙平衡的前行力量。

　　盛希泰，现任联合证券有限责任公司总裁，第十届全国青联常委，第三届中央国家机关青联常委，中央企业青联常委。

　　1968年出生于山东淄博，南开大学及北京大学双硕士学位。1989年参加工作，做过大学教师，资产管理公司负责人，证券公司投资银行业务负责人，证券公司副总裁、总裁，是伴随着中国证券行业成长起来的资深投资银行家和资深证券营销专家。

1990: 著作权法

罗东川

当历史的脚步迈入20世纪的最后一个10年,科学技术和文学艺术等领域百花齐放,极大地丰富了老百姓的精神文化生活。而对于诸如此类智力成果的非法侵占和盗用也相伴而生,屡禁不止。如何在法律层面切实保护知识产权,成为老百姓普遍关注的焦点,也成为法律界重点研究的课题。1990年9月7日,新中国成立后制定的第一部著作权法《中华人民共和国著作权法》的颁布,是我国知识产权制度建设中具有重要意义的一件大事,也是我国知识产权法律体系初步完善的重要标志。

18年在历史长河中显得那么短暂,但对于我国知识产权事业来说,其建立和发展过程又显得那么漫长。对一个亲身经历中国知识产权审判事业的创立、发展到繁荣过程的司法工作者而言,回首过去,感到有许多值得回忆和总结的事情。1990年9月7日,《中华人民共和国著作权法》颁布并于1991年6月1日开始正式实施,这是新中国成立后制定的第一部著作权法，在国内外产生了重大影响。著作权法的颁布和实施是我国知识产权制度建设中具有重要意义的一件大事，可以说它是我国知识产权法律体系初步完善的重要标志。因为在80年代专利法、商标法颁布实施多年后，历时10年，经过比较曲折的过程，著作权法才得以问世。

与著作权法的起草、制定和颁布实施相伴随，人民法院开展著作权案件审判工作也经历了几个比较重要的阶段：

80年代初创时期

80年代中期，我从北大法律系毕业分配到北京高级法院民庭工作。原以为民庭的工作就是处理婚姻家庭、继承和损害赔偿等老百姓之间的传统民事纠纷，但没想到领导首先布置给我的工作却是参加民事审判新情况新问题的调研。当时，随着商品经济的发展，国家开始重视民商事法制建设，1985年颁布了一部重要的法律就是《民法通则》，对全国法院的民事审判工作产生了重大影响，一大批新类型案件进入法院，例如肖像权纠纷、名誉权纠纷、著作权纠纷等，成为民事审判工作的新课题，急需加强研究。作为刚迈出大学校门的我，对这些案件所涉及的法律问题产生了浓厚的兴趣，这种兴趣一直持续到1993年北京法院在全国法院率先成立知识产权庭，我毫不迟疑从北京高级法院调到北京中级法院知识产权庭专门从事知识产权审判工作，开始了新的审判生涯。

在《民法通则》专节规定知识产权之前，关于著作权保护的法规只有《图书期刊保护条例》，因此，在当时人民法院是否应当受理著作权纠纷，在法院内部一直存在争议，认为著作权纠纷涉及文学、艺术、科学，专业性强，应由著作权行政管理机关负责。《民法通则》施行后，人民法院受理著作权纠纷有了明确的法律依据，社会呼声也比较强烈，不久，北京法院陆续受理了几起著作权纠纷，在社会上都引起了很大反响，例如《我的前半

1990年9月7日，七届全国人大常委会第十五次会议闭会。会议分别通过了《中华人民共和国著作权法》、《中华人民共和国铁路法》和《中华人民共和国归侨侨眷权益保护法》等法规和决定。（来源：新华社资料图片，郭占英 摄）

生》著作权归属案、李勤与丁洁英语教材著作权纠纷（我记得人民大学刘春田老师代理了该纠纷）、《鲁迅全集》稿酬纠纷案、《金陵之夜》导演署名权纠纷等。

《我的前半生》著作权归属案是当时影响非常大的案件，案件不仅涉及末代皇帝溥仪，还涉及作品创作时根本没有任何法律规范调整的著作权。是否受理该案，北京法院经多次研究，最后决定由北京市中级人民法院民庭受理。因案件处理存在较大分歧，经过多年审理都未结案，后经最高人民法院审委会讨论决定，《我的前半生》属溥仪个人作品，案件才最终审结。该案确立的传记作品著作权归属原则在著作权案件审理中作为一项原则，最高人民法院在关于审理著作权纠纷案件的司法解释中再次予以强调，即传记作品属于委托创作的，只要没有合同约定，著作权应归传记本人。

我国知识产权著名专家刘春田老师代理的《金陵之夜》导演署名权纠纷案更是历经多年才得以审结。在北京市海淀法院做出一审判决后，二审经过协商双方当事人调解解决纠纷。该案反映的导演的创作劳动法律权益保护问题在制定著作权法时进行了认真研究并得到解决。1990年颁布的《著作权法》第15条明确规定了导演的署名权和获得报酬权。

由于著作权纠纷案件审理难度大，北京市高级人民法院与北京市著作权局经协商联合发文，规定北京市发生的著作权纠纷，在向法院起诉前，应先向北京市著作权局请求调处，调处不成的才能向法院起诉。当时的考虑就是基于著作权纠纷专业性强，最好先由著作权行政机关处理。随着市场经济的发展和《著作权法》的颁布，人民法院的审判领域不断拓展，法官的审判能力和素质不断提高，加强著作权案件的审判终于提上议事日程。

总体上讲，80年代人民法院审理的著作权案件数量不多，案件类型也少，主要是文学、艺术领域的著作权纠纷，但毕竟是我国著作权司法保护的重要开端，为90年代的著作权审判大发展打下了良好的基础。

90年代大发展时期

1990年《著作权法》的颁布实施是著作权保护进入新的历史阶段的重要标志，人民法院对著作权纠纷案件的审理也上了新的台阶。众所周知，《著作权法》的制定历尽艰辛，充满曲折，因为争议大，经两届全国人大常委会审议就达四次，成为当时经过常委会审议次数最多的法律。随着我国市场经济体制的确立和改革开放的深入发展，我国科学文化艺术得以飞速发展，无论是国家层面，还是著作权权利人都对著作权保护提出了更高要求。1993年北京法院率先在全国法院建立专门审理知识产权案件的审判庭，在国内外产生了重大影响。过去，著作权案件在民庭审理，专利商标等工业产权案件在经济庭审理，随着形势发展，这种分散审理的模式不利于发挥知识产权审判的整体效能。在最高法院的指导下，在北京市有关部门的支持下，北京高中级法院都成立了知识产权庭，集中审理知识产权案件。这一举措对知识产权审判工作尤其是著作权审判工作起到了极大的推动作用。建庭后受理的著作权纠纷案件大幅度增加，不仅数量超过多年居前列的专利纠纷案件和技术合同案件，还陆续受理了许多有重大影响的著作权纠纷，包括首例适用中美知识产权谅解备忘录的涉美著作权案件、美国微软等软件公司起诉的首批涉外计算机软件侵权案、美国八大电影公司起诉的电影作品著作权侵权案、《现代汉语词典》辞书作品著作权纠纷案、陈佩斯朱时茂起诉中国国际电视总公司侵犯春节晚会小品著作权案等。我在北京中级人民法院工作7年，参与和组织了许多重大著作权案件的审理，留下了难忘的回忆。这些案件在中国著作权司法保护的历史上都具有重要意义。中国法院平等保护中外知识产权权利人合法权益，树立了中国著作权司法保护的良好形象。

我记得，建庭不久就受理了美国迪斯尼公司起诉北京某出版社侵犯著作权案，由于这是我国首例重大涉外著作权纠纷案，如何审理好此案，这对年轻的审判庭是一个考验。尽管出版社出版侵权作品时我国还没有加入伯尔尼公约，因而不能依照伯尔尼公约给予保护，但当时已与美国签订了双边协定即中美知识产权谅解备忘录，承诺对美国国民的作品要给予著作权保护，因此法庭认为我国有义务依法保护美国国民的著作权。鉴于北京某出版社主观上确有过错，其行为损害了迪斯尼公司的著作权权益，因此中国法庭首次对这起涉外著作权案件作出侵权判定并判决被告赔偿。此案的审理结果在国内外产生了重大影响。在第八届全国人大四次会议上，任建新

1993年8月27日，中国第一个保护知识产权的专门审判庭北京市中级人民法院知识产权庭，开庭审理王码电脑状告中国东南公司侵犯"五笔字型"知识产权案。图为原告"五笔字型"创始人王永民在法庭调查出示证据。（来源：新华社资料图片，曾璜 摄）

院长在最高人民法院工作报告中将此案作为人民法院依法审理的知识产权案件加以肯定。国外也高度评价中国在真正兑现保护著作权的承诺。

1994年，在国际上不断对中国软件盗版行为进行批评、中美就知识产

权保护谈判正在激烈进行的时候，我们受理了美国微软、莲花等软件大公司起诉北京巨人等中关村企业侵犯软件著作权的案件十多起，引起轰动。当时电脑还没有普及，法庭在缺乏计算机软件知识的情况下，通过自学、向专业人士请教，迅速掌握相关专业知识，并首次邀请专家配合，顺利进行了软件侵权案件的证据保全。经过勘验和庭审，查清了案件事实，在认定侵权后对部分案件进行了判决，多数案件当事人达成和解，妥善解决了这批当时影响较大的案件，有力地回击了美方对我国软件著作权保护不力的攻击。

中国社会科学研究院语言研究所、商务印书馆起诉王同亿、海南出版社侵犯《现代汉语词典》辞书作品著作权和专有著作权案在辞书界、法律界产生了很大影响。此案原告胜诉的审理结果对于规范辞书的创作，特别是对于制止辞书编写中的抄袭现象起到了一定的警示作用。该案判决对词典的继承性、词典的规范化与抄袭的界限进行了阐述，并认定词典中具有

2000年，陈佩斯、朱时茂二人将涉嫌侵权的3家单位告上了法庭。图为陈佩斯和朱时茂在法庭上的资料照片。（来源：新华社资料图片，周顺良摄）

原创性的词条义项享有著作权，还明确了合理使用与侵权的界限，这些意见对词典著作权纠纷的审理有重要参考意义。

为了宣传公开审判，1998年中央电视台首次对法院庭审进行直播就选择了北京市第一中级人民法院审理的10大电影制片厂起诉天津某公司侵犯电影作品著作权案，这次电视直播法院的公开审理，在国内外产生了重大反响，被认为是中国法制建设中的大事。由于其影响之大，这次庭审还被作为第二年全国高考政治题目的素材。

21世纪的新发展

2001年我国加入世界贸易组织，著作权保护除了要适应新技术发展特别是互联网发展带来的挑战外，还要适应加入世界贸易组织后新的国际规则的要求。2001年加入世界贸易组织之前，我国根据TRIPS协议对相关知识产权法律包括著作权法进行了修改，以与世界贸易组织规则一致。从审判角度看，我国的知识产权保护水平被纳入国际视野考量，在过渡期，世界贸易组织每年要对我国的知识产权保护状况进行审议，因此在这种背景下，审判工作面临新的考验。随着互联网技术的迅猛发展，我国的著作权保护进入了一个新的历史时期，这一时期的著作权纠纷案件有特别鲜明的时代烙印。

90年代末互联网在我国刚开始迅速发展时，北京第一中级人民法院就受理了首起网络著作权侵权案，某报社未经许可将张某的文章登载在其网络版上，故张某起诉报社侵权。今天看来案情和法律问题都很简单，但当时对未经许可在网络上传播他人享有著作权的作品的行为是否认定为侵权有不同的意见，因为著作权法制定时根本不存在网络传播的方式，因此没有规定网络传播权。法庭在理解著作权法相关规定时，认识到法律的制定往往滞后于现实的发展，在著作权法没有规定网络传播权的情况下，应当认定网络传播仍然构成作品的使用方式，属于作品使用权调整的范畴，因此某报社的行为应认定构成侵权。这起案件最后双方达成调解。其后北京海淀法院受理的王蒙等作家起诉某网络公司侵权案影响更大，经北京第一中级人民法院终审判决，原告胜诉。通过上述案件的审理确立了作品在网络上受著作权保护，这一司法实践比2001年修改著作权法才规定网络传播权还早了几年。

在2001年著作权法修改后，网络著作权侵权案件增多而且问题更加复杂。我也于2000年12月调最高人民法院民三庭（知识产权庭）担任副庭长，协助蒋志培庭长负责全国法院知识产权审判工作的监督和指导。这一时期对网络案件的审理比较关注，结合国内外的审判实践，庭里对网络服务商的侵权责任认定进行了认真研究，一方面要考虑保护著作权，另一方面还要考虑不能阻碍网络的发展，因此没有简单认为网络服务商应承担责任，而是区分了网络连接服务商和网络内容服务商，还要看网络服务商的具体行为和主观上有无过错。在总结审判实践经验的基础上，针对网络著作权侵权案件的特点，最高法院专门制定了司法解释。司法解释对网络著作权案件的受理、管辖、侵权认定和责任承担都作了明确规定，为审理该类案件提供了明确依据。后来国务院制定的《网络传播权保护条例》就吸收了该司法解释的一些内容。

随着网络的迅猛发展，与网络有关的新类型著作权案件也不断产生，对审判提出了挑战。例如关于网络搜索引擎引起的著作权纠纷就发生多起，国内著名的搜索引擎如百度、雅虎都曾卷入诉讼。对于网络著作权案件中涉及的链接行为的法律责任，法院也进行了认真的探索，总结了处理相关案件的原则和标准，对规范和促进网络发展具有深远意义。

为适应新的形势和入世需要，我国在2001年10月对《著作权法》进行了重大修改。鉴于著作权纠纷案件已经成为知识产权案件的第一大类型，审判中实践经验需要总结，新的情况问题需要研究，为了更好指导全国法院的著作权纠纷案件审理，最高法院决定制定比较系统的著作权案件司法解释。在蒋志培庭长领导下，我和全庭同志认真调查研究，全面总结了著作权案件的审判经验，起草的《关于审理著作权民事纠纷案件适用法律若干问题的解释》经最高人民法院审判委员会讨论通过并于 2002 年 10 月公布施行。该司法解释对指导人民法院正确使用修改后的《著作权法》，提高全国法院的著作权案件审理水平起到了重要作用。

30 年来尤其是近 20 年来，人民法院高度重视著作权纠纷案件的审理，经过知识产权法官的努力，使著作权司法保护取得了巨大成绩，在推进我国著作权法制建设和促进文化、艺术、科技发展方面发挥了重要作用。

罗东川，现任最高人民法院研究室副主任，二级高级法官，国家法官学院教授，第十届全国青联委员，第三届中央国家机关青联委员，中国法学会知识产权法研究会常务理事，中国知识产权研究会常务理事，中国版权协会理事，中国科技法学会理事。

1965 年出生于重庆，1986 年毕业于北京大学法律系，进入北京市高级人民法院工作，1991 年获武汉大学法学硕士学位，2004 年获北京大学法学博士学位。1993 年参与建立中国最早的知识产权审判庭，1995 年起历任北京市第一中级人民法院知识产权审判庭副庭长、庭长，最高人民法院民事审判第三庭（知识产权庭）副庭长，最高人民法院研究室副主任。

主编《知识产权名案评析》、《知识产权审判实务》等多部著作，发表知识产权论文数十篇。曾获首届全国十大人民满意的好法官、北京十大杰出青年、全国先进工作者、全国法院模范等荣誉称号。

1991:渴望

王勇 ●●●●●●●●●●●●●●●●●●●●●●●●●●●

　　1990年岁末,有一个名字感动了千千万万的
电视观众,她的命运牵动着无数善良的心,她就
是刘慧芳,电视剧《渴望》的女主角。1991年该
剧一举囊括了金鹰奖的最佳男女主角、配角,优
秀电视剧五项大奖。10多年过去了,当年《渴望》
热播时万人空巷的情景,至今仍令人记忆犹新。
《渴望》一剧,以平民化的方式还原了那个年代的
人情冷暖,引起人们对于善良、美好的无尽思绪
和感慨。同时,《围城》、《平凡的世界》、《编辑部
的故事》和《霍元甲》等先锋小说或电视剧相继
问世,都像雨滴甘露一样渗入人们的心田。1991
年,注定是文化热点频出的一年。

　　1991年1月,一部电视剧《渴望》囊括了金鹰奖的最佳男女主角、最
佳男女配角、优秀电视剧五项大奖。
　　上年的岁末,这部电视连续剧的播出轰动了全国,感动了亿万人,创
下的巅峰效应简直成为一个时代的神话——这部长达50集的电视连续剧,

一部以普通人为题材的大型室内电视连续剧《渴望》播映后，在京城引起强烈反响。扮演慧芳的演员凯丽成了家喻户晓的新闻人物。图为凯丽（左）在给北京化工厂的工人签名。（来源：新华社资料图片，杨飞 摄）

是"中国第一部室内剧"，被影视理论家们称之为中国电视剧发展的历史性转折的里程碑，这部电视连续剧就是《渴望》。

　　看《渴望》播出的时候，我正在读大三。那时候学校的条件不像现在这么好，在我记忆中，我们那个年级只有一台电视机放在大教室里。每当夜幕降临，我们早早地围坐在电视机前，"渴望"着早一点听见那"悠悠岁月"的旋律响起。我记得，那台电视机的接收信号很不怎么样，得专门安排同学举着电视机天线伸到窗外去，我也曾举过天线，举得胳膊酸痛。可见，《渴望》的吸引力有多么的强大，记忆依然那么清晰。我想这种事，现在不会有了，以后也不会再有了。

　　《渴望》讲述的是20世纪60年代末到80年代末期的中国，那是中国历史上一段极为特殊的、充满戏剧性变化的时期，它经过混乱、动荡，又由乱而治。年轻漂亮的女工刘慧芳面对两个追求者迟疑不决。一个是车间副主任宋大成，一个是来厂劳动的大学毕业生王沪生。她渴望爱情，但是，前者有恩于她，后者身处困境，需要帮助，这使她左右为难。王沪生的父亲是个著名学者，于文革初期突然被抓，下落不明。母亲急忧交加，病发身死。姐姐王亚茹是名医生，在送别未婚夫罗刚去干校后，发觉已有身孕，她不顾罗刚的劝阻，偷偷生下一个女儿，取名罗丹。罗刚突然深夜返京，王亚茹惊喜中并未察觉他神色有异。罗刚带着女儿悄然离去，留下一封信，告之对方他被通缉，生还无望，让王亚茹忘掉他。刘慧芳和王沪生结婚后，对捡来的弃婴萌发母爱，王沪生虽不情愿，也只好勉强收留，并起名刘小芳。一年之后，他们有了自己的孩子——王东东。深感失望的宋大成和刘慧芳的好友徐月娟结了婚，但对徐月娟几乎没什么感情。刘慧芳在夜大与教师罗刚相识。偶然间，刘小芳的身世大白。恰在此时，王亚茹经过几年钻研，终于治愈了与小芳相同的病症，生活再一次迫使刘慧芳作出抉择……

《渴望》的播出，创造了一个难以逾越的中国电视剧最高收视率——90.78%的神话。"举国皆哀刘慧芳，万众皆骂王沪生，万众皆叹宋大成"，《渴望》也因此成为当时最为独特的文化现象，被称为"渴望"现象。《渴望》的女主角刘慧芳，更是感动了全中国人的心，几乎成了当时中国男性择偶的标准。

《渴望》中的人物，要不渴望爱情，要不渴望幸福，要不渴望平静，要不渴望真诚。其实，更为重要的是，《渴望》本身也折射出生活在那个年代的人们在文化和精神上的渴望。

对大众文化、平民文化的渴望

在《渴望》播出之前的80年代，刚刚经历过巨变的中国人对于丰富的精神生活极度渴望。那时，电视机走进了普通人家，电视文化也因此成为文化生活的主流。一批外来电视译制剧，如《安娜·卡列尼娜》、《大西洋底来的人》、《加里森敢死队》以及港台电视剧《霍元甲》、《射雕英雄传》等陆续在电视上亮相，带给人们崭新的认知。摄于1981年的20集连续剧《霍

元甲》作为第一部引入内地的港台剧，播放时万人空巷。那时只有一部分
家庭有电视机，而且还是那种9寸或12寸的黑白电视，因此全国还流行起
一种电视屏幕五色彩纸。1984年，一部至今仍被称为华人电视史上开山巨
作的《射雕英雄传》，再一次让国民热血沸腾，以至于播出时有电视机的人
家都会坐满左邻右舍，直至节目结束只剩雪花点，人们还在七嘴八舌地讨
论剧情，久久不肯散去。这是中国电视剧发展的第一个阶段，荧屏主要被
"外来剧"占据。本土创作上，虽然从1981年中央电视台推出第一部电视
连续剧《敌营十八年》（9集）起已有不少连续剧出现，但这时期电视剧的
主流艺术样式是依据电影的方式拍摄的单本剧，因而，这一时期被称为"电
视单本剧"时期。

1986年被称为连续剧
阶段的起点，自那一年起，
中国连续出现了几部引起
极大轰动的连续剧作品：
《四世同堂》（28集）、《寻
找回来的世界》（12集）和
《新星》（12集），中国古典
文学名著也接二连三被搬
上荧屏。《红楼梦》（36集）、
《西游记》（25集）都在这
一时段完成。中国电视剧
的主流样式开始转向了连
续剧的创作。如果说单本

1989年，由北京电视艺术中心青年导演执导的我国第一部
50集室内电视连续剧《渴望》正在拍摄中。图为青年导演鲁晓威
（中）在说戏。（来源：新华社资料图片，杨飞 摄）

剧在时空构成方式上拉开了电视剧与古典戏剧的距离，那么这一阶段的连
续剧则在时间上疏远了电视剧和电影艺术的联系。电视剧发展至此，终于
告别了模仿戏剧、模仿电影的历史。其实，《新星》的艺术手法相对粗糙，
长时间滔滔不绝的个人内心独白严重削弱了它的观赏性，主要依靠观众对

传统"清官"的积极想象，宣泄着一种社会情绪。根据古典文学名著改编的《红楼梦》、《西游记》、《三国演义》虽然也广受老百姓欢迎，但距离老百姓的现实生活毕竟太远。

时间走进90年代，随着改革进程的深入，国人开始摆脱对政治的强烈关注，开始注重情感的抚慰，以及悲剧式的娱乐。《渴望》的创作者们对大众文化、对平民文化有着清醒的认识。1989年初，《渴望》导演郑晓龙、编剧李晓明邀请著名作家王朔等一帮作家参与《渴望》的策划，郭镇之所著《中外广播电视史》一书中记述了据王朔事后所说的一段话："既然决定要参加大众文化，就要放弃自己的个性、艺术理想，甚至创作风格，要根据中国老百姓的趣味和欣赏习惯创造大众喜闻乐见的娱乐产品。为此，剧中设计了一些非常类型化的人物，有的忠厚老实，有的蛮横刁钻，好就好到底，坏就坏到家。主人公则是一个完美的悲情人物，所有的美貌美德、所有的倒霉事儿都摊到她头上。总之，就按港台地区的《射雕英雄传》、《上海滩》、《霍元甲》和日本的《血凝》，巴西的《女奴》、《卞卡》等电视连续剧的创作经验，极力煽情，拼命赚观众的眼泪，'哭死一个算一个'。"

正是因为这样的设计，《渴望》获得了巨大的成功，据当时媒体报道，在《渴望》播出的那段时间里，全国的犯罪率都下降了。为此，公安部还专门举行了一次庆功会，把《渴望》剧组请去进行了表彰。

《渴望》所以成功，在于它的出现正迎合了大众的欣赏习惯，它塑造了一批善恶对立、是非分明的人物。善良、温柔、刚毅、勇于自我牺牲的刘慧芳是中国劳动妇女的代表；敦厚、朴实、真诚、以他人利益为重的宋大成是中国工人阶级的代表。全剧没有说教，以家常事、儿女情表现生活，寄寓了中华民族传统的伦理道德。在跌宕困苦的故事情节中讲述了老百姓的家长里短，贴近了普通人的情感，表现了中国社会由乱而治，道德、人心经受洗礼，良心面临抉择，渴望善良、美好，唤起人性的复归，第一次向中国观众展示了"真实"的力量。最为可贵的是，它成功地将中国电视剧重新纳入大众文化的范畴。

自《渴望》之后，生活情感题材电视剧逐渐成为中国电视剧的主流，"平民风"也越刮越强劲。

对"心灵鸡汤"的渴望

有一则新闻报道说，汶川地震后，有两只卧龙大熊猫被转移到某地动物园暂时寄居。它们的到来，引起当地人高度的热情。大熊猫本身已经弥足珍贵，惹人喜爱，还是来自灾区的"灾民"，越发地引起人们五味杂陈的情感。那些日子，人们疯了似的涌向动物园，以各种方式向大熊猫表达自己的感情。一段日子过后，大熊猫显得忧郁了，它似乎受到了惊吓。于是，动物园的工作人员用精心烹饪的鸡汤喂大熊猫，这才让大熊猫得到心灵的平复和安慰。

人也是需要鸡汤的，但对人而言，最需要的则是"心灵鸡汤"，就是温暖，就是关怀，1990年是一个需要"心灵鸡汤"的年代，因为，正是在那个时候，在经历十多年的改革开放之后，国家的经济实力有了大的提升，人们的物质生活有了大的改善，在这样的背景下，追求精神上的享受成了再自然不过的事情。

《渴望》正是那个年代的"心灵鸡汤"。

《渴望》以"文化大革命"为背景，通过"丢孩子"、"拣孩子"、"找孩子"、"认孩子"等情节，引出一个枝蔓横生、跌宕起伏、引人入胜的长篇故事。文化部原副部长，当年具体负责并直接参与策划《渴望》的陈昌本在接受记者采访时，曾这样说："通过拍摄《渴望》，我们认识到一个创作原则：就是按生活本来的样子去写，不人为拔高、美化，也不贬低、丑化。生活中的人是丰富的、全面的。我们当时就是希望雅俗共赏。从孩子到老人，从知识分子到家庭妇女都爱看，再就要有思想启迪作用。"相比较后来涌现出来的一些电视连续剧，《渴望》在现在看来，它的故事并不复杂，但

《渴望》剧组1991年1月10日应邀访问陕西西安后，将古城已经卷起的《渴望》热浪推向巅峰。图为《渴望》剧组离开西安时，群众拥向机坪，依依不舍地向演员们告别。（来源：新华社资料图片，姚宗仪 摄）

在当时，它还是比较深刻地反映了十年动乱中千家万户的悲欢离合，反映了特殊年代里急剧变化的人际关系，也反映了这些人对真善美的呼唤和渴望。正如《中国广播电视年鉴》（1992—1993）所载《电视剧〈渴望〉播出之后》一文中所说："人们渴望的东西很多，但最大的渴望是国家的安定团结、社会的经济发展和人民生活的安居乐业。"说白了，经过"文化大革命"，当时的老百姓就像那两只忧郁的大熊猫一样，他们心累了，渴望"心灵鸡汤"，渴望温暖。

在《渴望》之后，社会对"心灵鸡汤"的期待一直在持续。2008年年初，一部同样延续了《渴望》平民化风格的电视连续剧《金婚》再一次引起巨大轰动，成了老百姓津津乐道的话题。而《金婚》和《渴望》的出品人都是郑晓龙。在接受记者采访时，他曾这样表示，电视剧其实与生活是同步的，《渴望》没有更高的主旋律，当时希望广大人民群众看到《渴望》，心里都有一种温暖的感觉，让人们渴望善良、美好，唤起人性的复归。谈到《金婚》，郑晓龙表示，《金婚》和《渴望》一样，其实都印有非常强烈的时代标签，都突出了中国人对家庭的维护，对亲情的重视，"两部电视剧相差近20年，但其实主题是一样的。中国人越来越需要一些温暖的东西。"

《渴望》的渴望

"悠悠岁月，欲说当年好困惑／亦真亦幻难取舍／悲欢离合都曾经有过／这样执著究竟为什么／漫漫人生路，上下求索／心中渴望真诚的生活／谁能告诉我是对还是错／问询南来北往的客。

恩怨忘却，留下真情从头说／相伴人间万家灯火／故事不多，宛如平常一段歌／过去未来共斟酌。"

将近20年过去了，时至今日，30岁以上的人，这首歌大概谁也能哼上几声，依然觉得那么温暖。

"有过多少往事／仿佛就在昨天／有过多少朋友／仿佛还在身边／也曾心意沉沉／相逢是苦是甜／如今举杯祝愿／好人一生平安／谁能与我同醉／相知年年岁岁／咫尺天涯皆有缘／此情温暖人间。"这些温暖优美的词句，至今仍然字字敲在我们内心最柔软的地方。那婉转舒缓的旋律，像雨滴甘露，渗进人们的心田，唤起久违的真情。我还清晰地记得，当年有那么一段时间里，人们相互问候已经不再说"吃了吗？"都改口"好人一生平安"了。其实，"好人一生平安"不也正是《渴望》的渴望，那是"对经历了动荡的人们的一种心灵抚慰"。

从1990年《渴望》播出到现在，一晃将近过去20年了。《渴望》的故事情节我们也许记不太真了，但刘慧芳、宋大成这些人物形象却一直活跃在我们的记忆中，他们对平安、对爱情、对友情、对亲情、对真诚、对幸福的执著渴望一直感动着今天的我们。在安静的灯光下想一想，《渴望》剧中人的渴望不就是今天的我们一直以来都不曾失去的渴望吗？这种美好的渴望其实一直伴随着我们一路走来，还将一路走下去……

王勇，现任中国艺术研究院艺术创作研究中心副主任、艺术创作室主任，国家一级编剧，第三届中央国家机关青联委员、文化部青联常委，西游记文化研究会副秘书长。

1968年出生于江西吉安。1991年毕业于中国戏曲学院戏曲文学系。曾创作《路魂》、《银杏树下》、《海殇》、《英子》、《等你一百年》、《大漠昭君》、《藏羚羊》、《百年苍翠》、《告别迷茫》，分别由上党梆子、评剧、京剧、黄梅戏、赣剧、琼剧、吕剧等剧种上演，以及人偶剧《鹿回头》、话剧《飞啊飞》等十几种。作品先后荣获中宣部第八届"五个一工程奖"；第六届中国艺术节"艺术节大奖"；文化部第九届文华奖"文华大奖"，"文华剧作奖"；2005年度"国家舞台艺术精品工程·优秀剧本奖"；第五届全国优秀儿童剧展演"编剧奖"；第五届中国话剧金狮奖"编剧奖"；入选2003年度"国家舞台艺术精品工程·精品提名剧目"。

曾获得文化部"优秀青年"称号。在1996年文化部扶贫慰问演出中，及2008年抗震救灾体验生活小分队中表现突出，两次获文化部"嘉奖"。

1992：下海

赵民

1992年岁首，改革开放总设计师邓小平同志动身南巡。小平同志以他独有的睿智和眼光，在南巡过程中，发表了许多振聋发聩的讲话，勇敢地为改革开放大业护航。"东方风来满眼春"，人们更加坚定了改革开放的信念，思想领域迎来了改革开放以来的第二次思想解放，经济文化等领域也暖风频吹。国企转换机制，全面对外开放，国务院修改和废止了400多份约束经商的文件，大批官员和知识分子"下海"，投身私营工商界，可谓"八仙过海，各显神通"。人们以不同的方式演绎着人生的悲喜剧，竞相践行着"发展是硬道理"这个颠扑不破的真理。这一年，人们不再避讳"钱"字，见面经常道一句"恭喜发财"。

1992，一个创业的年代，邓小平南巡带来了发展的大好机遇，大批原在政府机构、科研院所工作的知识分子受南巡讲话精神感召，纷纷主动下海创业，掀起了一股经济发展的浪潮。

1992 年 1 月 17 日，88 岁高龄的邓小平坐在南行列车上，开始了南巡之行。图为 1992 年 1 月 21 日，邓小平同志在深圳中国民俗文化村新疆村参观。（来源：新华社资料图片）

    1992，打造了一代硬朗的企业家，他们成为 20 世纪 90 年代经济增长的主要推动力量。1992 年出台了两个重要文件——《有限责任公司暂行管理条例》和《股份有限公司暂行条例》，真正现代企业形式到此时才开始出现。这个年代的企业家，主体都是过去社会的主流精英阶层，在"下海"从商之前，他们要么在政府机构，要么在研究机构。1984 年到 1988 年，我在南京工学院读大学，当我 1988 年毕业的时候，南京工学院改名成东南大学，所以我是东南大学改名之后的第一届毕业生。后来到北京工作，先是进了国家外经贸部，然后读了工商管理，最后又做了管理咨询。我是 1992 年小平同志南巡之后从国家机关辞职下海创办这个公司的，那是 1992 年 11 月 11 日。当时中国咨询行业还是一片空白，我和我的两个同事林雷、张世卿在外经贸部的集体宿舍里侃出了新华信的英文名：SINOTRUST。在这样一个不经意的时间，不起眼的地点，侃出这样一个不成熟的想法，就必然有一定的积淀在支撑着我们的思想。这种积淀使得我们三位血气方刚的单身汉开始摩拳擦掌，决心要在这张白纸上留下些什么。

我常说："读万卷书，行万里路，交一万个朋友。"书，是最简单也是最能开阔一个人视野的工具，而一个人的视野就决定了他在事业上的成败。我在大学期间印象最深刻的就是经常赶场子似的去听各种讲座，参加各种活动，我还经常泡在学校旁边的南京市图书馆里，用书充实我的课余生活。1988 年毕业后，我去了国家外经贸部，成了一位机关人员，在这里我完成了从一个学生到一个成熟社会人士的角色转变。在机关里，我知道了看问题要高屋建瓴，而且要用外国人听得懂的语言讲中国的东西，这就逐渐锻炼了我的领导力。工作不到一年，部委有出国读 MBA 的名额。我幸运地获得了出国留学的机会，人生关键的一步就这么迈出去了。这段看似简单的经历，却将一些零零碎碎的想法积累了起来，在当时就像是已备齐了笔墨纸砚，准备勾画一幅咨询界的宏伟蓝图。

起航

"江头未是风波恶，别有人间行路难。"1992 年受到邓小平南巡的感召，我毅然辞去公职选择创业，凭的就是一股热血男儿的激情。等到我真正走出国家机关的庇护，投入茫茫人潮之后，无数想不到的困难扑面而来。我们第一个成型的业务就是信用资料调查。简单的解释，就是帮助想和中国人做生意的外商，先调查一下中方合作者的财务状况，看看有无赊账、赖账等不良历史。记得那时北京正在修建三环路，当时国贸一带的外企集中区更是大兴土木。我们的交通工具就是自行车，每次"骑"到客户面前时早已风尘仆仆。后来随着客户的逐渐增多，我们的工作也从骑自行车送报告，发展到坐在办公室里打电话卖报告。当时我们每一步的决策根本谈不上战略，我们所做的一切都是为了能够生存下来。事实证明我们的决策是正确的，我们一直在发展。有发展，就是成功，成功的快乐就是这样细微，却也真实。

在我们创业的第一个五年，吃的全是跨国公司的饭，当时跟我们一起办咨询公司的特别多，小平南巡以后有很多政府机关里面的人下海办公司，他们办公司除了倒批文之外大部分是咨询公司，但是大部分咨询公司全倒闭了。为什么？因为他们不给外国公司做咨询，或者是不具备英语能力和为外国公司服务的能力。他们只是给中国企业做，但是中国企业在那个时候还没有咨询的意识和需求，那个时候我们还没有MBA的教育，MBA学生非常少，工商管理的硕士毕业以后认为是到工商管理局的。当时我因为受过国外的教育，在外经贸部工作，有对外服务的意识，所以我们挤进了很少数几个为外国公司服务的公司。那个时候我们面对的客户都是外国人，只有他们才有签字权，才能把这个合同给你。所以那个时候英语好是第一位的，英语好，跟他沟通得好，他就把单子给你了。1998年之后到2002年，事情发生了翻天覆地的变化，中国企业发展很快，规模很大，跨国公司越来越多，竞争越来越激烈，中国本土企业意识到做咨询了。这个时候我们主要的客户是中国本土的公司，国务院、国资委直属的央企，中国的上市公司，工商联统计的中国500强企业，都进入了我们的客户群。

稳定创业团队

创业团队的稳定，是一个创业型企业的命根。若团队在创立初期没有确定一个明确的利润分配方案，随着企业的发展，利润的增加，在利润分配出现争议时，团队就将面临解散的窘境。当年我们这一代人下海创办自己的公司，几乎每一个创业团队都经过了思想的碰撞，都形成了一致的创业思路，都有着共同的目标远景。但也有不少公司因为创业团队利润分配的原因最终导致团队的解散。

随着正略钧策的发展逐步迈上轨道，此时再仅凭激情工作是远远不够的。我们要建设自己的管理团队，我们要稳步地向上发展。这一切都只能围绕着一个核心，我们也始终围绕着这一个核心：创业团队的稳定是企业的命根。

俗话说，一个和尚挑水喝，两个和尚抬水喝，三个和尚没水喝。合伙人也是如此，只有分工明确，公私分明，做到真正的利益分配公平公开，才能维持公司的正常运行。现在回顾创业最初的几年中所有的决策与行为，始终围绕着一个核心原则：创业团队的稳定是企业的命根。最初，我们三个创始人之间的股权并非完全平等。我一人持34%的股份，余下的股份林雷、张世卿各占33%。虽然另两人并未表示出对这种分配结构的不满，但这1%却成了我的一块心病。现在股权纷争的案例一个个鲜活地摆在眼前，为了企业的稳定发展，我提出将股权彻底均分，每人各占三分之一。如今，合理分配公司股权，从根本利益上决定了创业团队的稳定程度和工作热情。从这个意义上讲，那个当初看似微不足道的1%却自始至终发挥着举足轻重的作用。几年后，为了引进高级人才，我们一次次地稀释股权，正是因为理念上的统一认识，才保证了三人始终能够步调一致，共同进退。

品牌意识

就在公司实现了稳步发展之时，我和我的管理团队下决心要重建一个新的咨询品牌，更加突出我们的专业性和本土化特色。这是我们业务专业化发展的需要，是一个战略决策。我决定要让公司所有的员工都参与到公司命名的过程中来，最终从员工提议的候选名单中选中了"正略钧策"。"正略钧策"，这个名字是由"正略"和"钧策"两个词构成的。其中"正略"就是"正确的战略"，"钧"为"重大，重要"之意，"钧策"就是"重大的决策"。正略钧策即为"正确的战略，重大的决策"，意在我们将通过智力服务不断为客户解决生存发展的重大战略决策和复杂管理问题。

除了名称发生变动外，公司没有其他任何变化，在此基础上，我们也在不断总结历史经验，适应时代发展要求，从早期创业时的"生存意识"到做"中国管理咨询的领跑者"，正逐渐形成一套符合管理咨询行业特色、适合公司未来发展的文化体系。2005年8月8日，"新华信管理顾问公司"正式对外启用新品牌——"正略钧策企业管理咨询有限公司"。

回头看这16年的发展，我最满意的就是坚持"规范运作公司，自主打造品牌，立足中国市场"这一理念。1992年下海的时候我有3个选择，第一是跟国有的咨询公司合作，第二个是跟另外一家愿意出资给我们注册的公司合作，我们都拒绝了，我们选择了第三个方案规范地运作自己的公司。后来，随着企业规模的不断扩大，我们将原来北京、上海、广州的区域管理模式转换为按照商业信息、市场研究、管理咨询三个格局，进行专业的管理，这也比较规范。在创业之初，就有一家大型的国有咨询企业提出类似于"收购"的意向。对方开出了很好的条件，比如专门为我们成立一个部门，单给一个账号，自主经营等等，他们唯一的条件是要用那家大公司的品牌，这就意味着我们自己的品牌将在三人点头同意的那一刻画上句号。不过我们一致拒绝了如此美意，很多年后回忆个中原因，也找不出很充分的理由。或许正是这么纯朴而朦胧的品牌意识，换来了日后的稳固江山。

在发展的过程中，我们始终坚持把国际先进的理念和中国具体的国情相融合，坚持做管理咨询的实践派。基于这样的定位，我们致力于打造中国管理咨询界独一无二的正略钧策品牌，为推动行业向规范化、规模化发展贡献重要力量，逐步完成正略钧策"专业化"、"多元化"、"行业化"、"资本化"的战略演进目标。

狼与羊，学与创

今天，正略钧策的各项业务已非常成熟。但是在发展的背后，需要我们不断地学习与创新。我们把咨询公司称为羊群，客户在后面像狼一样追你，他追过几个羊群，把几只羊吃掉是没有问题的，但同时因为优胜劣汰，使我们更加坚强。最后逃出去的羊群一定是身强力壮的。但如果客户跑到我们前面去，把我们包围住了，我们将全军覆没，因此我们面临着巨大的压力。咨询公司的顾问如果不学习，就相当于人在折旧，就有被狼群吃掉的危险，所以我们十分强调学习与创新。咨询这个行业非常有意思的是往来无白丁，谈笑皆鸿儒。我们接触的基本上都是中层以上的企业干部，这些人也都经过了市场经济的大浪淘沙，一定有某个地方的长处。做咨询都涉及到公司内部最核心的东西，就像你钻到别人肚子里，或者到一个企业的森林里探究，而这过程正是很好的学习机会，这种学习的意识是十分必要的。

我们重视学习，所以组织的培训比较多，尤其是新员工来了以后，我们会用公司好的文化影响他。公司经常举办一些培训活动，邀请一些资深的顾问专家，结合案例进行讲解，这样员工的兴趣很高，学习的积极性也调动起来了。尤其是公司骨干分子，对他们的要求要高于部门中其他人，因为他们要领跑。别人花一年时间学习和适应，骨干分子可能就要在最短的时间上手，还得在最短的时间产出。此外，学习能力还体现在从原先的岗位转换到一个新的领域。我们会让合适的人做合适的工作，当我们发现一个员工更适合做另外一种工作的时候，我们就会与他谈话，并征求他的意见为他转岗。这种岗位的转变是对自己过去的一种挑战。转岗后可能你是站在一个新的起跑线上，所以对学习能力要求非常高。

除了学习，创新精神更是尤为重要。创新对于一个如同新华信般刚刚初具规模的企业，就是沙漠里的一滴水，找到了这一滴水你才能生存下去。一个刚刚创立的企业，由于物质层面和精神层面的积累都非常单薄，想要活下来，团队成员就必须创新。一切都在一张白纸上涂写，出于生存的本能，在这个时候这个公司一定会具有创新精神。我们当时的创新精神体现在公司品牌的树立上。当初一个名不见经传的小公司，怎样树立品牌？与高校合作是我们采取的方式之一。1999年，我们出资100万元捐赠给北京

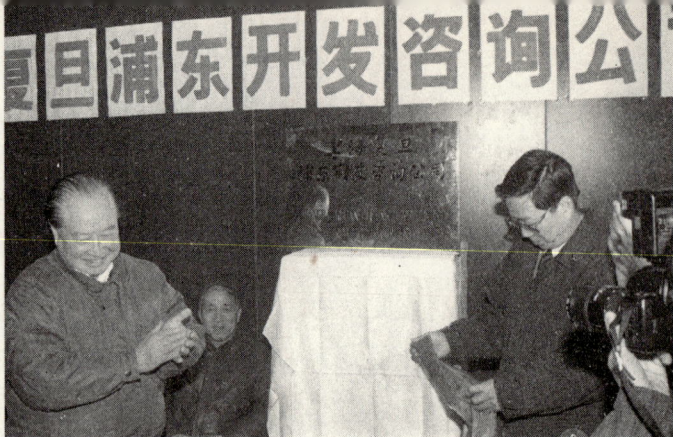

1992年3月26日，中国首家由高等院校筹建的开发咨询公司——上海复旦浦东开发咨询公司成立，海峡两岸关系协会会长汪道涵（左）出席开业典礼。（来源：新华社资料图片，张明 摄）

大学光华管理学院，设立了"新华信管理研究奖励基金"，专门奖励对管理研究有贡献的教授。此举使新华信成为中国第一家向大学商学院捐款设立基金的管理咨询公司。这其实是一笔战略性的品牌投资，投的是北大这块金字招牌，投的是咨询业内"第一家"的地位，投的是打造百年老店的学术根基。这是新华信管理咨询在创建品牌的漫漫长路上打造的一座丰碑。

文化制度，水墨交融

　　大多创业型企业在创始初期，所有的努力都是为了生存，这种生存意识也是今后建设企业文化中的创业精神。在1992年的下海浪潮中，各个创业型企业的文化无从谈起。我在当年下海创业时亦是如此，那时候不知道什么是企业文化，只知道努力赚钱、在风浪中存活下来才是硬道理。

　　回想当年我们的三项业务独立运作时，整个公司全职人员已达八十余人。如今历经十多年的发展，正略钧策的全职人员翻了四倍。源源不断的客户和业务需求，使得组织结构及职员数量迅速膨胀。从最初一把手的一句话就是命令的行为管理，到后来靠严格规范的制度管理，正略钧策在管理方式上，再次面临着新的挑战。2000年，互联网热潮几乎卷走了我们所有的精兵强将，突如其来的人才危机让我陷入沉思：为什么各项制度规范了，个人职业发展通途透明了，法人治理结构解决了，优秀人才还是会流失？做管理咨询最大的好处就是客户花钱给你上课，教材是客户企业的成败得失。此时，很多客户亟待解决的困难也正是我们碰到的问题。通过为别人提供成功解决方案的过程，我找到了突破现有管理瓶颈的良方：变冰冷的制度管理为温暖的文化管理。

文化很难做，因为它虚无缥缈、不着边际。但是好的文化会让组织中人一旦违背就"浑身不舒服"，这就是文化的真实存在。对于一个一直为了生存而战的创业企业而言，文化等同于奢侈品。2000年以前，我们的团队几乎谈不上文化，但我深知"企业文化建设就像是熬汤，一定要用文火慢慢地炖，急不得"。从2000年开始，我将公司品牌和企业文化建设结合起来，利用一系列树立品牌的活动从外至内拉动企业文化。2007年的正略钧策15周年系列庆祝活动，无疑成为内部企业文化建设的点睛之作。企业文化建立起来之后，就是如何将我们的文化灌入到新员工的精神中。我们的顾问，大多数时间在客户的办公室里做项目，他们的团队，不是整个公司员工，而是一支几个人的小团队。所以，每个新员工所看到的公司的文化和行为，大多数情况下是来自周围项目组中的老员工。那么，此时公司是否能有办法让正确的文化和行为，通过老员工的传帮带传授给新的员工，就成为局部问题的全局问题。长江中不可能没有泥沙碎石，但激流和浅滩让长江能够沉淀杂质，净化自己。企业也需要激流和浅滩相结合的机制，这就要求我们建立和拥有一套最合适的"高传染性企业文化"体系。正略钧策的企业文化一直是平等的、温和的。但是不见得拥有好的文化就可以淡化公司的制度。文化与制度就像水与墨，只有很好地融合在一起，才会帮助员工成长，促进公司发展。

中国，一定要有本土的咨询公司

我们始终致力于通过智力服务推动中国经济社会的快速成长，"为中国之崛起而咨询"。正略钧策以咨询为核心业务，积极整合利益相关者，在咨询的同时，积极传播管理文化，为社会培育精英管理人才，关注社会和谐。我们不断努力为社会培养管理精英，不断引进先进的管理理念，创新管理方法，传播管理文化，实践管理思想。正略钧策不断地进行自我提升，志在优化推广适合中国本土特色的管理方法。

当时创建公司的时候想的就是先生存下来，但是一个管理咨询公司进驻一个企业，那么企业的秘密就都知道了，所以中国一定要有本土的会计师事务所、律师事务所、投资银行、资产评估公司和管理咨询公司。如果专业服务领域不全面，最后制造业就会被人吃掉，就像娃哈哈一样，所有的谈判都是国外的咨询公司做的方案，最后都是对达能有利，如果有本土的咨询公司，就不会出现这样的情况。产业做大以后，要从国家、民族和长远角度考虑问题，如果总是考虑自己的问题，就不会发展成大的企业，做咨询，最后是为中华之崛起而做咨询，不能像东郭先生滥竽充数，要实实在在为中国企业服务，否则中国企业都没了，我们为谁服务去？制造业和服务业永远是绑在一起的，没了谁另一方都很难生存。这个行业的积累是非常长的，这是一个不吃青春饭的行业，是一个可以养老的行业。我选对了，在这个行业中不断积累经验，和咨询一起慢慢变老。咨询的生活如同一幅水墨画，单纯、自然，却有厚重的色彩。而这样一段创业历程，恰恰见证了这样一幅美妙作品的诞生过程，平淡却如此的耐人寻味。

2008年，是辉煌而坎坷的一年。奥运会的成功举办向全世界证明了中国的实力。2008年奥运会中国夺得了51块金牌，成为历史之最，奖牌数正好100枚。神舟七号载人飞船顺利升空，中国航天员首次出舱进行太空行走，成为继奥运会后的又一里程碑。但这辉煌的2008却被一路风暴阻隔，一月肆虐的雪灾，五月汶川的强震，九月陆续出现知名乳品中掺入化学药品的事件，造成婴儿患肾结石甚至死亡，受害人遍布全国各地，国家因此取消食品免检。我一直认为，在任何一个组织的发展过程中，会有辉煌的高潮，也一定会有问题频出的低谷。一个公司的成长不可能一帆风顺，但没有一个公司的成功是偶然的，其中一定有内在的制度和文化。

1992年邓小平南巡，中国新一代民营企业家随之诞生。这就是现在经常被各类媒体报道的、在行业中领先的民营企业家中最主要的群体。由于他们的出现，完成了中国民间产业资本、民营企业的"长江后浪推前浪"。在群体素质上，民营企业家有了突出的改善：一批来自政府机关、国有大型企业、高等院校、科研院所这四大"知识分子成堆"的地方的大学生（1982年以后大学毕业），受南巡讲话精神感召，或被随之而来的经济发展浪潮吸引，主动性地创业。他们有相当的社会经验和人际关系，有一定的启动资金实力，有的在原来的部门中还有一定的技术地位、客户资源、甚至团队管理经验。所以，他们在辞职"下海"创业的过程中，无论从起步到资源，还是所提供的产品和服务的技术含量，都是前一代民营企业家所不能比的。他们经过迅速的成长，发展成当今社会上壮丽的风景，壮大为现今民营经济的主力军。

赵民，现任正略钧策管理咨询公司董事长，第三届中央国家机关青联委员。先后担任北京大学客座研究员，清华大学、中山大学客座教授。

1966年出生于江苏吴江，1988年毕业于东南大学（原南京工学院）计算机科学与工程专业。1988至1992年在国家对外经济贸易部工作，1992年创办北京正略钧策企业管理咨询有限公司。

2001年被瑞士达沃斯"世界经济论坛"评为100名"2001年全球未来领袖"之一，2002年被中美关系全国委员会评为2001年度杰出青年，均为中国管理咨询行业中迄今为止唯一一位被授予此荣誉的人士。2004年，当选北京科技咨询业协会理事长，是中国咨询行业第一位民选的行业协会理事长。

著有《改造董事会》、《决战》、《抢位》、《把激励搞对》、《竞争四力》和《坐地日行八万里》六本书。曾先后担任《经济观察报》、《南方周末》、《中国企业家》杂志和《财富（中文版）》杂志的专栏作家。

截至2008年10月1日，在新浪"财经播客"中，赵民的个人播客点击量排第二位。

1993: 分税制

王保安

1993年，中共十四届三中全会上《中共中央关于建立社会主义市场经济体制的若干问题的决议》，勾画出了新经济体制的基本框架，伴以农民减负、反腐成果显著，财政金融体制改革提速，国民经济再上新台阶。12月15日、12月25日，国务院分别作出《关于实行分税制财政管理体制的决定》以及《关于金融体制改革的决定》。以此为标志，我国基本上建立起了适应社会主义市场经济要求的财政金融体制框架。

我是1984年到财政部工作的，机缘巧合地赶上了新时期财税改革的风云激变时代，尤其是有幸参加了财税体制改革的一些重大事项。在理论知识与工作实践对接并深入学习的同时，对财税体制问题也进行了一些思考，形成了一些观点和看法。在回顾改革开放30年的时候写下一点体会，以作纪念。

在经济发展与改革的历史进程中，许多国家都选择了财税改革作为突破口。这不仅是经济发展与国家政体运作的规律体现，而且作为国家基本经济制度的财税制度，也是一个基本的政治过程，事关经济和社会发展的各个方面。以1978年党的十一届三中全会为发端，中国共产党带领全体人民以一往无前的进取精神和波澜壮阔的创新实践，开辟了改革开放的新时代。在30年经济体制改革的历史画卷中，财政体制改革作为整个经济体制改革的突破口，谱写了极富华彩的一章。财政改革的30年，是向规范的市场经济财政体制不断迈进的30年，是促进综合国力不断增强的30年，是广大人民群众在财政改革发展中得到实惠最多的30年。站在新的历史起点上，按照十七大"毫不动摇地坚持改革方向，提高改革决策的科学性"的要求，总结30年财政体制改革的经验，将财政改革事业继续推向前进，具有十分重要的理论与实践价值。

30年财政体制改革的简要回顾

1978年以前，我国实行高度集中的计划经济体制，与此相适应，财政实行高度集中的"统收统支"管理体制。在传统体制下，经济运行呈现高度的行政性指令状态，资源配置以行政性计划安排；国民收入分配以低价收购农副产品和低工资为基础，财政对企业实行"统收统支"财务体制；财政收入由企业利润上缴形成，财政支出呈现"城市财政"特征，对城市大包大揽，对"三农"仅是农业生产有专项扶持渠道，地方和企业无财力自主权。1979年，作为整个经济体制改革的突破口，财政体制改革拉开序幕。

财政体制改革前15前：艰辛探索改革方向

为解决中央对地方、国家对企业"管得过多，统得过死"的问题，财政体制改革以"放权让利"为突破，先后经历了分级包干、分税包干和中央地方大包干财政体制三个阶段。1980年，实行"划分收支、分级包干"的财政体制。主要内容是，按照经济体制与企业隶属关系，划分中央和地方财政的收支范围；按照划分的收支范围，核定调剂收入分成比例、地方

1994年3月12日，李岚清副总理（左）、国务委员兼国务院秘书长罗干（右）在参加八届人大二次会议河南团小组会时，与河南省委书记李长春一同探讨财政体制改革方面的问题。（来源：新华社资料图片，罗更前 摄）

上缴比例、中央定额补助等收支指标，原则上五年不变；按照核定的指标，地方以收定支，自求平衡，多收可以多支，少收相应少支。分级包干财政体制缺陷明显，收支指标的核定缺乏客观性，"鞭打快牛"和"机会主义"并存，中央、地方"讨价还价"的现象频繁发生。实行分级包干体制期间，实施了国有企业"利改税"，国家财政收入由利税并重转向以税为主，国家与企业的分配关系发生了实质性变化。因此，1985年和1988年先后两次改革财政体制。1985年实行"划分税种、核定收支、分级包干"的财政体制。主要内容是，按照"利改税"后的税种重新划分中央与地方收入，财政收入分为中央财政固定收入、地方财政固定收入、中央和地方共享收入三类。1988年实行中央地方大包干财政体制。主要内容是，全国39个省、自治区、直辖市和计划单列市，除广州、西安的财政关系仍分别与广东、陕西两省联系外，对其余37个地方分别实行不同形式的包干办法，包括收入递增包干、总额分成、总额分成加增长分成、上解额递增包干、定额上解、定额补助等。

1992年党的十四大以前，在整个经济体制改革"摸着石头过河"的背景下，财政改革不可能走向清晰的、与市场经济体制相适应的体制目标。多种体制并存，中央与地方"一对一"的谈判机制，难以解决体制的规范性、透明化问题，导致国家财政收入占国内生产总值、中央财政收入占全国财政收入的比重失调，以至于政府行政能力和中央政府调控能力明显下降。

财政体制改革后15年：建立分级分税制体制

1992年党的十四大提出建立社会主义市场经济体制的改革目标，正式明确了我国经济体制改革的方向。财政改革作为宏观经济体制改革的中心环节，适应市场经济建设的要求，开始了新一轮的改革。1993年，立足我国国情，并借鉴发达国家财政管理体制的经验，我国建立了分级分税制财政管理体制。为保证改革顺利进行，分税制财政改革在原包干体制确定的地方上解和中央补助格局基本不变的前提下，采取"三分一返"的形式，重点对财政收入增量进行调整：一是按照中央政府和地方政府的"基本事权"，划分各级财政的支出范围。中央财政主要承担国家安全、外交和中央国家机关运转所需经费支出，调整国民经济结构、协调地区发展、实施宏观调控所必需的支出以及由中央直接管理的事业发展所需支出；地方财政主要承担地方各级政权机关运转所需经费支出以及本地区经济、事业发展所需支出。二是根据财权事权相统一的原则，合理划分中央和地方收入。按照税制改革的税种设置，将维护国家权益、实施宏观调控所必需的税种划分为中央税；将与地方经济社会发展关系密切、适宜地方征管的税种划分为地方税；将涉及经济发展全局的主要税种划分为中央与地方共享税。三是与分税办法相配套，分别建立中央和地方两套税务机构分别征税。国家税务局负责征收中央固定收入和共享

图为原国家税务总局副局长金鑫在1995年接受记者采访时表示，以分税制为核心的新财政体制已基本建立。（来源：新华社资料图片，刘卫兵 摄）

收入,地方税务局负责征收地方固定收入。四是税收返还承认现状,分省分别确定税收返还的数额。中央财政对地方税收返还数额以1993年为基期年,按照1993年地方实际收入以及税制改革和中央地方收入划分情况,核定1993年中央从地方净上划的收入数额,并以此作为中央对地方税收返还基数,保证地方既得财力。

1994年的分税制改革构建了市场经济体制下财政体制的基本框架,初步理顺了中央与地方、国家与企业的分配关系。此后,随着经济社会发展与体制改革深化,有针对性地对财政体制运行中的一些方面进行了调整,主要内容是:第一,调整中央与地方收入安排。包括1997年调整金融保险营业税收入划分;1997年、2000年、2001年、2002年多次调整证券交易印花税中央与地方分享比例;2002年实施所得税收入分享改革,按市场经济原则将企业所得税由按企业隶属关系划分改为中央、地方统一按比例分享;2004年改革出口退税负担机制。第二,完善政府间转移支付制度。1995年起,中央对财力薄弱地区实施了过渡期转移支付,2002年实施所得税分享改革后,合并因分享增加的收入,统一为一般性转移支付;2000年起,实施民族地区转移支付;1999年至2004年,安排调整工资转移支付资金;2005年开始,实行对县乡"三奖一补"财政奖补转移支付制度。同期,根据我国经济社会发展的阶段性目标要求,为配合实施中央宏观政策目标和推动重大改革的要求,新增了一些专项转移支付项目,如对农村税费改革、天然林保护工程、社会保障制度建设专项补助等,初步建立了比较规范的专项转移支付体系。

分税制财政体制改革的成就与经验

分税制财政体制改革建立了符合社会主义市场经济要求的财政体制,以及与此相适应的管理模式和运行机制。事实证明,分税制财政体制改革方向正确，成效显著。

分税制财政体制改革取得的辉煌成就

一是建立了财政收入稳定增长机制。实行分税制以来，我国财政实力不断增强，全国财政收入从1993年的4348.95亿元增加到2007年的51304亿元，年均增长率达到19.3%。其中，中央财政收入从957.51亿元增加到27738.99亿元，年均增长27.2%；地方财政收入从3391.44亿元增加到23565.04亿元，年均增长14.8%，中央和地方在财政改革发展中实现了"双赢"。同期，全国财政收入占国内生产总值的比重显著提高，由1994年的10.8%上升到2007年的20.8%。

二是增强了中央政府宏观调控能力。1993年至2007年，中央财政收入占全国财政收入的比重显著提高，从22%上升到54%。财力的适度集中大大强化了中央政府的宏观调控能力。1993年以来，根据国民经济运行态势，国家财政相机抉择，先后实施了适度从紧的财政政策、适度扩张取向的积极财政政策和中性取向的稳健财政政策，保证了我国经济的持续、快速、稳定增长。同时，中央政府通过建立以转移支付为主的地区间收入再分配机制，大幅度地缩小了东、中、西部的财力差距，促进了地区协调发展。

三是推动了现代企业制度建设。改革完善税制是实行分税制财政体制的基本条件，又是正确处理国家与企业关系的制度基础。1994年，与分税制改革相配套，我国建立了符合市场经济要求的新税制，从而规范了国家与企业之间的分配关系，从机制上推动了政企分离，推动建立了国有企业"自主经营、自负盈亏、自我约束、自我发展"的机制，加快了"产权明晰、权责明确、政企分开、管理科学"的现代企业制度建立步伐。截至2007年8月，中央企业及其下属子企业中，公司制企业户数的比重已达到64.2%。

四是促进了各种所有制经济共同发展。分税制财政体制改革后，各级政府步入依法组织收入的轨道，同时，综合运用预算、国债、税收、财政补贴等多种政策手段，积极为企业创造宽松的财税环境，从而保证了各种所有制企业的公平有序竞争，强化了市场对资源配置的基础性作用，促进了市场经济中不同经济成分的共同发展。1994年到2006年，我国非公有制经济工业产值从16100亿元增长到48798亿元，占工业总产值的比重由21.94%提高到61.19%。

五是支持了整个经济体制改革。1994年以来，财政改革发展取得重大成就，支持整个经济体制改革的力度前所未有，突出表现在六个方面：一是加大支持"三农"力度，建立了"四免除、四补贴"的强农惠农制度，即免除农业税、牧业税、特产税、屠宰税，对种粮、良种、农机购置、农资综合实行补贴；二是不断加大社会保障制度建设力度；三是建立并不断完善城镇最低生活保障制度；四是建立了农村低保制度、新型农村合作医疗

1999年6月2日，99中国免税研讨会暨展览会在北京举行，来自十几个国家和地区的免税商品生产和供应商、专家、学者共600余人参加了研讨会，研讨促进免税业发展、防御亚洲金融危机影响等议题。（来源：新华社资料图片，刘卫兵 摄）

制度；五是建立健全了农村义务教育经费保障机制；六是不断加大支付体制改革成本力度，支持国有经济战略性重组，分离企业办社会职能，大力推进国有企业深化改革与金融体制改革。

分税制财政体制改革取得的宝贵经验

分税制财政体制改革取得重大成功，首先是党中央、国务院精心部署、坚强领导的结果，是财政战线奋发进取、创新实践的结果，也是有关部门团结协作的结果。其成功的基本经验主要表现在：

一是注重调动中央与地方两大积极性。改革前15年探索中，财政体制一直在中央与地方的利益博弈中寻找平衡点，始终未能解决体制的科学性、规范化问题。分税制改革首先确立了"调动中央与地方两大积极性"的新理念，通过明晰中央与地方之间的利益界限，促进了各级政府的理财思路从短期"博弈谈判"转向长期"增收节支"。实施分税制财政体制后，各级政府在狠抓财政收入的同时，不断强化财政支出管理，保证了中央财政收入和地方财政收入的持续快速增长。

二是注重突出财政增收与财力相对集中两大主题。从分税制国家的一般经验看，中央财政收入占全国财政收入的比重普遍在60%以上，许多在80%以上。我国分税制改革以提高"两个比重"为重要目标，1994年到2006年，中央财政收入占全国财政收入的平均比重达到52.4%。虽然略低于全球平均水平，但从我国地方政府级次多、承担事权较多的实际看，比较适合国情。实践证明，财力的适度集中有利于办大事，也办成了多年来想办而没有能力办的大事；同时，增强了中央政府的宏观调控能力，为国民经济稳定发展提供了物质基础和体制保障。

三是注重明确政府"出资人"与"管理者"两个身份。1994年以前我国始终在"税利合一"的分配框架中徘徊，每次改革都走向极端。伴随分税制改革进行的"税利分流"改革，清晰界定了政府"国有资产出资人"和"社会公共管理者"两种身份，财产所有权和行政管理权两种权力，利润和税收两种收入，从而规范了国家与企业的分配关系。在稳定财政收入的同时，实施国有企业利润免缴政策，有力推动了现代企业制度建设。

四是注重把握政府与市场、政府与企业两个关系。分税制财政体制改革以市场化为取向，深刻体现了市场机制在资源配置中的基础性作用，明确界定了市场经济中政府与市场、政府与企业的职能作用和活动范围。分税制改革后，财政体制运行中涉及的经济关系由中央与地方、国家与企业的关系转变为中央与地方、政府与市场、政府与企业的关系，突出"市场功能"为各种所有制企业走向共同繁荣奠定了制度基础。

五是注重兼顾财政体制改革与经济体制改革两大目标。财政是庶政之母，财政工作涉及政府工作的每一个方面。财政体制又是国家的基本制度，是整个体制改革的基础。因此，支付改革成本，财政责无旁贷；支持重大改革，财政义不容辞。分税制改革过程中，国家财政始终着眼于整个经济体制改革大局，在不断做大财政收入蛋糕的同时，大力调整财政支出结构，"主动埋单"，推动了整个经济体制改革。

在总结财政体制改革取得的巨大成就与历史性经验的同时，我们也要清醒地看到，分税制财政体制运行中还存在一些明显的问题和不足。主要是，政府间事权划分与政府支出范围尚不够明确，省以下财政体制仍不够完善，转移支付结构还不够科学，专项资金的设立存在交叉重复等问题。但瑕不掩瑜，局部性的问题不足以彰掩分税制改革取得的煌煌成就，阶段性的困难不足以阻碍分税制改革的历史进程。这些前进中的问题只能通过深化改革去解决。

毫不动摇地坚持分税制财政体制改革方向

党的十七大深刻指出："改革开放作为一场新的伟大革命，不可能一帆风顺，也不可能一蹴而就。……停顿和倒退没有出路。"因此，我们要以高度的政治责任感和历史使命感，加快完善分税制财政体制，尽快建立起一个"财源巩固、分配科学、管理规范、充满活力"的体制，继续放大分税制的体制能量与功效。

以公共产品层次性为基础，进一步明确中央与地方政府的事权划分。以效率优先、节约行政成本为原则，全国性公共产品和服务以及具有调节收入分配和经济稳定性质的支出责任应由中央承担，中央政府主要负责提供国防、外交、司法、本级行政等纯公共产品，以及基础科研、重大基础设施等准公共产品；同时，立足国情，对社会保障和农村义务教育等给予引导和补助，待义务教育经费保障机制健全后再下放地方。地方性公共产品和服务的支出责任应由地方承担，地方政府应以满足区域内社会公共服务为主要目标，做好本地区行政、教育、基本医疗卫生服务、基本社会保障、公共事业发展的支出管理。对中央与地方共同承担的事务，要明确各自负担的比例。对具有跨地区性质的公共产品和服务的提供，要分清主次责任，由中央政府与地方政府共同承担，或由中央政府委托地方政府承担，建立委托付费机制。

以发挥市场基础功能作用为原则，进一步调整各级政府的支出结构，界定政府与市场、公共产品与私人产品的责权边界，明确政府主要行使公共管理与服务职能。以"尽可能市场，必要时政府"为原则，凡是市场能够办得了的，要充分发挥市场机制的作用，政府尽快退出；凡属于社会公共领域事务，市场又无法解决或解决不好的，政府就必须承担责任；对介于两者之间的，财政要发挥"四两拨千斤"的杠杆作用，积极引导社会资金投入。对竞争性、经营性领域的投资，地方政府应该完全退出，中央政府只适当参与一些特大型、长周期、跨地区的项目，以及高科技等对优化生产力布局和增加国民经济发展后劲有战略性意义的项目，并增强风险投资功能，转变政府投资运作机制。财政支出加强的主要方面应是优化结构和协调发展，如：以增加"三农"支出为重点，促进城乡协调发展；以增加教育、科技支出为着力点，促进经济社会协调发展；以增加节能减排支出为焦点，促进人与自然协调发展。

以减少预算级次为突破，进一步深化省以下财政体制改革，我国政府层级较多，建立规范的省以下分税制财政体制不可能通过简单的收支划分解决，必须依靠预算管理体制创新。当前，要加快县乡财政管理体制改革，积极推进"省直管县"和"乡财县管"，在保持行政级别不变的前提下，尽可能简化为三级预算。在条件成熟后，可考虑借鉴国外市场经济国家的经验，减为三级政府架构，并精简行政机构和人员编制。通过进一步明确地方各级政府事权，建立省级以下转移支付制度，促使省级财政加大对财政困难县乡的支持力度。

以实现基本公共服务均等化为取向，进一步完善政府间转移支付制度，政府间转移支付制度是一种有效的财政平衡制度。当前，完善政府间转移支付制度要突出三项内容：一是继续扩大一般性转移支付资金规模，对一些名不符实或"时过政迁"的专项资金进行撤并。二是清理整合专项转移支付项目，尽可能减少项目支出的交叉、重复，严格控制新设项目，必须设定的项目要做到资金安排和制度建设同步进行。同时，进一步完善"三奖一补"政策，强化基层政府服务"三农"的能力。三是完善现行的转移支付因素法，尽量采用客观的量化公式，减少财政供养人口等人为因素，尽可能采用能够反映各地客观实际的因素，如地理气候、资源环境等。

以加强财产税体系建设为重点，进一步加强地方财力建设，按照"简税制、宽税基、低税率、严征管"的原则，改革现行对内外资企业实行两套不同的房地产税制度；取消外商投资企业和外国企业享有的税收"超国民待遇"，尽快对其开征城市维护建设税和城镇土地使用税。建立健全房产税制，合理设计房产建设、占有、转让和收益各环节的税收负担，把纳税义务人限定为房屋所有人，以房产价格为计税依据累进制征税，并逐步把不动产税调整为统一的物业税。这样设计，不仅有利于完善财产税收体系，增加地方收入，而且有利于转变地方政府的发展观念和发展方式，使其将工作重点由偏重办工业项目转到优化环境治理上来，通过财产增值和环境改善实现财政增收。同时，根据社会保障制度改革总体要求，适时开征社会保障税，将财产税和社会保障税作为地方财政的税源支柱，解决地方财政"无税可分"、财源不稳的问题。此外，要加强各级政府非税收入管理，把全部政府收入纳入预算管理，为分税制财政体制的高效运行提供制度环境和条件。

30年弹指一挥间，回望历史，财税体制改革时疾时缓，既有小溪潺潺，也有波澜壮阔；既有不谐之音，也有广泛赞誉；但制度创新与体制能量释放所产生的辉煌成果举世公认，对我国改革开放和中国特色社会主义事业建设做出了巨大贡献。正如朱镕基同志在2002年全国财政工作会议上讲的："财税体制改革取得的成就，怎么评价都不为过。"展望未来，进一步深化改革风帆正举，我坚信一个更加完善、更加符合科学发展要求的分级分税财政体制，将越走越好、越走越远。

王保安，现任财政部经济建设司司长，兼任北京大学、中央财经大学教授，博士生导师，第八、九、十届全国青联常委，第三届中央国家机关青联副主席。

1963年生于河南鲁山，1980年考入中南财经大学，1989年和2002年先后在中国科技大学和北京大学攻读硕士、博士和博士后。历任国家税务总局办公厅副主任、财政部办公厅副主任，财政部政策规划司司长、综合司司长、经济建设司司长。

长期从事财政、税务实际工作，同时，紧密结合岗位工作需要，致力于宏观经济与财税政策研究。多次参与国家重大财经问题研究、中长期发展规划和体制改革设计工作，多次参与中央重要会议文件和讲话的起草工作。学术论文曾多次在全国和中央国家机关获奖，理论著作曾获第11届"中国图书奖"。

1994：扶贫

屈冬玉

1994年，世界最大水利枢纽工程三峡工程的正式开工，吸引了国人的目光，而"菜篮子"、"米袋子"等关系老百姓切身利益的问题更成为举国关注的焦点。当年，新中国历史上第一个有明确目标、明确对象、明确措施和明确期限的扶贫开发行动纲领《国家八七扶贫攻坚计划》的公布实施，标志着扶贫开发工作进入攻坚阶段。经过多方努力，到2000年底，国家"八七"扶贫攻坚目标基本实现，农村贫困人口下降到3200万人。

儿时的记忆是不会被时间的年轮轻易碾去。父辈们面朝黄土背朝天的劳作场景时常会浮现，20世纪70、80年代中国农村的画面一闭眼就像幻灯片一样历历在目。那个年代，只有过年我们才有可能添一件新衣服、吃上一顿美美的红烧肉。每当有新衣服穿、有好吃的，我们便会高兴至极，幸福无比，而脑海里，"贫困"这个概念是模糊的，因为那时乡里乡亲大多如此。

1979年，踏着改革开放的脚步，我也迈进了湖南农学院的大门，离开家乡第一次感觉到不一样的世界，第一次感觉到家乡的贫穷。1983年5月第一次来到多少人梦里神游的北京，站前的脏乱差，天空的灰阴冷，记忆犹新。8月到了黑龙江尽管平生第一次见到了一望无际的土豆玉米高粱还有那黑油油的北大荒，但我觉得东北的农村更贫困更荒凉。1984年我去了河北坝上、雁北，1985年、1986年去了大小凉山、毕节威宁，一路泥泞一路贫困。那时的中国从南到北都一样的贫穷。1986年秋，平生第一次出国就来到世界头号强国——美国西海岸，视觉的冲击、心灵的震撼，令人终生难忘。1992年，我有幸来到"红毛鬼"出没的地方——袖珍小国荷兰深造，在那里我第一次看到了成片的郁金香，第一次看到了遍地的牛和羊。但是1996年2月获得博士学位的第二天，我便义无反顾地回到了魂牵梦萦的神州故乡，回到了"扶贫工作"的主战场。4月，院里安排我参加中国农业科学院扶贫团去贵州省的一次扶贫考察，到了贵州后，我发现那里的48个国家级贫困县中竟有42个县的农民以土豆为主食。被称为"洋芋"的马铃薯引入当地已经有200多年的历史，存在着品种单一、单产低、品质差、种性退化等严重问题，农民要靠洋芋作为度过灾年的口粮。一路考察，一路思索，如何用自己在国外学到的技术造福广大农民，像美国、荷兰那里的农民一样从"小土豆大产业"中获得丰厚的回报？这不就是最好的扶贫吗？

1994年3月国务院制定并实施《国家八七扶贫攻坚计划》后的第三次会议，江泽民等领导同志在会上指出，当务之急是缓解贫困人口的吃饭、穿衣等基本生存权问题。强调要坚持开发式扶贫方针，并动员中央政府各个部门支持贫困地区的开发建设。

从1984年开始我一直从事马铃薯遗传育种及相关领域的研究工作，而今留学归来，正是用武之地。此后，几下贵州，与省扶贫办共同调研、会商，向他们提交了《贵州省推广脱毒马铃薯种薯温饱工程项目的可行性报告》，提出通过采用脱毒种薯和调整品种结构，改进栽培技术，推广种植300万亩脱毒马铃薯，以彻底解决50万贫困农民的温饱问题的建议。我的建议

贵州省副省长、中国科学院学部委员徐采栋带领省科技扶贫服务团，深入边远山区，开展科技致富活动。图为徐采栋（中）在罗甸县农村了解情况。（来源：新华社资料图片，周浩荣 摄）

得到贵州省和国务院扶贫办的高度重视。在随后3年多的时间里，我又10多次南下贵州，调集国内同行帮助当地建立起马铃薯脱毒快繁中心，引入脱毒新品种40个，指导生产微型薯上亿粒，在10个快繁基地推广脱毒马铃薯近500多万亩，年均增产30%—46.3%。我还为贵州省各区县培训了近千名农业科技骨干队伍，通过他们把高产、优质的脱毒马铃薯迅速推广到千家万户，项目很快覆盖到该省42个国家级贫困县。该项目的顺利实施既推动了脱毒马铃薯的推广又达到了科技扶贫的目的，开创了用先进适用高新技术扶贫的成功范例，得到中央和贵州省有关领导和部门的肯定。在贵州获得成功后，我更加积极地开展科技扶贫。针对马铃薯耐瘠薄，适合我国西部地区栽培的特性，多次到甘肃、贵州、云南、宁夏、西藏、四川、重庆、广西、湖南、山西、内蒙、黑龙江及河北坝上等贫困地区深入田间、地头和农民家中进行实地考察和调研，在此基础上，提出了一系列帮助贫困地区农民脱贫致富的发展策略和实施方案。为农民创造经济效益50多亿元，帮助1000多万农民实现增收。过去12年我一直得到党和政府的培养、鼓励，

1997年被评为中国农科院首批跨世纪学科带头人；2000年入选国家人事部百千万第一、二层次人选；2001年获"有突出贡献中青年专家"称号；2003年被中组部等6部委授予"留学回国人员先进个人"荣誉称号；2004年荣获第八届中国青年科技奖；2006年8月在美国爱达荷州举行的第六届世界马铃薯大会上荣获世界马铃薯产业杰出贡献奖；2007年被评为全国农业科技推广标兵，中荷建交35周年35位杰出人士之一。

回想自己20多年在农业科技和管理岗位上的奋斗历程，生于农村、学于农业、干于"三农"的我，多少事历历在目，多少人记忆犹新。在东北，在雁北，在坝上，在陕甘宁，在大小凉山，在武陵山区，在云贵川，有许许多多并肩战斗的朋友、领导、农民，如果说我有一点点成绩的话，那都是他们支持与帮助的结果，没有他们我将一事无成。为了马铃薯的科研与推广，为了把小土豆做成大产业，我先后到过40多个国家考察学习，积极引进种质资源、开阔视野，也先后到过1000多个县（包括中国的主要贫困地区），不断磨练自己、丰富人生。例如：1986年主持国际马铃薯中心合作项目，在西南、华北等8个省区研究推广实生种子利用项目；1998年主持的科技部"科技西进行动"首选项目——"西藏高原地区蔬菜高效种植"项目；1999年主持的农业部的宁夏、甘肃西部开发育种项目等等，都产生了巨大的社会、经济效益。与课题组一道先后育成推广了12个用途各异的马铃薯新品种，7个通过国家审定，先后5次获省、部奖。与全国同行一道，把中国作物学会马铃薯专业委员会办成了组织、团结全国产、学、研同行学术交流、产业合作的大平台。每年一个主题，每年一个地方，成为推动产业发展的好形式。

建设现代农业一靠政策、二靠投入、三靠科技，在政策日趋完善、投入不断增加的今天，科技的作用日趋凸显，科技的潜力更待开发和发挥，科教兴农已成为根本性的举措。中国农业科技工作者要围绕大局、服务大局、推动大局，深入实际，艰苦奋斗，既要攀登科技新高峰，更要服务经济主战场。农业科技与推广需要对广大人民怀有深厚的感情，坚韧不拔，时刻牢记历史使命。成果转化与推广是一项系统工程，要按照现代农业的发展规律，结合国情，把技术与领导的支持、群众的发动、市场的需求紧密结合起来，才能创造出现实生产力。所谓的"大专家"更要面向"大社会"，进入"大产业"，服务广大群众，在生产一线中做出"大贡献"。

观念上的转变和技术上的突破，便能惠及千百万老百姓。只要顺应并利用自然规律、生物规律、市场规律、社会发展规律这"四大规律"，找准发展的突破口，以科技为支撑，以市场为依托，通过政策、资金的扶持和先进的管理措施，便可将资源优势转化为经济优势，便可为贫困地区的农民开辟脱贫致富的渠道。从中我也体会到，越是在贫苦落后地区，越要加强政府主导，只有把行政推动力和科技支撑力紧密地结合起来，凝聚各方面的力量，整合各方面的资源，才能极大地发挥出社会主义"集中力量解难事"的优越性。甘肃定西30年的变化，集中体现了这一点。

改革开放之初，定西粮食严重短缺，农村燃料也无法解决，全靠铲草皮过日子，致使生态环境越来越恶化，土地越来越贫瘠。对定西来说，当时面临的第一位的任务，是如何在不具备基本生存条件的地方求得生存和发展。定西以扶贫开发为契机，按照"有水走水路、无水走旱路、水旱路不通另找出路"的思路，把改革激发出的积极性和创造性转化为重新安排山河的强大动力，转化为领导苦抓、部门苦帮、群众苦干的"三苦"精神，他们带领农民修梯田、打水窖、兴科技，打破了原有的恶性循环，使单位面积产量不断提高，从而解决了吃饭问题。基础设施的改善，不但为贫困地区群众创造了优越的生产、生活环境，更是为贫困群众创造了脱贫致富的先决条件。马铃薯产业的兴起，更是遵循"四大规律"实施产业化扶贫的重要成果，也成为定西走向国内外市场的一张重要名片，成为农民增收的重要支柱。目前，全市马铃薯种植面积达350多万亩，占全省的1/3以上，总产量在500万吨左右，成为全国三大马铃薯主产区之一，农民人均从马铃薯产业中获益700多元，占农民人均纯收入的1/3。与此同时，马铃薯产业的发展也带动了当地餐饮、住宿等相关产业的发展。正像温家宝总理指

内蒙古包头市在繁华地段先后新建和改建了5处扶贫市场,安排困难职工和企业富余人员再就业,仅1995年就投入130万元用于扶贫市场建设,并制定了7项优惠政策。图为公园路扶贫市场一角。(来源:新华社资料图片,王晔彪摄)

出的"小土豆、大产业、管大用……"。经过艰苦卓绝的努力,定西这个过去被人们认为"没治"的地方,生存发展条件不断改善,一举解决了历朝历代无法解决的吃饭问题,创造了人间奇迹。

宁夏西海固的扶贫开发历程也是中国扶贫开发工作的缩影。宁夏的西海固,是指宁夏中部干旱带和南部山区的西吉县、隆德县、彭阳县、泾源县、原州区,以及中卫市的海原县和吴忠市的盐池县、同心县等8个贫困县(区),这里"苦甲天下",居住着全区70%的回族人口,这片土地曾被联合国教科文组织确定为"地球上最不适合人类居住的地方"。西海固名字中有个"海"字,其实不但与海无关,而且荒塬连片,十年九旱。"三日不举火,十年不制衣,大半辈子不洗澡"曾是这里穷困落后的写照。解放后,为解决这里的贫困问题,国家每年从粮食、衣物、资金、医疗等方面给予大力援助。但是,只靠救济,西海固仍是"中国贫困之冠"。

西海固为什么难以摆脱穷困?改革开放后,中央领导不断深入西海固地区考察,帮助当地分析情况,科学制定发展战略。1983年,党中央和国务院决定,将西海固与甘肃的定西、河西这3个全国最贫困、最干旱的地区列入国家重点扶贫攻坚计划,连续10年每年拨专款2亿元进行扶贫开发。

　　1994年，国家又决定将"三西"扶贫攻坚计划延长10年。最主要的是，扶贫改变了过去"救济扶贫"为"开发扶贫"的思路和方法，变"授人以鱼"为"授人以渔"、变"输血"为"造血"，于是政策扶贫、产业化扶贫、科技扶贫、卫生扶贫、教育扶贫、社会扶贫等方式在西海固遍地开花，西海固农民变等着吃为干着吃，走上了"开发扶贫"的道路。如今，宁夏400万亩的马铃薯都集中在西海固，这里路宽楼高，新居如画，乡村田野满目葱茏，广大群众解决了温饱问题，许多人家过上了小康生活。但宁夏回族自治区党委、政府并不满足，决心要从根子上解决中南部的发展问题。在着力打造中国马铃薯种薯基地的同时，大力实施"生态移民工程"，计划从2007年开始用5年时间，把不适合人类居住地区的20万人搬到有水源的地方，给他们盖房子、打水窖、建温棚、开垦水浇地，以彻底解决贫困人口的发展致富问题。同时，大力实施"三个百万亩"高效农业工程，在未来5年内，新建温棚类设施农业100万亩，扬黄补灌高效节水农业100万亩，集雨补灌覆膜保墒农业100万亩，以此来加强农业基础建设，改善中部干旱带和南部山区农业生产条件，发展具有宁夏特色的现代农业，促进农业发展农民增收。

　　中国扶贫开发从甘肃定西和宁夏西海固起步，从1978年起的体制改革扶贫阶段，到1986年起的大规模开发式扶贫阶段、1994年起的扶贫攻坚阶段，直到2001年以来的扶贫开发新阶段，走过的历程艰难曲折、波澜壮阔。1978年，改革开放之初，小平同志就提出，让一部分有条件的地区先发展起来，然后，在不削弱发达地区活力的前提下，先发展起来的地区支持贫困地区。次年，一些民主党派人士响应党中央的号召，到边疆进行扶贫活动，这是我国最早的扶贫形式。1984年9月，中央发出了《关于帮助贫困地区尽快改变面貌的通知》，科技部、农业部、商业部等国家部委响应中央号召，开始了定点挂钩扶贫工作。1986年初，原国家科委向中央提交了《关于开始贫困地区建设的报告》，针对传统的救济式扶贫形成的部分地区"等、靠、要"思想明确提出了开发式扶贫方针，这是我国扶贫开发政策的基础和核心。同年5月，成立了国务院贫困地区经济开发领导小组，并设立了负责扶贫日常工作的办公室。从此，正式拉开了中国有计划、有组织、大规模扶贫工作的序幕。1987年国务院召开第一次中央国家机关定点扶贫工作会议，越来越多的国家机关参与到这项工作中来，1994年，制定《国家"八七"扶贫攻坚计划》以后，确定了符合中国国情和贫困地区实际的扶贫标准、扶贫范围和扶贫对象，从解决温饱这个最紧迫的问题入手，集中进行扶持。至此"政府主导，社会参与，自力更生，开发扶贫"的中国特色扶贫开发格局初步形成。在全党和全国人民的共同努力下，贫困人口占农业人口的比重从1978年的30.7%降为2000年的3%左右，解决了全国农村2亿多贫困人口的温饱问题。党中央、国务院决定，从2001年到2010年实施《中国农村扶贫开发纲要》，集中力量，加快贫困地区脱贫致富的进

1999年2月6日，"百千万科技扶贫"活动开始实施，206名青年志愿者开始陆续从北京出发，奔赴内蒙古、山西、宁夏、河南、河北等五个省（区）的十个贫困县，进行为期一周的志愿服务工作。图为青年志愿者在人民大会堂举行出征仪式。（来源：新华社资料图片，于小平 摄）

程，把我国扶贫开发事业推向一个新的阶段。2002年至今，在"以工促农，以城带乡"基本方针的指引下，通过实施城乡统筹战略促进扶贫工作，目前已形成一个集行业政策、区域政策和社会政策于一体的"大扶贫"格局。到2007年底，中国贫困人口减少到1479万人，贫困发生率下降至1.6%，取得了举世瞩目的成就。中国是全世界率先实现千年发展目标减贫目标的国家。根据世界银行的监测数据，1990—2002年，按每人每天1美元标准，中国贫困人口减少了1.95亿，占同期世界减贫人口的90%以上，为全球减贫事业做出了巨大贡献。

弹指一挥间，辉煌30年。扶贫巨变证明：发展才是硬道理，大发展解决大问题，不发展积累问题，只有科学发展，才能真正摆脱贫困，实现经济、社会、人口、资源、环境等各系统协同并进的整体发展以及人的全面发展。从科学的发展观来看，扶贫必须有助于贫困人口经济和社会地位的全面改善，有助于提高贫困人口的素质，发挥贫困人口的潜力；扶贫必须有助于贫困社区社会结构的优化和社会进步；扶贫在取得社会效益的同时，更应当有大的经济效益。因此，扶贫是一种以社会效益和经济效益为前提，以贫困社区的综合协调发展为内容，以贫困人口的发展为核心的社会变迁。

中国是一个发展中国家，除了一些大城市和沿海地区，整个中国处于不发达阶段，农村尤其不发达，扶贫工作是一个长期、艰苦、复杂的历史任务。当前，贫困人口数量依然很大，未解决温饱的农村贫困人口尚有1479万人，低收入贫困人口还有2841万人，这些贫困人口主要分布在生态环境恶劣、自然资源匮乏、地理位置偏远的中西部地区，自身劳动力素质低，自我发展能力弱，抵御自然灾害和市场风险的能力差，消除贫困的难度加大，速度缓慢。20世纪80年代，全国农村贫困人口平均每年减少1350万，90年代平均每年减少530万。2001年到2006年平均每年减少176万。同时，地区差距进一步拉大，"全国十强县"之首的江苏昆山市2007年GDP达1150亿元，财政收入200亿元，农村居民人均纯收入12000元。而2007年宁夏的国家级贫困县西吉县GDP14.2亿元，农民人均纯收入仅2215元；2005

年，"全国十强县"农民人均纯收入平均达到8663元，而全国的国家贫困县农民人均收入平均仅达到1723元，差距悬殊，扶贫开发任务仍十分艰巨。

雄关漫道真如铁，而今迈步从头越。我们这一代农业工作者，要勤于学习、善于创造、甘于奉献，认清中国将长期处于社会主义初级阶段的基本国情，认清中国将长期面临食物（粮食）安全的重大历史任务的基本农情，以创新的精神、一流的作风、突出的业绩在建设社会主义新农村，构建社会主义和谐社会的伟大实践中贡献绵薄之力，无愧于时代，无愧于历史。中国现代化的难点在农村特别是贫困地区的农村。新阶段扶贫开发必须牢固坚持开发式扶贫的方针不动摇，进一步将更多的先进生产要素引入到贫困地区和扶贫事业之中，完成十七大提出的到2020年绝对贫困现象基本消除的目标。我们坚信，随着科学发展观的贯彻落实，贫困地区一定会又好又快地发展，中国完全应该而且能够为实现联合国千年发展目标做出更大贡献。

屈冬玉，现任中国农业科学院党组成员，副院长，宁夏回族自治区主席助理。第八、九、十届中华全国青年联合会委员、常委，第十届中华全国青年联合会副主席，第三届中央国家机关青联副主席。中国作物学会马铃薯专业委员会主任，农业部马铃薯产业发展专家组组长，科技部"十一五"863计划现代农业领域专家组成员，中国科协第六、七届委员会委员，美国科学促进协会会员（AAAS）、纽约科学院会员。贵州省人民政府扶贫项目顾问，北京市平谷、顺义人民政府顾问，甘肃、云南、宁夏、广西、河北、山东、山西、内蒙等政府科技顾问。《农业质量标准》副主编，《农业科技经济管理》主编，《生命世界》杂志副主编。

1963年出生于湖南永州，1983年毕业于湖南农业大学园艺系，1986年硕士毕业于中国农科院研究生院，1996年毕业于荷兰瓦赫宁根大学获博士学位。曾先后担任美国百事—中国农科院农业发展中心主任，农业部蔬菜品质监督检验测试中心主任，世界银行沿海可持续发展项目顾问，中国园艺协会秘书长，联合国国际农业研究磋商小组（CGIAR）执委，荷兰瓦赫宁根大学五位国际顾问（IAC）之一。

先后5次获省、部奖，在国内外刊物上发表论文70余篇。2000年入选国家人事部百千万第一、二层次人选，曾分别荣获"有突出贡献中青年专家"称号，被中组部等六部委授予回国留学人员杰出成就奖，被中国科协、中组部、人事部评为"第八届中国青年科技奖"，黑龙江省科技进步一等奖（第二名）。长期（15年）合作伙伴 Evert Jacobsen 教授荣获中华人民共和国国际科技合作奖。2006年获世界马铃薯大会（三年一度，每次四人）奖，此奖仅授予对世界马铃薯产业的进步和发展做出突出贡献的个人。2006年宁夏先进科技工作者，2007年被农业部评为全国农业科技推广标兵、被评为中—荷建交35周年35位杰出人物之一。

1995:网络时代 (上)

郭为

1995年是改革开放关键之年，不仅因为改革开放、宏观调控、两岸关系、国防建设等众多领域都对中国产生了不同程度的深远影响，更因为它悄然开启了中国的网络化时代。从此，数字化、网络化、全球化这些名词开始成为人民精神文化生活特征的代名词，一个崭新的时代由此开始。它的出现，深刻改变了老百姓的生存方式、商业模式、新闻媒介乃至政府管制等。

1994—1995年，我因工作需要，南下广东大亚湾，到联想集团公司大亚湾工业公司担任总经理，处理工业公司的事务。海边的早晨非常美丽，每天一轮红日都从海平面喷薄而出，似乎预示着每天都会诞生新事物。我和同事早上起来会到海边走走，一边沟通一些工作上的事情，一边交换一下对行业的看法。

面朝平静的大海，凭着在IT行业工作多年的经验，我问同事："最近有什么IT新闻么？"

"郭总，普通人也能用互联网，您知道么？"

"嗯，这个我知道一些。"一轮红日从海那边升起，它带来的光明结束了黑暗。互联网的到来，会怎么改变我们呢？面朝大海，我没有继续说话。

"郭总，有了互联网，我们就可以和大海那边的人更快联络了吧。"同事说道。

"改变的恐怕还不止是这些，这就像古希腊英雄普罗米修斯盗来了火种，将会彻底改变我们的生活。"

事实的确如此，从结绳记事到飞鸽传书，从烽火狼烟到快马驿站，从城市电报到越洋电话，人类的信息沟通方式从原始到现代，终于被一把互联网之火，在20世纪末烧进了网络时代。互联网，原本是禁囿于美国军方的军用网络，经过20世纪60年代以来的迅速发展，以世人难以预料的姿势，迅速进入千家万户，深刻地影响了人类的生存方式，其意义如同普罗米修斯盗火一般，点燃了人类历史的又一个新时刻。同时，这把火也改变了我对中国IT业的认知，深刻地影响了联想和后来的神州数码在互联网时代的战略规划。

网络元年：普罗米修斯盗火

这把火，很快就引燃了中国。我还记得，在读研究生的时候，一条新闻就吸引了我："北京大学钱天白教授向德国发出了中国的第一封电子邮件"，这条新闻让我第一次感受到了IT可能对中国的巨大影响，也让我持续关注互联网。1993年3月，在参加工作的第五个年头，我听说中国科学院高能物理研究所接入美国斯坦福线性加速器中心的64K专线正式开通，这条专线是中国部分连入互联网的第一根专线，这意味着中国已经开始加入互联网。

1994年，我带着"中国成为第77个加入互联网的国家"的消息南下广州，当时我已经开始认识到互联网势必给中国带来巨大的变化。但是我同时清楚地看到，直到此刻，互联网仍然还是"王谢堂前燕"，还没有真正地"飞入寻常百姓家"。互联网走下神坛，真正普惠大众，发生在1995年。1995年1月，当时还是邮电部电信总局的中国电信分别在北京、上海设立的通过美国Sprint公司接入美国的64K专线开通，并且通过电话网、DDN专线以及X.25网等方式开始向社会提供互联网（Internet）接入服务。同年5月，张树新创立瀛海威，中国的普通百姓开始进入互联网络。这宣告了互联网从军事实验室走出来，真正开始民用化。

1995年，是中国互联网元年。中国，正式进入网络时代。而这一年，我也第一次触网，它让我震惊。第一次触网是和同事一起申请电子邮箱试用。当时拨号网络还不是很快，页面很简单，而且申请一个263的邮箱空间还很小，但是发送电子邮件的成本已经相当便宜了，并且立刻就到达了。这让我非常震撼，因为一旦这样的网络普及开来，其影响是相当惊人的。这时候我意识到，互联网将深刻影响中国人和中国企业，中国企业应对网络时代的变革已经刻不容缓。1996年结束了香港的工作，我迅速回到北京接手联想科技的工作，在和当时联想科技的管理层对互联网问题交换看法的时候，我们已经明确地认识到互联网可能是个改变中国人生存方式和中国企业商业形态的分水岭。在当时的公司年会上，我引用英特尔公司的话："现在大家在谈论网络公司，几年之后就一定不这么讲了，因为所有的公司都将是网络公司。"

互联网时代：从春天到冬天

1996年，尼洛庞·蒂克出版了《数字化生存》，这本书给了我深刻的启发，这位备受瞩目的未来学家一针见血地指出，数字化时代的社会行为方式必将发生重大变化。当我坐在办公室里合上这本书的时候，我就在思考，我们应该如何应对呢？

　　美国是互联网的先行者，其互联网历史，或可为我作他山之石。从20世纪60年代美国军方以冷战为目的的阿帕网（ARPANET），到1973年接入英国和挪威的计算机而成为互联网（Internet），尽管TCP/IP协议已经解决了统一编址和信息交换的问题，但是互联网本身尚没有显著地改变人类生活方式。直到20世纪90年代互联网的大规模民用化，其发展一日千里，使得人类的社会生活不断发生重大变化，美国经济掀起新一次的经济狂潮。如果说个人电脑（PC）的普及使得人类生活开始数字化，那么互联网的普及使得人类生活开始网络化，而互联网接入中国，使得中国和世界人民的生活纳入到不可逆转的全球化之中。

　　事实也的确如此，一批形形色色的网站如过江之鲫，一批标榜各种商

2002年11月3日，中国互联网经济掌门人一年一度的高层峰会——第三届"西湖论剑"大会在杭州举行。图为与会的五家网站的掌门人：（从右至左）联众网总裁鲍岳桥、携程旅行网首席执行官梁建章、前程无忧网总裁甄荣辉、3721网总裁周鸿祎、腾讯网首席执行官马化腾。（来源：新华社资料图片，陈晓明 摄）

业模式的互联网如雨后春笋，从白手创业到赴美上市，财富的神话迅速刺激着大家的眼球。就在所有人认为互联网已经乘上"开往春天的地铁"，即将进入耀眼新世纪的时候，新世纪却跟刚刚进入互联网的人们开了一个不大不小的玩笑。2000年，以互联网公司为代表的纳斯达克指数（Nasdaq）一路下挫，宣告了互联网泡沫的破灭，互联网界一片哀鸿遍野的景象。在IT公司工作多年的经验告诉我，这一切来得这么突然，这一切又似乎是个必然。记得2001年的时候，我在某大学做演讲时，曾经讲过一个故事，关于通天的塔基。

一个少年长时间虔诚地信奉上帝。终于有一天，上帝为他的诚心所感动，特许他修建一座可以通向天堂的宝塔。

少年向上帝抱怨："天地之间相隔万里，何年何月才能把宝塔修到天堂？"

上帝伸出一只手，悬在天地的中间："到我手上来，你就从我的手上修起吧！"

于是，少年就以上帝之手为塔基，从天地之间开始构筑通天塔，几个月后，眼看天堂之门就在眼前，少年一时忘乎所以，无意中未能抓稳一块石料，石料从塔顶砸向"塔基"——上帝的手，上帝疼得一哆嗦，通天塔伴随着震颤而倾覆，少年也从天堂的门口重新坠入凡间。

时光穿梭千年，世纪之交的一幕对这个故事再次进行了诠释。依托资本市场这个"上帝之手"，网络奇才们认为他们可以改变资本乃至整个经济的规则，他们找到了企业不盈利也可以让投资人心甘情愿掏腰包的新理论。然而，当上帝之手终于疲惫，资本市场的崩塌使大量网络企业陷入深渊之际，人们再次发现，新经济的未来并没有能够一步登天的通天塔，离开夯实可靠的业务基础，没有实事求是的经营理念，虚幻的空中楼阁终有塌陷的一天。

如果互联网真是这样，那么进入网络时代，对中国而言，是福音还是诅咒？面对数字化、网络化、全球化，中国人怎么办？中国企业怎么办？我认为，这个问题必须由中国人自己回答。

电子商务——瑞雪之兆

也正是这一场互联网的冬天，让我看清楚了互联网的商业未来是什么。在我看来，这次大规模调整并没有否定互联网和电子商务，而是让我们更加坚信互联网的未来。在这个冬天，联想集团经历了一场蜕变，诞生出了神州数码。作为中国信息产业的先行者，联想集团于2000年主动应对Internet和WTO的挑战，分拆出来一间公司，开始了二次创业，年轻的公司命名为"神州数码"。同时，我也开始带领新的管理团队，重新思考网络时代中国企业该向何处去。解决这个问题，必须理解互联网的基础，以驾驭汹涌而来的数字化、网络化和全球化。

20世纪80年代，著名未来学家托夫勒在《第三次浪潮》里提到这样一个观点，人类将进入一个信息时代。历史发展到今天，我想，已经没有人会反对这样一个过程，就是人类从农业社会经历了工业社会，正在进入信息社会。IT技术的应用已经给社会生产力带来了深层次的变革。

进入90年代，互联网迅速普及。它改变了传统的传播方式，极大地降低了信息发布的边际成本，解决了海量信息和个性化信息处理的问题。从90年代中期开始，"网络就是计算机"的概念让整个IT产业再次发生了翻天覆地的变化，全球网络市场随之进入了一个飞速增长的阶段。信息社会走到当前阶段的典型特征无疑就是互联网本身，然而，使整个IT进入"冬天"的似乎也是互联网。

互联网的问题在哪里呢？

互联网的出现，首先解决了人类信息沟通的技术问题，然而并不是所有伟大的技术，都能够引领时代。一般来讲，一种划时代的技术创新，要具有两个特质：第一是能够不断变得更简单，简单到可以普及推广，形成规模优势；第二是可以获得革命性的应用，能够解决传统方式所无法解决的问题，能够变不可能为可能，同时在这个改变的过程中极大地创造了社会价值。

蒸汽机的发明，把人类带入到工业社会。第一次工业革命以改变了传统的动力系统为起点，解决了生产的专业化、标准化和规模化问题，通过规模经济实现了社会财富的快速扩张。第二次工业革命深化了第一次工业革命的成果，但是两次工业革命引起的工业化大生产走到今天，也带来了问题，一方面是专业化分工带来的信息不对称，一个是标准化或者传统规模化生产带来的排斥个性需求的问题，这是工业化大生产解决不了的难题。

但是，互联网的出现，给上述问题的解决带来了希望。首先，随着互联网技术的成熟和完善，在互联网上发布信息变得极为简单，各种开发语言和开放工具使得个人参与互联网的门槛迅速降低，参与方式方便灵活多种多样，大大提高了其交互功能，互联网逐渐渗透到公众生活的方方面面。其次，互联网大大降低了信息沟通的成本，使最复杂的信息以最低的成本和最快的速度来获取和发布。它为人类经济社会生活中的信息发布和获取的成本及效率问题带来了革命性的而不是改良性的解决方案，是一种人类到目前为止所能拿出的最优解。在一个以"信息"为最主要竞争资源的社会里，互联网可以使个体与全世界的交互达到极致。在人们谈论从产品经济到强调个性的服务经济的转型时，是互联网使这场变革成为可能，这也是"长尾效应"（LongTail）出现在互联网的必然原因。通过改变了整个社会产业运行的结构，互联网可以创造出的价值是巨大而难以估算的。

那么，为什么互联网遭遇了资本市场的"上帝之手"？其实本质上在于，我们对互联网理解的肤浅和应用的浅层次，使得互联网的能量尚未爆发。人们已经开始认识到互联网（Internet）所蕴涵的巨大潜能，但是还没有找到释放这种能量的最佳方式。

那互联网能量的释放方式是什么呢？

我们想一想，今天我们能离开电吗？生活中林林总总的电器，工厂赖以运转的机器、厂房、设备都离不开电。但是，我们不能说，电推动工业社会发展，电的发明就像打开宝藏之门的密语，开启了新时代的大门，是基于电力的应用，真正意义上改变了人类的生存方式。人们因为电气革命而纪念爱迪生，是因为他使人类最大限度地应用了电，他不仅发明了灯泡，还创造了照明动力系统，并催生了一系列基于电的应用。在人类的科技发展史上，这样记载着："随着电力照明系统的使用，在各个工业部门中，电动机逐渐取代了蒸汽机……引起了社会生产的重大变革。""电能为工业和交通运输业提供能量。电气化解决了能量的输送和拖动问题……使生产力得到了飞速地增长，就其后果来说并不亚于工业革命。"这是对电力照明系统带来的电气化的伟大意义的恰如其分的、最好的阐释。

如果没有合适的途径来释放电的能量，也许就没有今天如此发达的工业了。是什么给了电以革命性的应用？是照明动力系统。它使电从照明走向了动力的传输系统，极大地释放了整个电力的能量，给人类工业化的进程带来巨大的光明。同样的道理，今天，我们也要给互联网找到一个释放能量的途径，去带动整个信息社会的发展。

那么，什么可以给互联网以革命性的应用呢？我们认为是电子商务。我们指的不是狭义的电子交易，不是简单的电子定单处理和在线支付，它的范畴包含了社会单元经营、管理、运作的全部环节，是改造传统经济的电子商务。互联网的应用必须从边缘向中心、从表层向深层转移，直达社会经济生活的中心，到达每个社会活力细胞——企业的核心，能够实现这种转移的唯一途径是电子商务。这样的电子商务，就是开启网络时代天堂之门的密匙。

2003年1月9日晚，第13届"中国十大杰出青年"颁奖晚会在北京大学举行，获奖者在台上亮相。（来源：新华社资料图片，于小平 摄）

IT服务——通天之塔基

20世纪90年代末期的几年，是我思想受到互联网种种现象剧烈冲击的几年，从第一批海外归国者创办互联网公司，到其中的一些公司迅速倒闭，每天我都在接受和处理大量关于网络时代的新思想和新案例。

中国如何在互联网时代拔得头筹？神州数码应该如何应对？

我始终认为，中国企业必须创新求变，主动求变，抓住根本，夯实网络化时代的竞争基础，也就是说，打一场电子商务的"持久战"。2000年的时候，作为神州数码的领军者，我把这几年对历史的观察和对未来的思考，进行了归纳和总结，针对网络时代的商业特点，提出了电子商务四段论。也就是说，电子商务的发展不是一蹴而就的，需要经历四个重要的战略阶段。

第一步是网络基础平台的建设。企业以及各种机构必须通过组合和连接不同的系统硬件及系统软件搭建业务运作的网络基础设施。没有网络，电子商务就无从谈起。带宽的不断增大，将会带动整个互联网的发展。第二步是企业内部的信息集成化建设。信息集成化就是通过统一的数字化信息平台去管理企业最核心的业务流程和管理流程。没有企业内部信息化，也就没有"e化"了的企业，电子商务就丧失了最基本也是最重要的行为主体。第三个阶段是建立B2B的电子交易。这个阶段实际上首先要构建B2B的"to"，构建企业之间电子商务的运行环境，建立一对一的电子业务往来，形成企业与企业网网相连的结构。最后一个阶段就是建立网络化社区。对于整个社会而言，企业或者讲每一个社会单元也都是一个个的信息孤岛，只有把这些信息孤岛都整合起来，形成一个统一的网络社区，才能最终实现一个电子商务或者叫互联网的时代。这个时候，所谓新经济的经营模式和利润模式就拥有了生存和扩张的广阔空间，就有可能建立一种信息社会的新型经济秩序和人文环境。

今天回头再看当时的电子商务四段论，有的已经发生，有的正在发生，但是对于互联网的基本判断是正确的。基于这个理论，我们思考神州数码可以做什么？以数字化中国为己任的我们，认识到神州数码的作用，在于为中国建设网络化生存的基础设施，为中国提供全球化的信息服务，我们必须擎起IT服务的大旗。

基于这个理论基础，神州数码在2001年向IT服务的战略转型，由此，神州数码也进入了一个迅猛发展的时期。如今，神州数码业务领域覆盖了中国市场从个人消费者到大型行业客户的全面IT服务，客户遍及金融、政府、电信、公共事业及企业领域。至2007年，神州数码已有近万名员工，其中约50%是研发人员。全国性网络已拓展至19个平台，办事处分布于30多个二、三级城市，业务覆盖全国。如今的神州数码是国内最大的整合IT服务提供商，正在引导和帮助中国人和中国企业，从容应对数字化和网络化生存，从基础的信息消费品，到中小企业的数字化供应链服务，到企业信息化建设，到行业大客户的全面IT解决方案服务。在网络时代的经济浪潮中，神州数码站在数字化的潮头，和中国一道创新应对。

创新求变，挺立时代潮头

普罗米修斯之火，从 1995 年的互联网元年之后便燃遍神州，至 2008 年时值中国改革开放 30 周年之际，中国的网络生态已经发生翻天覆地的变化，互联网如此悄无声息却又如此深刻地改变着现代大众的社会生活和中国的商业模式。可以说，网络时代唯一不变的主题，便是变化。

正如前文所述，互联网作为新兴媒介的兴起，改变了人们的信息传播过程，这一方面改变了中国企业的商业模式，一方面也更加深刻地改变了中国的历史进程。古代社会的信息以竹简书帛为载体，信息掌握在文士书吏阶层之中，他们掌握着文化思想权力，掌控宗教政权统治。瓦特蒸汽机和爱迪生电气所引发的两次工业革命，把人类的信息也带入了信息品标准化大规模生产和大批量传播时代，报纸大量印刷，电视广播全面普及，大众社会进入经济驱动主宰的时代。到了 90 年代进入电信和互联网时代，一切再次发生巨变。

由于信息技术的摩尔速度和网络的规模效应（网络的价值、吸引力和网络规模的平方成正比），互联网使得信息量呈几何级数地井喷，造就了一个信息纷繁复杂的信息景观社会。同时，互联网在影响人类生活的同时，自身也在发生巨大的变化。从以网站为中心的 Web1.0 时代，到以人为中心的 Web2.0 时代，直到以 Second Life 和 3D Web 为代表的虚拟化复制现实，每一次互联网的演进都更加深化了 Web 的触角，使得各种信息日益 Online，人变得时时事事 Online。

互联网改变了传统的经济范式，知识经济、注意力经济、虚拟经济进入历史前台。网络直销模式，植入式广告的免费经济商业模式等新兴商业模式的出现，改变了人们对商业模式的心理认知，正如我在前文电子商务的论述中所指出，由于互联网的冲击，既有生活服务业正在纷纷电子商务化，固步自封的企业将面临挑战。

在文化方面，互联网造就了多元文化和多元价值观，由于信息交换和传播的低成本和高速度，多元文化和多元价值观不断涌现，在主流文化之外生长出各种次文化和亚文化，比如"90后现象"，比如"Y世代"的出现，等等，互联网已经深刻地改变了我们的文化生活。

怎么办？改变从未也不会停止，普罗米修斯之火还在并将继续燃烧。除了拥抱创新，我们别无选择！

"以史为鉴，可以知兴替。"回顾世界近代史，就是一部变化和创新的历史。凡是以创新之精神，面对变化的民族，都站到了历史成长的潮头浪尖。瓦特发明蒸汽机，变生物动力为燃料动力，英国在此基础上创新出一系列的工业应用，引导第一次工业革命而成为世界经济的第一个超级大国。爱迪生再次变化，电气时代来临，美国工业在照明动力系统之上，创新出电报、电话、广播、电视等一系列的创新应用，通过第二次电气化革命迎头追上。当原子能、计算机和空间技术带动第三次工业革命时，美国人再次以创新的精神姿态拥抱新的变化。

1997年初，全国第一家"网"上书店——电子书店在杭州市新华书店诞生，读者只要通过互联网便可检索和订购各类图书。图为书店职工正在把新书输入网络。（来源：新华社资料图片，王小川 摄）

以互联网为代表的第三次经济浪潮，正在带动新的产业变革。互联网使得权力向客户转移；企业必须同时应付来自内外部的挑战；企业必须重新评估在互联网时代该行业价值链的不同环节的含金量；销售方式与品牌管理发生变革；知识管理成为关键；企业将超出目前的物理边界，通过虚拟、联合等多种方式，扩大企业边界；"快"成为这个时代竞争的一个关键词。

每一次经济革命都掀起新的经济浪潮，历史舞台上都会涌现出勇于创新的民族。当历史的书页翻到21世纪，当百年复兴的中国站在改革开放30周年之时，中国人和中国企业，更应该当仁不让，以深谙经济发展之自信，以创新求变之姿态，挺立于新经济的潮头，开创中华民族的新篇章。

郭为，现任神州数码控股有限公司董事局主席兼CEO。中国人民政治协商会议第十一届全国委员会委员，第十届全国青联常委，第三届中央国家机关青联常委，中国青年企业家协会副会长，中国青年科技工作者协会副会长。

1963年出生于河北秦皇岛。1988年获中国科技大学管理学硕士学位。2000年与联想集团实现拆分后，郭为带领神州数码团队二次创业，努力打造中国IT服务的第一品牌。在他的领导下，神州数码业已成长为中国IT界领军企业，公司在供应链管理服务、增值服务和IT服务等领域保持领先地位，公司现为中国IT产品分销第一服务商，国内第一专业IT服务提供商。

曾荣获2002年度中国十大杰出青年，中国科协2002年度"求是杰出青年成果转化奖"，2005年度首届中国青年企业家管理创新金奖、2003年度中国未来经济领袖、2001年度中科院先进工作者，1998年度中国十大杰出青年科技创新奖等奖项。

1995:网络时代（下）

宋立新

已经记不确切，1995年，我第一次上网的时候是何时、何地、何种情境。只依稀记得，调制解调器尖锐的啸叫声和打开网页漫长的等待时间。记忆的模糊，代表了潜意识里我对这个新生事物的态度。13年前的，显然没有给我留下足够深刻的记忆。恐怕不止是我，那时的绝大多数人，都不知道自己身在多么轰轰烈烈的一段历史的开端中。

1995年，被称作网络元年的一年。这一年，在改革开放30年的历程当中，不能算作轰轰烈烈、起伏跌宕的一年。可诞生于这一年的网络，对于国人生活方式、思维方式甚至人际关系等等各个领域的影响，延续至今，并将持续地影响着我们的未来。

1995年5月，中国电信开始筹建中国公用计算机互联网（ChinaNet）全国骨干网。1995年7月，中国教育和科研计算机网（CERNET）第一条连接美国的128kbps国际专线开通。1995年8月，金桥工程初步建成，在24个省市开通联网（卫星网），并与国际网络实现互联。1995年12月，中科院百所联网工程完成。1995年12月，"中国教育和科研计算机网（CERNET）示范工程"建设完成，该工程由中国自行设计、建设。

在1995年中，发生了许多值得怀念的大事件：张树新的瀛海威时空（中国第一家网络咖啡厅）开始经营，张向宁创办了中国最大的域名机构之一

图为留学法国归来后成为当时大连理工大学里最年轻教授的董闯博士(右一)——
32岁,他正在教家人如何使用互联网。(来源:新华社资料图片,郭大岳 摄)

——万网,龚少辉创办了中国频道,马化腾建立了中国第二个公众BBS平
台Ponysoft,马云和丁磊都在这一年离开公司开始创业,田溯宁、丁健、张
朝阳等一批海归也带来了国外新鲜的空气……

在中国互联网的历史上,1995年被称为"中国互联网元年",它标志
着一个新时代的开始,正是从那一年开始,互联网第一次有机会进入普通
人的生活,我们每个人的生活也因此开始改变。

网络生存
互联网改变了生活方式

2008年第一场雪到来的时候,我去北京长安大戏院参加新浪的年度网
络盛典。舞台上,青春不再的齐秦一开口唱,时光瞬间凝固,他唱:"没有
人能挽回失去的狂流,也没有人能了解聚散的定义。"之后上台领奖的于丹

教授这么说:"其实网络就是一种狂流,它让我们的聚聚合合都有了更多的依据。"

自1995年至今,仅仅只过去了13年,而我们的生活,被网络改变了多少,已经无从计量。多数人也已经遗忘没有网络的那些日子,是怎样面对那些纷繁复杂的聚聚合合。

2007年,《时代》杂志把"YOU"定为年度人物。而这个"YOU"所指代的,就是这个地球上以亿计算的网民。当互联网不再仅仅是科学研究的工具,而是把世界联系起来的纽带;当网民不再仅仅是互联网的使用者,还是互联网的建设者;当我们在停电的那一天,突然觉得烦躁不安、束手束脚,既无法安心工作,也不能舒适生活,那么,不得不承认,网络已经成为生活不可或缺的要素。

网络改变了我们的生活方式。因为用E-mail发邮件,所以少了鸿雁传书的寄望和喜悦;因为习惯用MSN与朋友沟通,所以少了品茶论道的写意与自在;因为习惯用百度谷歌查资料,所以少了故纸墨香的韵味悠然。网络带给我们便捷,却也常常被认为是人际相处日渐淡漠的症结。可是,在我看来,每一次的技术革命,带来的仅仅是生活方式改变的一种可能性,而我们的生活,更多在于自己内心的需求和寻找。

互联网,在我们为它的强大而欣喜之后,在它的存在常态化之后,请以平常心对待它,无是非、无取舍、无凡圣,回复自然本性的相处之道。

新商业时代的来临
互联网改变了商业模式

中国互联网时代的揭幕很快带来了商业上的巨大价值,新的广告人群、盈利模式以及盈利手段显示出强劲的生命力和卓越的创新力,不仅影响了互联网产业自身的发展,同时也在改变着传统产业的前进方向。

截止到2008年底，中国网民的数目预计将达到惊人的2.6亿，超过美国网民的数量，近200万个网站和1000万台家庭上网计算机共同承载了这个庞大的群体，电子邮件、即时通讯、网络购物、在线音乐与视频、网络游戏、网络银行等服务已经成为所有网民的日常选择。

迄今为止，已经有一大批互联网巨头企业在中国崛起。马云和他的阿里巴巴集团在完成了第三次融资后，以200亿美元的巨额市值成为国内最大的互联网企业；新浪占据了综合门户网站第一的位置，而它的身后，紧紧跟随着像搜狐这样的竞争对手；原本在游戏领域一枝独秀的盛大公司，现在也不得不和九城、网易等企业一起分享市场；腾讯这个以即时通讯起家的企业，早就开始试探着打造真正的互联网商业化服务体系；而不能不提到的百度，头戴"最大中文搜索引擎"的桂冠，已经向日本发起进军。据不完全统计，仅仅在2007年，中国互联网企业的股价总价值，已经超过700亿美元之巨，如果将国内未上市的互联网公司也计算在内，这个数字会超过1000亿美元！

山东省青州市黄楼镇芦李村农民李洪儒抓住中国改革开放的机遇，从一名花卉个体户迅速发展成为拥有固定资产1500万元人民币的"种花大王"。他通过国际互联网络（因特网）仅用4天时间，就从花卉王国荷兰购进了首批高档盆栽花卉，同时把本公司的花卉品种、信息上网介绍给世界各地客户。图为"花王"李洪儒在自己的办公室里。（来源：新华社资料图片，吴增祥 摄）

互联网行业在短短十几年间，成为国内成长最快的领军行业，并打造出了无比繁荣的新市场，把握这样一个全新机会，快速创造并消化新商业模式，同时在传统领域内快速普及新观点的中坚力量，恰恰就是这一批在1995年尝试进入互联网的先驱者。

把握互联网产业中新的机遇，是网络商业繁荣的产业基础，是新兴商业社会成长的生产力基础，无论是在基础硬件产业、文化产业还是信息服务产业，具有万亿级赢利潜力的新机会始终存在，互联网企业的生存空间非常广阔；能够消化网络商业模式并加以成功应用，是网络商业繁荣的催化剂，而让新商业模式能够满足网络消费者的具体需求，则是网络商业繁荣的市场基础，是这样一个全新商业社会形成的关键。

中国互联网是最具有创新精神的产业。在这个史无前例的庞大市场上，新技术、新模式、新型应用不断涌现，创业浪潮此起彼伏，精英、草根等群体的梯次扩大，而宽带网络的进一步广泛应用，为互联网的发展奠定了物质基础，使中国互联网产业崛起于国际社会，成为仅次于美国的信息大国。当前，中国互联网正处于成长阶段，异常活跃，生机勃勃。作为互联网变革中的重要动力，风险资金、搜索引擎、电子商务、Web2.0、新媒体等领域炙手可热。风险投资是互联网创业初期发展的动力源泉；电子商务是国民信息化的重要内容，是互联网产业交易环节；搜索引擎作为互联网中最火爆的应用，是网络内容的过滤器，是互联网中心化的催化环节；新媒体是引发互联网产业及传统产业格局、商业合作、发展模式变革的新兴行业；网络社区是促动网民交流的典型应用。以上领域对中国互联网发展至关重要。

中国互联网蕴藏巨大机遇，创新将释放"核聚变"量级的商业潜能。美国专业调查机构显示，中国互联网利润率远高于全球同类行业其他公司，并指出，最近几年来，中国互联网上市公司平均利润率远远领先于美国行业领袖Google、yahoo、eBay等企业，同时，平均劳动成本还大大低于全球水平。中国互联网的商业潜力，吸引国外互联网巨头及风险资本蜂拥而至，因此，越来越多的创业神话正在暗中酝酿，越来越多的创新思维走上国际舞台，还有更多的创新成果亟待商业化。

如今，每天都有上百个基于互联网的商业网站或企业诞生，为这个行业不断注入新鲜的思想与血液，他们之中，必将会孕育出新一代的传奇。

苗壮成长的电子政务
互联网改变了政府管治

一个国家的发展，首先体现在其城市发展的进程中。21 世纪，我国城镇化的迅猛推进和国内城市的迅速崛起，使国内城市在国际化的大背景下陷入全方位的竞争。全球性电子政府的发展，使得我国城市电子政府不仅面临着国内的相互竞争，同样面临着国际性的竞争。

中国电子政务建设的历史可以追溯到 20 世纪 80 年代中期，并在 1995 年左右进入重点推进阶段和加速发展阶段。90 年代后期，特别是在 2000 年之后，伴随因特网的迅速发展和政府职能转变的力度加大，中国电子政务建设已经进入了全面规划、整体发展的新阶段。

目前，国内信息化建设速度不断加快，国家对电子政务工作重视程度日益加深，电子政务呈现出强劲的发展势头。在 2002 年 17 号文件的指引下，我国各级政府正围绕"两网、一站、四库、十二金"的发展重点有序展开，从中央到地方、从城市到农村，各种局部性应用、阶段性成果如雨后春笋般涌现。从当前的发展情况看，国内各政府职能部门的网络基础建设已经初具规模，不同部门的局域网已经基本搭建完成，甚至有些地区已经形成了城域网的基本雏形。从具体应用效果看，政府内部通过网络化沟通和信息共享，办公效率大大提高。

北京是中国最早实施电子政务工程的地区，到 2000 年底，已初步建成了公用信息平台和政务信息网络。中关村高新技术科技园区已经开始实现网上办公办事，电视电话会议网络也已基本覆盖全市。2002 年底，初步实现了政府面向企业和市民的审批管理和服务业务上网进行，政府内部初步实现电子化和网络化办公；2005 年底，建成了体系完整、结构合理、高速宽带、互联互通的电子政务网络系统，并搭建了北京市政务系统信息资源库，全面开展网上交互式办公。

最近一两年来，电子政务已经开始向更高层次发展。首先，许多地方政府都将国民经济和社会信息化作为"十五"规划的重要内容，上海、深圳、广州、天津等沿海城市纷纷提出建设数字化城市或数码港计划，其中电子政务的建设是数字城市建设的核心内容之一。有些地方政府已经明确提出了建设电子政务的时间表。其次，专业化的政府服务网站日益增多，服务内容更加丰富，功能不断增强，互动性得到很大提高。中央与地方的工商、海关、国税和地税等部门纷纷推出各种网上办公业务。例如北京市工商行政管理局建立了网上办公平台——红盾 315 网站，开办了网上专项审批、网上注册与年检、网上经营者身份及经营行为合法性认证、经营性网站备案核准、域名备案登记等业务。再次，电子政务的发展极大地促进了我国软件业的发展，安全性不断提高。电子政务的特殊性为民族软件企业的发展提供了一个难得的机遇。目前，国内许多 IT 企业都在纷纷推出各自的电子政务解决方案，与各级政府和部门合作，积极地推进有中国特色的电子政务办公系统的发展与完善。

新型互联网媒体异军突起
互联网改变了媒介传播

中国网络新闻媒体从 1995 年开始至今已经有了十多年的发展。21 世纪初，一位颇有影响的教授曾指出："中国网络新闻传播尚未建立成熟的市场运作模式、尚未形成成熟的网络新闻消费市场，因此是'不成熟的中国网络新闻传播。'"目前，中国有四大著名门户网站。其中新浪、搜狐、网易已经相继于 2000 年登陆美国纳斯达克市场，自 2002 年 7 月，新浪、搜狐和网易宣布实现赢利，此后每年的赢利都在逐步攀升。在这一背景下，门户网站的流量屡创新高，甚至，新浪网已经成为继央视之后最有影响力的媒体。

互联网媒体也可以称作网络媒体，就是借助国际互联网这个信息平台，以电脑、电视机以及移动电话等作为终端，以文字、声音、图像等形式来传播新闻信息的一种数字化、多媒体的传播媒介。互联网媒体相对于早已

被人们称为"信息高速公路"的因特网在广西壮族自治区富川瑶族自治县开通使用。图为该局技术员义务给用户作因特网演示教学。(来源:新华社资料图片,林青 摄)

诞生的报纸、广播、电视等媒体而言，又是"第四媒体"。

在互联网经过多年发展以后，人们对于网络的依赖越来越强烈，网络在不知不觉中改变了社会的生活状态和方式。随着网络应用日益丰富，网民需求日益扩展，网民要求以自我为中心来重新整合内容、娱乐、商务、通信及其他种种个人应用，以最大限度地满足个性化的需求。为了满足这一需求，网络媒体也由原来众性的大众传播转为以个性为中心的个性化传播，

网络媒体的应用模式及营销特点都发生了巨大的改变。

在刚刚结束的北京奥运会上，网络媒体真正站在了主角的位置上，并发挥出无与伦比的价值。每天数以亿计的浏览量，图片、文字、音频、视频全方位展示，博客、播客、论坛、留言板实时互动，电子杂志、手机报层出不穷……没有哪一届奥运会如北京奥运会一般与互联网发生着这样密切的联系，没有哪一届奥运会像北京奥运会一样，参与的人数如此庞大，报道的形式如此多样。由于中国网络媒体的积极参与，通过互联网这一跨越时空界限的平台，越来越多的人见证着奥运会的精彩、分享着奥运会的欢乐。

2008年北京奥运会向互联网全面开放，国际奥委会授权央视网等互联网站作为特权转播商以音视频形式报道奥运会，互联网站首次获得了与传统的广播电视转播商同样的地位，国际奥委会允许运动员在奥运会期间发表博客。有超过2/3以上的受众非常期望能够通过新兴媒体收看奥运会视频转播。

报道因网络加速，服务也因网络而升级。面对预计超过40亿的观众和读者、数以百万的奥运游客，以及近3万名记者和1万多名运动员，北京奥运会推出了一份丰富的特色菜单：无线Info系统、3GTD—SCDMA移动通信、高清晰视频传送、IPv6网络视频监控系统、手机电视……尤其值得一提的是，WiFi和虚拟专线网络的运用，使得信号全面覆盖到奥运会的各大场馆，无论身处场馆的什么位置，记者的各类报道都可以方便地实现即时传送。本届奥运会不但具有往届奥运会的无线、网络、宽带的特点，而且要比以往各届奥运会的技术运用更为先进、规模更大，应用更为成熟。

如果没有机会亲临比赛场馆，网站提供的三维动画展示足以再现场馆的每一个细节。如果错过了心爱的精彩比赛，没有关系，可以随时登录视频网站进行点播。想去现场不知道怎么乘车，百度等众多网站都提供了奥运交通信息服务。北京奥运会期间，互联网的应用进入了一个新的阶段，网络媒体、新媒体全面开放，新技术在网络上获得广泛应用，这是对互联网的推动，也是对奥运会的促进。

今天，网络媒体的真正本性日渐显现。在网络技术日益发展、宽带运用逐渐推广以及国际网络化信息浪潮的推动下，不远的将来，交互性信息服务、现实虚拟等更为先进的媒体表现形式将为我们提供更为便捷的服务。

一个无限美好的未来

从概念的兴起，到商业运营的尝试，中国互联网已经发展了十多年，距离真正意义上的商业时代，已经为期不远。中国互联网的发展伴随的也是一代人的成长，这是中国互联网为什么能够快速转向商业的最大原因！跟着中国互联网走过的这一代的中国网民，已经不断地走向成熟，正教会他们的下一代使用各式各样的网站，开始运用互联网进行电子渠道、电子商务活动，成为互联网商业时代的新生力军，为互联网商业时代的发展奠定了最坚实的用户基础。

互联网飞速发展的这十余年，正是互联网商业生态从无到有、从简单零星到系统化复杂化发展的十余年。从ISP网络接入到ICP内容提供再到综合服务；从邮件服务到门户服务再到电子商务；从web1.0的单向信息到web2.0的个性化、互动化，各种产品服务还有服务提供商宛如匆匆过客来来去去，又似满天星辰起起落落，即便是网民与十余年前相比也是天上人间，其需求更迭之快、关系之复杂令人有一日三秋之感。回想起1995年，北京白颐路上竖立的那一块写着"中国离信息高速公路还有多远？前方500米！"的巨型广告牌，不免让人感到，中国互联网早已经不是那个还在牙牙学语的婴儿，它已经站立起来，并拥有了强健的身体与优秀的头脑。

起始于1995年的中国互联网，已经被我们所有人所见证与审视，并将在我们所有人的目光中继续大步前行！

宋立新，现任英才杂志社社长，中华全国青年联合会第十届委员会新闻出版界别副秘书长，第三届中央国家机关青联委员。

1967年出生于北京，1985至1989年就读于中国人民大学新闻系，获得法学学士学位。1989年至1997年间，历任中华英才半月刊社编辑、副总编、常务副总编。1997年创办英才杂志，任社长、总编辑。

在她的带领下，《英才》经历11年的稳固发展，成为中国最具影响力的商业人物杂志之一，累计点对点地采访国内外各界商业领导人2000位左右。并连续七年成功联合新浪网、《北京青年报》举办了中国管理100年会，成为中国商界深具权威性和影响力的盛会。

1996: 海归

严望佳

1996 年，长征胜利 60 周年之际，弘扬"长征精神"成为思想界的主旋律。资本账户开放、吸引外资增加、人民币经常项目下的可兑换等经济领域的重大变迁，预示着中国对外开放程度不断加深。此时，学有所成的海外学子也将关注的目光投向了自己日渐强大的祖国。于是，"海归"带着西方先进的技术和管理理念从知识的海洋"上岸"了。而不同于改革开放以来80年代以及90年代前期的"海归"主要是在科技教育领域做出了贡献，90年代后期的"海归"大都选择了创业。这一方面是基于中国开始走向市场经济，另一方面则归功于知识经济时代，海归回国创业有着得天独厚的优势。

回归

虽然时光飞逝，每当回首，12 年前的往事却还是如此鲜活。

　　我们是成长在知识经济时代中如此幸运的一代，伴着改革开放的脚步，中国在推进现代化和国际化的进程中给海外学子们提供了广阔的施展才华的空间与舞台。

　　1996年刚刚走出宾州大学校园的我怀着一个"创业报国梦"回到了北京，把启明星辰的注册地点选在了北大南门的资源楼，只为了闲时可以在未名湖畔读书。楼下是刚刚开张不久的风入松书店，北大东门不远处就是当时的万圣书园。

　　1998年1月，当我走进上地环岛旁边的海淀留学人员创业园（以下简称创业园），正是霜风凄紧、北雁南飞之时。环顾四周，尚未开发完成的地区还透着乡土的味道。那是一栋四、五层高的标准厂房，没有正规的大门，电梯是很宽敞的工业用货梯，一开电梯的门便是户外了，配合着灰色调的水泥台阶，在冬日的午后显得冷冰冰的没有一点儿生机。我很惊讶也很好奇，这样的地方如何做得写字楼呢？

　　上了四楼，浅色的地板砖和被隔成不同区域的整个楼层简单干净，一盆不知名的小花在"海淀留学生创业园"的logo墙前静静地开放。会议室的布置也是简单而雅致的，接待我的是当时创业园的李伯浪和赵新鸣两位主任，他们的热情洋溢和建筑物冰冷的外表以及凛冽的寒风形成强烈的反差。

　　在当时孵化器还是一个新的概念，直接从英文的Incubator翻译过来，让人联想起进驻的企业和留学生都像是小鸡仔什么的。两位主任对孵化器作过如何的解释我已忘却，印象极深的却是他们对创业园所提供的灵活"服务"并且非常人性化的诠释。原话大体是这样："只要是留学生在创业过程中需要的服务，我们都会尽力提供。你们如果遇上什么困难，我们大家一起想办法出主意。我们会帮助你们和各级政府的相关职能部门取得联系，争取他们的支持。总之你们的成功便是我们的成功。"这种人性化的表达，让我倍感温暖，因为从1996年回到国内，还没有初次见面的人会这样和我说话。

虽然这个"厂房"工业化味道十足，但我还是毫不犹豫地决定搬进创业园，是基于对他们的信心和感激。此外，我认为创业园可以弥补我大学毕业后即出国，缺乏国内工作经历，对各机构运作和政策制定不了解的弱点。况且企业初创阶段主要的任务在研发，企业的形象还不太重要。

就这样启明星辰和奥瑞金种业、土人景观等企业成了邻居。也是从那时开始，我和韩庚辰、归来、王安生、李晶、阿周等好友结下了一生的友谊。

后来发生的事情完全验证了我当时的想法，各级政府给予创业园的留学生们很大的支持，帮助我们解决了不少实际困难，例如留学人员身份认定、子女教育、社会福利等。最难得的是，通过对企业发展瓶颈问题的调研，有针对性地出台了不少政策，很好地促进了留学生企业的发展。

我记得当时的海淀管委会马林主任为了我们的事情三天两头就要过来一次，经常加班加点地开会。时任科技部火炬中心主任的张景安秘书长也是创业园的常客，我们可以经常在中关村创业大厦的大厅里和他拉家常，他谈笑风生的样子，一定深深地留在很多留学生的记忆里。教育部、人事部、中关村管委会和北京市人事局的领导也经常出席在中关村创业大厦召开的研讨会。

得益于创业园的环境，启明星辰和各产业政策制定部门以及政府研发和创新基金取得了最初的联系，拉开了承担国家项目的序幕。可以说，正是国家产业政策的支持让启明星辰度过了最难的初创阶段，打下了坚实的研发功底。

十年来，启明星辰先后承担并完成了国家级重点信息安全科研项目60余个，包括国家发改委产业化项目、科技部火炬计划、863计划、十五攻关计划、信产部电子发展基金、国家信息安全保障计划、北京市科委的重大科技项目、国际合作项目等。目前，启明星辰拥有两百余项发明专利和计算机软件著作权，填补了不少我国网络安全自主知识产权的空白，在技术创新和科技攻关方面一直处于国际前沿。

　　得益于创业园的支持，1999年启明星辰获得了人事部的批准，成立了中国第一个专业的网络安全博士后工作站。也是通过创业园的协调，我们能够解决核心员工的户籍问题，团结凝聚了公司核心的技术队伍，十余年间，不少人已经在启明星辰成长为技术带头人，也有不少人走向管理岗位，成为公司执行层的中坚力量。

　　众人拾柴的结果是创业园的高速发展。1998年海淀创业园被国家科技部认定为国家级创业服务中心，从标准厂房改造过来的小楼很快就住满了。在马林主任的直接领导和策划下，我们终于在2000年初搬进了环岛旁的中关村创业大厦。乔迁不久，原国家科委主任宋健院士和张景安秘书长等领导就来到创业大厦就民营高科技企业发展问题举行座谈。除了留学生们，参加会议的还有柳传志、段永基等老一辈有影响力的企业家。会议的气氛热烈而务实。

图为江泽民同志等国家领导视察启明星辰公司，本文作者正在介绍公司情况。

图为胡锦涛总书记亲切接见本文作者——启明星辰公司CEO严望佳博士。

会议结束不久，我就听说宋健主席是来"踩点"的。

2000年1月24日，江泽民总书记、李岚清、曾庆红等党和国家领导人一行共40余人来到创业园看望留学生，并亲切视察了启明星辰。

这时的中关村科技园区已经按照1999年6月《国务院关于建设中关村科技园区有关问题的批复》确立了"一年一变样，三年大变样，五年上台阶，十年创一流"的目标。此后创业园的发展更是一日千里，2000年1月被北京市科委列为高新技术产业孵化基地；2001年9月被国家科技部认定为国家高新区先进孵化机构。

2003年1月，胡锦涛总书记来到中关村亲切接见了十位留学生代表。

2008年的今天，中关村园区已经拥有9500多名海归学子创办的4200多家高科技企业，成为一支活跃在科技产业前沿的重要力量。

至此，中关村已然是中国最具活力的科技园区，从科技人员自筹资金"下海"创业发展到大批"海归"携国际先进技术、先进管理经验和国际资本回"村"创业；从单一企业的独立创新发展到联盟和集群式的产学研协同创新；从"自筹资金、自由组合、自主经营、自负盈亏"的试验探索发展到市场化、法制化、国际化的深层次改革；从当年的"电子一条街"发展成为中国的创新中心和高新技术产业的品牌。

在宋健主席纪念中关村科技园区建园20周年的文章中，他这样说："科学已经证明，只有那些能与外界交换信息、能量、资源和人才的系统才能迅速发展壮大。一个封闭的系统则将日趋走向衰微。"

改革开放中的当代海归群体

在这里首先我要感谢欧美同学会商会会长王辉耀学长为我提供关于海归研究的数据和资料。

作为一个较为集中的高端人才群体，作为改革开放后被国家所认可的新阶层的重要构成部分，回国留学生在知识结构、创新能力、国际视野、对市场经济和国际规则的体验等多方面具有一定的优势。

这样一个群体一旦找到自己的定位，无疑对当代中国的发展有着特殊的推动作用。《人民日报》海外版在2007年进行了"海归为中国带来什么"大型调查（见下图）。

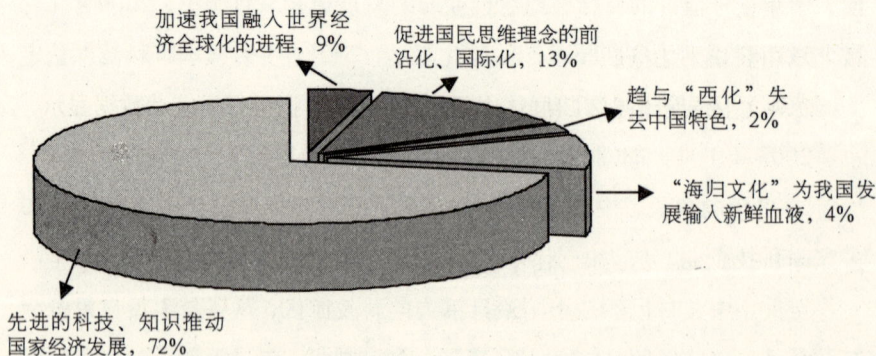

加速我国融入世界经济全球化的进程，9%

促进国民思维理念的前沿化、国际化，13%

趋与"西化"失去中国特色，2%

"海归文化"为我国发展输入新鲜血液，4%

先进的科技、知识推动国家经济发展，72%

海归对我国社会经济发展的影响

2000 年 6 月 29 日，由辽宁省政府和国家科技部、教育部等联合主办的中国海外学子辽宁（大连）创业活动周暨科技论坛在大连开幕。图为与会的 300 多名海外学子兴致勃勃地在大连高新技术园区参观。（来源：新华社资料图片，张小龙 摄）

从各种现存的关于海归的数据和调查中，我们至少可以这样总结改革开放中的当代海归群体：

引领我国科技进步

教科文卫传统上是海归群体中最集中的领域，据教育局统计数据显示，教育部直属高校中，留学回国人员在校长中占78%，博士生导师占63%，国家级、省部级教学、研究基地（中心）、重点实验室主任占72%。中国科学院院士的81%、中国工程院院士的54%，都有留学经历。党中央、国务院、中央军委授予的"两弹一星功勋奖章"的23人中，留学归国学者有21人。

2007年国家自然科学奖、国家技术发明奖和国家科技进步奖获奖项目第一完成人中有36.58%是海归，国家技术发明奖第一完成人中40%以上是海归，国家科技进步奖项目第一完成人中 30% 以上是海归。媒体评论，海归群体中已经涌现出一批中国科研的领军人物。

此外，在神州五号8个系统总设计师中，留学回国人员占了1/4；据悉，载人航天工程的七大系统中，40岁以下的技术人员占了整个队伍的80%以上，里面的海归精英也不在少数。数据也显示，"长江学者奖励计划"实施以来，有24位长江学者特聘教授当选为两院院士，57位长江学者特聘教授担任了"973"计划首席科学家。

不难看出，海归带回来的计算机、光电子、航空航天、医药等方方面面的先进技术为我国缩短同世界先进水平的差距、加快科技创新提供了助推剂。

推动创业创新

与前辈不同的是，新时期的海归正在通过创业发挥他们的作用，不仅体现在创建高科技企业、直接推动经济发展上，更加体现在促进技术创新，带来新的管理模式、融资方式和发展理念，特别是带动和提升中国的创业文化方面。

海归创业在推动国内的新经济、新技术、互联网、IT、通讯、传媒等诸多领域发展的同时，也给许多传统产业注入了活力。

推动我国企业国际化

至今，中国在欧美股市上市的高科技公司，绝大部分是由海归创办的，如亚信、百度、新浪、搜狐、中星微电子、携程、E龙、盛大、空中网、尚德、新东方等。

同时，这些年来，不少中国企业在海外陆续开展大型并购，开始了真正的国际化进程，在这个过程中，少不了国际著名投行、会计师和律师事务所的帮助。而所有这些机构在华的掌门人和合伙人，几乎全部都是海归。

中国金融业的体制创新，包括银行上市、股票改革、外汇管理等很多方面，都有海归群体参与其中，他们的经验与智慧对转型期中国金融安全至关重要。各类基金公司也有不少具有丰富的海外工作经验、精通国际金融市场的风险控制和运作管理的海归参与管理。

而来自欧美，在中国内地日渐走红的风险投资及PE（私人股权投资），其在中国的合伙人、管理人，更是近乎100%来自海归群体，他们对促进产业升级换代、中小企业快速发展，以及中国企业走出去，都起着重要的催化作用。

推动跨国公司本土化

大批海归已成为跨国公司在华的掌门人。差不多所有在华的跨国公司都有海归精英的参与，有的海归还成为世界500强在中国公司的CEO。正是在他们的积极推动下，许多跨国公司都在中国设立研发中心，与中国先进企业建立技术合作战略联盟，加强部分高科技含量的产业向中国内地转移，把中国作为承接服务外包业务的长期战略基地，推动中国经济向节约环保型转变。

中国经济的升级换代，不仅有赖于国内企业家的积极努力，也需要海归高层职业经理人的鼎力相助，最终走出一条双赢甚至多赢的道路。

结　语

留学生活给海外学子们带来的，除了自强自立的精神之外，我想就是对高端技术的掌握、对产业发展方向的把握以及有关现代高科技管理的理念。

从宾夕法尼亚大学毕业后选择回国创业是我人生道路的一次重要转变，主要的原因是自己不愿意置身祖国的发展和腾飞之外，希望亲历这一段企盼已久的民族崛起的历史进程。

　　每每回首这段往事，都会生出唐人"回望射雕处，千里暮云平"的感慨。创业园是一座联结了许多海外学子和祖国母亲的桥梁。虽然我1996年回国创业，只有在1998年1月入驻创业园之后，我才算真正回到了祖国温暖的怀抱。中国正以和平发展和开放发展的姿态步入世界民族之林，而创业园乃至中关村的发展也只是一个缩影，是一个中国改革开放以来对海外学子敞开胸怀、接纳他们、给他们以发展的天地和舞台的缩影。

　　在许多人的共同努力之下，正是始自1998年，中国海外留学生回国形成了一个热潮。他们之中的很多人都是创新型的高端人才。历史发展到21世纪，科学技术已经成为社会发展的主导力量，科技进步和知识创新成为国家竞争力的决定因素。我国研发投入和关键技术自给率依然很低，对外技术依存度高达50%。我们需要花较长一段时间，完成从要素驱动的经济增长方式到创新驱动的增长方式。在这个时期，可以说创新能力直接关系到国家的软实力和核心竞争力。在这样一个时期，国家凝聚力不断增强，海外学子们不断回国，投身于自主创新的事业中，实在是有一些历史必然的色彩。历史的机遇赋予了我们这群"书生"技术创新、产业报国的特殊使命。应该说我们是非常幸运的，我们能够有机会把自己的专业、特长和祖国的需要结合在一起，在建设"创新型"国家的发展道路上，做出自己的贡献，实现一代人的光荣与梦想。

　　国家兴则事业兴，事业兴才有个人的发展。所以我们都应该感谢这个赋予我们使命和梦想的时代。我只是无数回国创业的海外学子中平凡的一员，能够在生我养我的故土上为着自己的梦想而努力奋斗，是一种真实的幸福。

严望佳，现任启明星辰首席执行官，全国政协委员，全国工商联常委，第十届全国青联委员，第三届中央国家机关青联委员，北京市工商联副主席。

1969年出生于云南昆明，1990年复旦大学毕业，1996年获宾夕法尼亚大学博士学位。曾荣获首届中国留学回国人员成就奖、首届全国优秀中国特色社会主义事业建设者、中国青年五四奖章标兵、全国三八红旗手、中国软件行业十大杰出青年等奖项。

在过去的12年中，启明星辰已经成长为我国网络安全行业的市场领导者，是"国家规划布局内重点软件企业"和"国家火炬计划优秀软件企业"。启明星辰拥有多条全国市场占有第一的产品线以及200余项软件专利和自主知识产权，是国内自主创新重要的民族品牌。

1997：回归

杨晓山 ●●●●●●●●●●●●●●●●●●●●●●●

　　1997年7月1日，零时零分零秒，香港会展中心，《义勇军进行曲》响彻维多利亚港，五星红旗和紫荆花旗徐徐升起，那是每一位中华儿女将永远铭记的时刻。经历了百年沧桑的香港回到祖国的怀抱，中国政府开始对香港恢复行使主权，"一国两制"的伟大构想在东方之珠落地生根。香港特别行政区的成立，是中华民族的盛事，也是世界和平与正义事业的胜利。两年后，澳门也回家了。

　　1997年7月1日，零时零分零秒。香港会议展览中心新翼五楼大会堂，雄壮的中华人民共和国国歌响彻维多利亚港，中华人民共和国国旗和香港特别行政区区旗徐徐升起。

　　此前1分钟，英国国旗和香港旗在英国国歌乐曲中缓缓降落。随着米字旗的降下，英国在香港一个半世纪的殖民统治宣告结束，那段被鸦片和炮火熏黑的历史永远终结了。

　　4分钟后，时任中华人民共和国国家主席的江泽民同志庄严宣告：根据中英关于香港问题的联合声明，两国政府如期举行了香港交接仪式，宣告中国对香港恢复行使主权。中华人民共和国香港特别行政区成立。

香港回家了。

是夜，香港无眠，华夏无眠。我和许多年轻同事也聚集在国务院港澳办多功能厅的大屏幕前，目不转睛地盯着中央电视台的直播画面，生怕错过一个细节，当时的心情既自豪又夹杂着一丝遗憾。自豪，是因为自己作为一名从事港澳工作的国家公务员，能有幸直接为香港回归祖国贡献一份力量；那丝遗憾，则是为自己无法在现场亲历政权交接仪式这一香港回归交响曲最精彩的篇章而生，因为7月1日下午人民大会堂将举办"庆祝香港回归招待会"、当晚工人体育场将举办"首都各界庆祝香港回归大会"，我和港澳办许多同事需要留守北京，参加有关的接待工作。

我心中的那丝遗憾很快就得到了弥补。1999年12月19日至20日，我作为工作人员，陪同由全国各省、市、自治区有关负责同志组成的中央观

1997年7月1日晚，首都各界庆祝香港回归祖国大会在北京工人体育场隆重举行，缤纷的火焰在夜空中闪亮，观众们挥动旗帜，欢呼雀跃。（来源：新华社资料图片，唐师曾 摄）

礼团，第一次踏足澳门，在澳门文化中心花园馆见证了澳门政权交接仪式，那种直击历史的现场震撼令我毕生难忘。当五星红旗和莲花旗伴随着《义勇军进行曲》徐徐升起，一种生为中国人的自豪与幸福洋溢心头，我的眼眶湿润了……

历经沧桑的香港、澳门回归祖国，实现了包括广大港澳同胞在内的全国各族人民的百年夙愿，是彪炳中华民族史册的千秋功业。回归后，香港、澳门进入了全面贯彻实施"一国两制"方针和香港特别行政区基本法、澳门特别行政区基本法的崭新时代。斗转星移，时光飞逝。而今，香港回归已逾11年，澳门回归也近9年。那么，"一国两制"方针在香港、澳门的实践情况究竟如何呢？

让事实说话吧。

——回归后，"一国两制"、"港人治港"、"澳人治澳"、高度自治在港澳变成了生动的现实。中央政府坚定不移地贯彻"一国两制"方针，严格按照基本法办事，不干预特区高度自治范围内的事务；坚定不移地支持行政长官和特区政府依法施政，坚定不移地维护港澳的繁荣稳定。在"一国"的前提下，香港、澳门继续实行资本主义制度，原有的社会、经济制度和生活方式不变，"舞照跳、马照跑、股照炒"，法律也基本保持不变。港澳同胞不仅真正当家作主，全面行使基本法授予的行政管理权、立法权、独立的司法权和终审权，积极参与管理特别行政区的政治、经济和社会事务；而且享有广泛的自由和比英国、葡萄牙管治时期更为广泛的民主权利。比如，香港回归前，港督直接由英国政府委派，港英政府高官也基本由英国人担任；回归后，特区行政长官、立法会、区议会都是通过民主方式选举产生，而且民意基础不断扩大。2007年12月29日，全国人大常委会依法对香港特别行政区2012年行政长官和立法会产生办法及有关普选问题作出决定，明确2017年香港特区第五任行政长官选举可以实行由普选产生的办法，在行政长官由普选产生后，立法会的选举可以实行全部议员由普选产生的办法。这是香港民主发展史上一个历史性的飞跃。

——回归后，港澳特别是香港在中央政府和祖国内地的大力支持下，克服亚洲金融危机冲击、非典疫情等带来的严重困难和挑战，保持了社会大局的稳定，实现了经济的复苏和发展。特别是香港经济自2003年下半年开始强劲复苏后，一直保持良好发展势头。2004年至2007年，香港本地生产总值分别增长8.6%、7.5%、6.9%、6.3%，年均增幅达到7.4%，其中2007年的本地生产总值达到16126亿港元，创历史新高。2006年，香港交易所的首次上市集资额（IPO）超越纽约，仅次于伦敦，居全球第二。2007年6月，香港股市总市值达到16万亿港元，全球排名从第9位上升至第6位。与之相辉映，澳门回归祖国以来经济一直保持快速发展，本地生产总值有4年达到双位数的增长，其人均国内生产总值已超过2.8万美元，居亚洲第二。

——回归后，港澳对外交往日益扩大，继续同世界各国、各地区以及有关国际组织保持和发展经济文化关系，国际地位进一步提升。香港继续保持自由港和国际金融、贸易、航运中心的地位，继续被公认为全球最自由开放的经济体和最具发展活力、营商环境最好的地区之一。逾10年间，香港特区已加入了200余项多边国际公约，与134个国家或地区互免签证或落地签证，成功举办了世界银行年会、世界会计师大会、《财富》全球论坛、世贸组织第六次部长级会议、2006年世界电信展等一系列重大国际活动。澳门特区也已获得70多个国家或地区给予免签证或落地签证入境的待遇，并成功举办了两届中国—葡语国家经贸合作论坛。

——回归后，港澳同胞得以分享伟大祖国的崇高国际声誉，对祖国、对前途的信心进一步增强。在中央政府的大力支持下，2006年11月，原香港特区卫生署署长陈冯富珍女士成功当选世界卫生组织总干事，成为执掌国际组织的第一个香港人、中国人。2008年8月至9月，作为北京奥运会的协办城市，香港成功举办了一届高质量、高水平的奥运会和残奥会马术比赛。这些都使广大港澳同胞深切体会到了祖国的强盛和作为中国人的自豪感，增强了对国家、对民族的认同感和对港澳前途的信心。香港大学在香港回归10周年前不久进行的一次民意调查显示，港人对香港前途、中国前途和"一国两制"的信心指数分别为81%、89%和78%，其中对"一国两制"的信心指数创该项民调创立以来新高。

......

面对事实，那些一度质疑港澳回归后的发展前景、甚至为其定下悲观论调的人，不得不纠正自己的偏见，并为自己的错误判断道歉。1995年6月，美国著名的《财富》杂志以未卜先知的姿态预言回归后"香港将死"，声称香港回归后，"北京会以贪污、政治联系及裙带关系取代法治来管理香港；现时主导的英语将由汉语取代；已与香港黑社会有联系的解放军将进驻街头；中国一直拒绝成立终审法院，是不愿给予香港人司法独立的承诺；外商会受到不公平待遇；人民币会取代美元与港币挂钩"。2007年6月，香港回归祖国十周年前夕，该杂志又发表了一篇关于香港的文章，但题目已经改成"HONG KONG IS HARDLY DEAD"（香港根本死不了），而且文章开头的第一句就承认"我们错了！"与此同时，美国另一份著名杂志《时代》周刊，也以《香港的未来：晴天有云》为题，用整整25页的篇幅报道香港回归近10年的变化，公开为其姐妹杂志《财富》此前作出的所谓"香港将死"的预言认错，并表示，"香港即使面临一系列问题，但每一方面表现都很好，比以前更具活力和生气。"《财富》杂志12年间对香港看法的转变，正好印证了它自己说过的那句话——"以往打赌香港失败的人从没有赢过，这点至今未变。"

正如胡锦涛主席在庆祝香港回归祖国10周年大会暨香港特别行政区第三届政府就职典礼上的讲话中精辟指出的："今天的香港，社会保持稳定，经济更加繁荣，民主有序发展，民众安居乐业，展现出一派欣欣向荣的景象。事实无可争辩地证明，'一国两制'方针是完全正确的，香港同胞完全有智慧、有能力管理好、建设好香港。"胡锦涛主席的这番话，对回归祖国以后的澳门也同样适用。

港澳之所以能够实现顺利回归并在回归后保持繁荣稳定，其中的一个

1997年7月1日1时30分，香港特别行政区成立暨特区政府官员宣誓就职仪式在香港会展中心举行。图为香港特区首任行政长官董建华（左）宣誓就职，国务院总理李鹏（右）监誓。（来源：新华社资料图片，刘建国 摄）

关键原因，就是祖国的日益发展强大。香港、澳门的命运与祖国的命运从来都是紧密联系在一起的。改革开放30年来，我们国家的社会主义现代化建设取得了举世瞩目的伟大成就，综合国力显著增强，社会事业全面进步，人民生活大为改善，民主法制不断加强，国际地位日益提高，在这样的时代背景和历史条件下，香港、澳门才得以相继回归祖国并从国家的快速发展中获得了巨大的发展机遇和不竭的发展动力，港澳同胞对"一国两制"的信心才得以不断增强。港人不会忘记，回归祖国以后，每当香港遇到困难时，中央政府总是在第一时间表达关切之情，伸出援助之手，成为特区战胜困难的坚强靠山。1998年，香港受到亚洲金融危机的严重冲击，金融体系一时风雨飘摇。关键时刻，中央政府明确宣示，全力支持香港特区政府所采取的应对措施，特别是坚决支持香港特区政府维护香港的联系汇率制度。中央政府以雄厚的外汇储备作为特区政府反击国际金融炒家的有力后盾，使得香港最终在风暴中屹立不倒。2003年，非典肆虐香港。中央政府在内地许多地区也遭受非典疫情的情况下，及时向特区提供了大批抗疫药品和器材，极大地鼓舞了香港人心。

此后，中央政府又及时出台了一系列支持港澳发展经济、改善民生的政策举措，包括：签署、实施内地与香港、澳门特别行政区关于建立更紧密经贸关系安排及其五个补充协议，开放内地居民赴港澳个人游并逐步扩大实施范围，允许香港、澳门银行试办并逐步扩大人民币业务，放宽内地企业到香港投资及开办企业的限制，鼓励内地企业进入香港，推进粤港澳、泛珠三角、京港、沪港等区域合作等等。这些政策措施充分显示了"一国两制"的优越性，已经并将继续对港澳的经济发展产生积极的促进作用。当前，我们国家正处在一个快速发展的时期。到2020年，将实现人均国内生产总值比2000年翻两番、全面建设小康社会的目标。国家的强大必将为港澳实现更大发展开辟更为广阔的空间、提供更为坚实的保障。

"明艳紫荆风中争胜，找对了路径，花瓣开得繁盛。"歌由心生，这几句纪念香港回归祖国10周年主题歌《始终有你》中的歌词，道出了香港同胞回归10年的共同感受。

杨晓山，现任国务院港澳事务办公室综合司副司长，第三届中央国家机关青联委员。

1970年出生于河南驻马店，1995年进入中国人民大学马列所哲学专业学习，研究生毕业后进入国务院港澳事务办公室工作，先后在该办秘书行政司简报处、文电处、秘书处和政研司综合处以及综合司工作，主要负责起草涉港澳综合性文稿。

曾参与1998年以来中央领导同志赴港澳出席有关重大活动的重要文稿、十六大以来中央有关会议文件中涉港澳部分内容的起草工作，以及近年来中央对港澳工作一系列重大政治、法律问题的研究和处理工作。曾6次被评为国务院港澳事务办公室优秀公务员。1999年，因在参与中央观礼团赴澳门出席政权交接仪式暨澳门特区成立庆典活动的组织接待工作中表现出色，获国务院港澳事务办公室通报表扬。2008年，再次获得国务院港澳事务办公室嘉奖。

1998：亚洲金融危机

焦瑾璞

1998年的洪水把大半个中国冲刷了一遍。在同一年，亚洲金融危机也深刻影响着中国。亚洲经济蓬勃发展，出现了"四小龙"、"四小虎"，一时间东南亚"虎"踞"龙"盘。就在人们正巴望着环太平洋经济带崛起的时候，一场经济领域的灭顶之灾"亚洲金融危机"却不期而至。然而，在大环境如此困难的情况下，有扩大内需、实行积极财政政策、加强基础设施建设以及保持人民币汇率稳定等切实有效措施的保驾护航，这艘中国制造的经济航母得以依然疾驰于风浪。

亚洲金融危机期间，我在中国人民银行政策研究室工作，主要负责货币政策方面的研究。因工作原因一直关注亚洲金融危机的发展和蔓延，跟踪有关国家和地区防范和化解金融危机的政策和措施。当时，中国人民银行以政策研究室为主，专门成立了一个跨部门的"亚洲金融危机应对小组"，每天出一期简报，综合归纳当天有关亚洲金融危机的资情，报有关部门领导参考。同时，我作为具体工作人员，也参与了一些重大决策措施出

亲
历

1
9
7
8
|
2
0
0
8

1997 年 4 月，深沪股市迭创新高，股民们追高谨慎，心态平稳。图为中山证券公司北京营业部内的股民们在静观股市行情。（来源：新华社资料图片，程至善 摄）

台前后的有关工作。现在回想起这一段的工作，很多场景仍然历历在目。

1997 年上半年，亚洲金融危机爆发的先兆已经十分明显，以泰国为代表的东南亚国家的国际收支出现严重的不平衡，其中主要依靠资本项目的流入来弥补贸易差额，大量国际游资进入东南亚国家，同时加之一些国家汇率政策不当、经济结构缺陷等问题，给国际炒家提供了可乘之机。

在国际投机资本大举沽售泰铢，泰铢兑美元汇率大幅下跌的情况下，1997 年 7 月 2 日，泰国宣布放弃固定汇率制，实行浮动汇率制，引发了一场遍及东南亚的金融风暴。当天，泰铢兑换美元的汇率下降了 17%，外汇及其他金融市场一片混乱。在泰铢波动的影响下，菲律宾比索、印度尼西亚盾、马来西亚林吉特相继成为国际炒家的攻击对象。8 月，马来西亚放弃保卫林吉特的努力。一向坚挺的新加坡元也受到冲击。印尼虽是受"传染"最晚的国家，但受到的冲击最为严重。10 月下旬，国际炒家移师国际金融中心香港，矛头直指香港联系汇率制。台湾当局突然弃守新台币汇率，一天贬值 3.46%，加大了对港币和香港股市的压力。10 月 23 日，香港恒生指数大跌 1211.47 点；28 日，下跌 1621.80 点，跌破 9000 点大关。面对国际金融炒家的猛烈进攻，香港特区政府重申不会改变现行汇率制度，恒生指数上扬，再上万点大关。接着，11 月中旬，东亚的韩国也爆发金融风暴，17 日，韩元对美元的汇率跌至 1008：1；21 日，韩国政府不得不向国际货币基金组织求援，暂时控制了危机。但到了 12 月 13 日，韩元对美元的汇率又降至 1737.60：1。韩元危机也冲击了在韩国有大量投资的日本金融业。1997 年下半年日本的一系列银行和证券公司相继破产。于是，东南亚金融风暴演变为亚洲金融危机。

实际上，从 1996 年下半年开始，我国政府和中国人民银行就高度关注国际游资的动向，防范由游资造成的金融风险。在 1996 年 12 月 8 日，时任中国人民银行行长的戴相龙致函国际货币基金组织 (IMF)，宣布中国接受国际货币基金组织第八条款，实现人民币经常项目下的可兑换。这在当时我国银行不良资产高达 20% 以上、金融风险突出的情况下做出的重大选择，也是深化我国金融体制改革的重大步骤。为此，在党中央、国务院的正确领导下，人民银行一直在筹备召开全国金融工作会议，重点是采取有效措施，防范和化解金融风险。从某种程度上来讲，亚洲金融危机的爆发直接促使了全国金融工作会议的召开，为新一轮的金融改革拉开了序幕。

1997 年 11 月 17—19 日，改革开放以来的首次全国金融工作会议在北京召开，江泽民、李鹏、朱镕基到会并讲话。这是一次高规格的会议，重点就是正确估量当时的经济、金融形势，充分认识进一步深化金融改革和整顿金融秩序、防范和化解金融风险的重要性和紧迫性。会后，中共中央、国务院发出了《关于深化金融改革，整顿金融秩序，防范金融风险的通知》，并采取了一系列措施，整顿和规范金融秩序，防范和化解金融风险，使我国在影响全球的亚洲金融风暴袭来时，没有发生大的金融波动，成功地经受了国际金融风险的考验。

当然，在亚洲金融危机爆发之初，我国政府和中央银行并没有置之度外，而是积极应对和参与亚洲金融危机的处理。1997 年 8 月 15 日，中国政府在国际货币基金组织安排的框架内通过双边渠道，在中国外汇储备并不充裕的情况下，决定参加国际货币基金组织的一揽子援泰融资方案，向泰国提供10亿美元的贷款，以帮助泰国政府摆脱遇到的经济困难。此次向泰国提供的10亿美元贷款为3—5年期的中期贷款，贷款利率按市场利率计算。此后，又再次向泰国等东南亚国家提供了总额超过40亿美元的援助，向印尼等国提供了出口信贷和紧急无偿药品援助。当时的国家主席江泽民在亚太经济合作组织第六次领导人非正式会议上，提出了加强区域合作以制止危机蔓延、改革和完善国际金融体制、尊重有关国家和地区为克服金融危机的自主选择三项主张。

1997年12月15日，东亚和东南亚10＋3财长会议（10＋3财长会议是指东盟10国：文莱、柬埔寨、印尼、老挝、马来西亚、缅甸、菲律宾、新加坡、泰国、越南加中国、日本、韩国3国财长会议，它是10＋3领导人非正式会议框架下的一个专业部长会议）在马来西亚首都吉隆坡召开。此次会议，在中国提议下，10＋3领导人非正式会议设立了财长会议机制，参加者为上述国家的财政和中央银行官员。同时，时任国家主席江泽民同志在中国—东盟首脑非正式会晤中表示，人民币汇率不会贬值。中国政府的这一举措，对亚洲乃至世界经济金融的稳定，以及此后几年亚洲地区经济的复苏和重新快速发展起到了重要作用。

1998年初，亚洲金融危机虽略有缓和，但由于亚洲金融危机的影响，印度尼西亚出现了有史以来最严重的经济衰退，特别是官商勾结的以苏哈托家族为主的企业大面积破产，引起民愤和社会动乱。2月11日，印尼政府宣布将实行印尼盾与美元保持固定汇率的联系汇率制，以稳定印尼盾。此举遭到国际货币基金组织及美国、西欧的一致反对。国际货币基金组织扬言将撤回对印尼的援助。印尼陷入政治经济大危机。2月16日，印尼盾同美元比价跌破10000∶1。受其影响，东南亚汇市再起波澜，新元、马币、泰铢、菲律宾比索等纷纷下跌。直到4月8日印尼同国际货币基金组织就一份新的经济改革方案达成协议，东南亚汇市才暂告平静。1997年爆发的

1998年10月9日，香港特区财政司长曾荫权（右）应美中关系全国委员会邀请在纽约广场饭店举行的午餐会上，就香港对亚洲金融危机所采取的措施向美国经贸与金融界主管一百余人发表演讲并回答提问。（来源：新华社资料图片，毛众役 摄）

东南亚金融危机使得与之关系密切的日本经济陷入困境。日元汇率从1997年6月底的115日元兑1美元跌至1998年4月初的133日元兑1美元；5、6月间，日元汇率一路下跌，一度接近150日元兑1美元的关口。随着日元的大幅贬值，国际金融形势更加不明朗，亚洲金融危机继续恶化。

针对这种情况，1998年4月14日，中共中央、国务院发布《关于进一步扩大对外开放，提高利用外资水平的若干意见》，提出坚持国际收支基本平衡，保持必要的外汇储备。正确处理扩大对外开放与独立自主、自力更生的关系，维护国家经济金融安全。稳步地利用国际证券市场引进外资。适度筹借和切实用好国外贷款。使用国外贷款，务必做到借之有道、用之有效、还之有信。与此同时，国家和有关部门领导人在公开场合公开批评个别国家不负责任，放任本国货币贬值，为亚洲金融危机推波助澜。我记得，最有力度的一次是时任中国人民银行行长戴相龙在6月份于北京香格里拉饭店举办的一次研讨会上，公开批评日本的日元汇率政策，促使日本政府采取措施，负起责任。戴相龙行长的这次讲话在国际上引起重大反响，可

2008年10月10日，沪深股市双双大跌，上证综指和深证成指分别以2000.57点和6385.35点报收，较前一交易日收盘跌3.57%和5.52%，图为在沈阳的一家证券交易所，一位股民正在观看股市行情。（来源：新华社资料图片，李刚 摄）

以说为第二阶段缓和亚洲金融危机起到了重要的舆论支持。

亚洲金融危机可谓一波三折，在有关国家和国际组织逐步达成一致并努力制止金融危机蔓延的同时，1998年8月初，乘美国股市动荡、日元汇率持续下跌之机，国际炒家凭借已经赚取的丰厚利润和大量的资金支持，对香港发动新一轮进攻。香港恒生指数一直跌至6600多点。对此，香港特区政府予以回击，金融管理局动用外汇基金进入股市和期货市场，吸纳国际炒家抛售的港币，将汇市稳定在7.75港元兑换1美元的水平上。经过近一个月的苦斗，使国际炒家损失惨重，无法再次实现把香港作为"超级提款机"的企图。国际炒家在香港失利的同时，在俄罗斯更遭惨败。俄罗斯中央银行8月17日宣布年内将卢布兑换美元汇率的浮动幅度扩大到6.0-9.5∶1，并推迟偿还外债及暂停国债券交易。9月2日，卢布贬值70%。这些都使俄罗斯股市、汇市急剧下跌，引发金融危机乃至经济、政治危机。俄罗斯政策的突变，使得在俄罗斯股市投下巨额资金的国际炒家大伤元气，并带动了美欧国家股市、汇市的全面剧烈波动。之后的时间，由亚洲金融危机引起的全球金融市场动荡渐缓，乃趋平静。如果说在此之前亚洲金融危机还是区域性的，那么，俄罗斯金融危机的爆发，则说明亚洲金融危机已经超出了区域性范围，具有了全球性的意义。

　　面对亚洲金融危机的又一次猖獗，我国政府坚持与有关国家和国际组织密切合作。当时的国家副主席胡锦涛在1998年12月举行的第二次东盟—中、日、韩领导人非正式会晤和东盟—中国领导人非正式会晤中，进一步强调东亚国家要积极参与国际金融体制改革与调整，当务之急是加强对短期流动资本的调控和监管，主张东亚国家就金融改革等宏观问题进行交流，建议在10＋3框架内，开展副财长和央行副行长级对话，并根据需要适时成立专家小组，深入研究对短期流动资本进行调控的具体途径等。中国政府的这些建议，得到大部分受到危机影响国家的积极响应与支持。另一方面，我国继续做好国内的金融改革，练好内功，夯实基础。我记得当时连续推出重大改革措施，实践也充分证明这些改革措施对当时防范和化解金融危机发挥了重要作用，为以后的金融改革奠定了很好的基础。

　　1998年5月19日，中共中央发出《关于完善金融系统党的领导体制，加强和改进金融系统党的工作有关问题的通知》，对金融机构党的组织实行垂直领导，对干部实行垂直管理。1998年6月16日，中共中央金融工作委员会（简称金融工委）成立。当时的国务院副总理温家宝任工委书记，阎海旺任副书记。1998年6月25日，国务院办公厅印发《中国人民银行职能配置内设机构和人员编制的规定》，进一步明确，中国人民银行为国务院组成部门，是在国务院领导下制定和实施货币政策、对金融业实施监督管理的宏观调控部门。1998年6月30日，经国务院批准，中国人民银行再次降低金融机构存、贷款利率，并同时降低中央银行准备金存款利率和再贷款利率。金融机构存款利率平均下调0.49个百分点，贷款利率平均下调1.12个百分点。中国人民银行对金融机构准备金存款，利率由5.22％下调为3.51％，下调1.71个百分点；对金融机构贷款平均利率，由现行的7.43％下调到5.61％，下调1.82个百分点；再贴现利率由现行的6.03％下调为4.32％，下调1.71个百分点。这是中央银行自1996年以来第五次降低金融机构存贷款利率，也是自1998年3月21日调整存款准备金利率以来再一次调低准备金存款利率。1998年7月13日，国务院颁布《非法金融机构和非法金融业务活动取缔办法》，设立非法金融机构或者从事非法金融业务活动，构成犯罪的，依法追究刑事责任，第一次将金融犯罪纳入刑法范畴。1997年10月17日，国务院发出《关于批转人民银行省级机构改革实施方案的通知》，决定撤销中国人民银行省级分行，在9个中心城市设立跨省（自治区、直辖市）分行，作为中国人民银行的派出机构，从1999年1月1日起开始履行中央银行职责。

与此同时，我国分析研究亚洲金融危机发生原因，充分认识到，国有商业银行体系的低效运作已成为影响金融体系稳定的重要因素，而沉淀多年的历史坏账和低效率的银行治理结构则加大了中国金融体系的脆弱性。针对当时国有独资商业银行资本充足率低、抗风险能力弱的问题，采取了一系列措施，改革国有商业银行体系，提高经营效益，增强其抵御危机的能力。1998年底，财政部对国有商业银行注资2700亿元，之后1999年上半年又从四家国有商业银行剥离14000亿元不良贷款，分别交由四家资产管理公司处置。此后几年，还重点推进了对国有独资商业银行的改造，对国有独资商业银行产权结构进行了重大的改革，推动了中国工商银行、中国建设银行、中国银行的国内外成功上市，将国有商业银行变为上市公司，增加公司的透明度，并按国际标准的会计准则、外部审计规则等进行监管，使这些银行的治理结构有了根本性的改善。

可以说以上这一系列政策措施密集出台，在一定程度上与亚洲金融危机的影响有关。如果没有亚洲金融危机的影响，也许我们不可能迈出这么大的步伐、写下这么大的手笔，这些措施也可以说是绝无仅有的，其意义也是深远的。至于外界的很多评论，为什么中国能在亚洲金融危机期间幸免于难，我认为，正是党中央、国务院的英明决策，及时出台重大措施，有关部门防患于未然，认真贯彻执行，才使我国经济金融运行保持健康良性，为国民经济的持续快速发展创造良好的金融环境。

发生在1997—1998年的亚洲金融危机，是继20世纪30年代世界经济金融大危机之后，对世界经济有深远影响的又一重大事件。这次金融危机反映了世界和各国的金融体系存在着严重缺陷,包括许多被人们认为是经过历史发展选择的比较成熟的金融体制和经济运行方式,在这次金融危机中暴露出许许多多的问题,需要进行反思。同时,亚洲金融危机也暴露了东亚一些国家经济高速增长中隐含的结构性问题、宏观政策的失误和金融体制的缺陷,同时也表明,改革和完善国际金融体制,确保国际金融市场安全有序运行已成为国际社会必须关注的紧迫课题。

前事不忘,后世之师。时隔十年,由美国次贷危机引发的金融危机又席卷全球,而且愈演愈烈,并正在向实体经济扩散,还没有结束的迹象。在全球化的时代,国与国之间相互依存、相互依赖,任何国家都难以独善其身。相关国家协调行动,从而遏制危机的蔓延,维护经济稳定,符合各方的共同利益。

作为最大发展中国家的中国,首先应该将自己的事情做好,把国内的经济和金融市场稳定住,尽可能地防止经济出现不必要的波动以及金融市场出现动荡。加强对跨境资金往来的监管,尽可能避免来自外部风险的感染。只有自己不被风险感染,才有能力帮助别人。其次,在稳定自己经济和金融的同时,力所能及地采取措施,帮助受到风险影响的国家,使风险不再向其他地方扩散。第三,作为全球经济发展的重要力量,要联合其他国家,协调经济政策,一起努力改变目前世界经济发展不平衡的现状,尽可能化解导致全球经济发展不平衡的深层次矛盾,避免由于矛盾激化而演变为金融危机。最后,我国要在全球多边金融组织中由被动适应转为积极参与国际金融规则的制定,促进国际金融公平合理发展。加强国际金融监管与合作,重视与国际同行的监管合作,重视国际监管合作机制的建设,持续开展和深化与国际监管机构之间的交流与合作,加强不同层面的监管对话与沟通,不断提高跨境监管能力,保障我国的经济金融安全。

焦瑾璞，现任中国人民银行研究生部党组书记、部务委员会副主席，第三届中央国家机关青联委员。

1966年出生于河南开封，1987年郑州大学经济系毕业后进入中国人民银行工作，1994年获厦门大学经济学硕士学位，2001年获中国人民大学经济学博士学位。

曾在中国人民银行人事司、政策研究室、重庆市经济委员会、研究局、金融研究所、研究生部工作和任职，主要从事金融改革、货币政策、金融监管方面的研究，参与了1993年以来主要金融改革事项的有关研究和政策制定工作。公开发表学术论文或理论文章100余篇，出版著作10余本，代表作有《WTO与中国金融业未来》、《中国银行业竞争力比较》、《中国商业银行改革》、《中国货币政策争论》、《小额信贷和农村金融》、《农村金融体制和政府扶持政策国际比较》等。

1999：炸馆事件

张建敏

我们愤怒，我们悲伤，我们用自己的方式伸张正义，1999年的中国人，多了一份坚韧，也多了一份意气，不仅为李登辉公然"台独"，"法轮功"蛊惑人心，更因为5月8日北约飞机蓄意袭击中国驻南斯拉夫大使馆。"误炸"的托词显然不能改变霸权主义的本质，然而外交的世界里不能够意气用事。现实的世界里，与其形成鲜明对照的"和平崛起"的宣言，将更多人尊重与关注的目光引向中国。

1999年北京时间5月8日凌晨5时45分，以美国为首的北约悍然使用五枚制导炸弹，从不同角度袭击了中国驻南联盟大使馆，新华社女记者邵云环、《光明日报》记者许杏虎和夫人朱颖不幸遇难，使馆工作人员20多人受伤，使馆建筑严重毁坏。

当时，我正在伦敦经济学院留学，因为自己学的是国际关系专业，再加上1995年曾随钱其琛副总理访问过南斯拉夫，还见到过米洛什维奇本人，所以自从科索沃战争爆发后，我就一直非常关注，每天晚上学习时也要多次收听收看整点新闻，跟踪事态最新发展，思考这场战争对国际关系的影响。

但我绝对没有想到，他们竟敢对我使馆下如此毒手。由于时差关系，炸馆发生时伦敦还不到夜里10点，当我从收音机里得知使馆被炸的噩耗时，出于对凶手的仇恨，以及对使馆同事生命安危的牵挂，我顿时泪眼模糊。

第二天一早，我赶到学校电脑教室，上网搜索有关新闻报道，了解到中国政府谴责北约粗暴侵犯中国主权的严正声明，以及中国人民对这一野蛮行径所表现出的极大愤慨和强烈爱国热情。学校不少师生也纷纷向我表示同情。

除了悲愤之外，我想我还应利用自己所学和能力，为伸张正义多做些事情。于是一连几天，我不停地给各大国际媒体写信，在学校参加有关讲座和辩论，以各种方式来表达我这个海外学子的立场。

12日晚上，在驻英使馆工作的一位同事突然给我来电话，说在当天《国际先驱论坛报》(International Herald Tribune)上刊登了一封署名为Jianmin Zhang 的读者来信，问是否就是我写的？我已记不清自己给多少家媒体写过信，也记不得每封信的具体内容。挂了电话之后我满大街去买这份报纸，转了一大圈居然没买到，最后还是在一家学生公寓楼内找到一份公用的。

《国际先驱论坛报》销往180多个国家，属于主流报纸，颇有影响力。我那封信写得并不长：

As in many previous cases involving other casulties, NATO has tried to explain its bombing of the Chinese Embassy in Belgrade as acceptable collateral damage. NATO only admits it was a tragic mistake, and not a crime, as China calls it.

According to war theory, collateral damage is acceptable only when due care is taken to minimize civilian casualties. NATO must be held criminally responsible when it has obviously failed to meet the requirement of due care.

A mistake is a mistake and a crime is a crime. If NATO continues to be so self-righteous, it will only further expose its application of double standards.

JIANMIN ZHANG

London

中文译文是这样的:

就像以前多次伤及无辜时那样,北约企图把轰炸贝尔格莱德中国大使馆同样说成是可以接受的附带性损害。北约只承认炸馆是一个可悲的失误,而非中方所说的犯罪。

按照战争理论,只有在做出适当努力尽可能减少平民伤亡的情况下,附带性损害才可被接受。北约显然没有遵守做出适当努力的要求,因此它必须为其所犯罪行承担责任。

失误就是失误,犯罪就是犯罪。假如北约继续自以为是,这只会进一步暴露它推行的是双重标准。

张建敏

伦敦

应该说,我这封信的言辞并不激烈,主要是想"以其人之道还治其人之身",力图用西方战争理论来驳斥西方的狡辩。炸馆事件发生前,北约的狂轰滥炸已造成至少1000多名平民丧生,但每次都说是"误炸"。这次也是一样,不断用谎言掩盖事实真相,推脱责任,一再辩称"误以为使馆是军事设施",是因为"旧地图"才犯下的"失误"。面对这些托词,当时的朱镕基总理明确对德国总理施罗德说:所谓"误炸",不但不能使中国人民信服而且外国舆论也不相信。

在中方和国际舆论的压力下,美国和北约方面多次表示道歉和遗憾,并派总统特使在北京向中国政府报告了美国政府对事件的调查结果。经过谈判,美方同意向中国政府支付人员伤亡赔偿450万美元和财产损失赔偿2800万美元。美国方面后来还宣布处罚一批对轰炸中国驻南联盟使馆负有责任的情报官员。

1999年5月8日，香港民众在美国驻港领事馆前游行，强烈抗议北约轰炸中华人民共和国驻南斯拉夫大使馆。（来源：新华社资料图片）

　　围绕炸馆事件，中国与以美国为首的北约进行了坚决的斗争，捍卫了国家主权和民族尊严，激发了全中国人民特别是青年学生的爱国热情，使人们进一步认清了美国霸权主义、强权政治的本质和"人权卫士"的虚伪面目，更加清醒地认识到"没有主权，哪来人权"，从而进一步坚定了全民族团结一心、奋发图强的信念。

　　邓小平同志曾说过："中国能不能顶住霸权主义、强权政治的压力，坚持我们的社会主义制度，关键就看能不能争得较快的增长速度，实现我们的发展战略。"弱国无外交。在发展这个硬道理上，我们要"一心一意谋发展"，不受任何干扰，经受住任何风浪的考验。

　　外交工作的宗旨就是要为国内建设和发展需要服务，紧紧围绕发展这个党执政兴国的第一要务，努力营造和平稳定的国际环境、睦邻友好的周边环境、平等互利的合作环境、互信协作的安全环境和客观友善的舆论环境。落实到具体外交事件的处理，则需要坚持原则坚定性与策略灵活性的统一，依照事情本身的是非曲直独立作出判断，根据国家利益和世界人民的福祉决定自己的立场，不盲从、不屈服于任何势力。

　　面对美国推行霸权主义和强权政治，威胁世界和平，我们当然要从中

国人民和世界人民的根本利益出发，主持公正，伸张正义，敢于斗争，善
于斗争，不拿原则做交易。中国从一开始就明确反对北约对南联盟采取军
事行动，并对安理会有关科索沃决议投了弃权票。但同时也要讲究策略，灵
活务实，坚持有理、有利、有节，维护我国的长远和根本利益。应该看到，
作为世界上有着重要影响的两个大国，中美关系的走向对整个世界至关重
要，中美之间建立和发展健康和稳定的关系，不仅符合两国的根本利益，也
有利于维护世界的和平与稳定。所以，我们既要反对霸权主义，也要同美
国发展关系，不能因为反对霸权主义而放弃发展关系，也不能因为发展关
系而放弃反对霸权主义。

正是因为坚持了这一做法，我们冷静观察，科学判断，把握机遇，化
解挑战，高举和平、发展、合作的旗帜，坚持独立自主的和平外交政策，统
筹国内国际两个大局，妥善应对国际形势各种复杂深刻变化，同美国为首
的西方国家既有坚决斗争又有务实合作，关系总体上保持了不断改善和发
展的良好势头。我们积极发展睦邻友好，营造有利的周边环境，加强了同
发展中国家的团结与合作，坚持以对话和协商的方式处理与有关国家的历
史遗留问题和现实分歧。作为联合国安理会常任理事国，我们一如既往地
为推动和平解决国际热点问题和地区冲突发挥积极的建设性作用，维护世
界和平，促进共同发展，为维护我国发展的重要战略机遇期、促进改革开
放和社会主义现代化建设做出了积极贡献。

30年的改革开放是我国与世界关系发生最广泛、最深刻、最复杂变化
的时期。中国在这一进程中受益匪浅，取得了举世瞩目的辉煌成就，国际
地位显著提高，国际影响日益扩大。北京奥运会的成功也从一个侧面印证
了这一点。当代中国已经成为了国际体系的参与者、建设者和贡献者，正
在以前所未有的速度、广度与深度融入国际社会，全方位参与国际事务，
"中国模式"越来越被其他国家所重视和借鉴。中国经济已经成为世界经济
的重要组成部分，中国已成为世界第三大、亚洲第一大进口市场，对世界
经济和国际贸易增长的贡献率不断上升。我们从自身实践中深切地感受到，

在全球化不断发展、国家之间相互依存不断加深的今天，中国同世界的关系发生了历史性变化，中国的前途命运日益紧密地同世界的前途命运联系在一起，中国发展离不开世界，世界繁荣稳定也离不开中国。

与此同时，世界各国也越来越多地把目光投向中国，普遍加大对我国的关注和借重，思考这么一个拥有13亿人口并坚持走中国特色社会主义道路的发展中大国会以何种方式实现发展。历史上大国崛起总是伴随着腥风血雨，不乏冲突和战争。因此，世界上对中国国际地位的变化也存在着各种不同的心态和议论，有的担心中国会构成威胁，有的认为中国会带来机遇，有的希望中国承担更多责任，有的准备"两面下注"。对此，胡锦涛总书记在十七大报告中明确提出"中国将始终不渝走和平发展道路"，"中国将始终不渝奉行互利共赢的开放战略"。这是中国政府和人民向国际社会的庄严政策宣示，是向世界人民的庄严承诺。

中国走和平发展道路，是维护世界和平的中坚力量。中国现在不称霸，将来发展强大了也绝不称霸。这是我们根据时代发展潮流和自身根本利益作出的战略抉择，符合中华民族爱好和平的历史文化传统。我们的目标是既通过维护世界和平发展自己，又通过自身发展促进世界和平。在外交实践中，中国同有关国家开展战略对话，增进互信，深化合作，积极维护国际战略形势的稳定。我们积极支持和参与周边地区"10＋1"、"10＋3"和上海合作组织框架内的合作。我们发挥重要建设性作用，推动朝核、伊朗核、苏丹达尔富尔等热点问题的和平解决，受到国际社会的广泛赞誉。我们积极支持和参与联合国维和行动，迄今，中国共参与22项联合国维和行动，累计派出维和人员上万人次，现正在执行维和任务的有近2000人，是联合国5个常任理事国中派出维和人员最多的国家。

中国奉行互利共赢的开放战略，是促进地区和世界共同发展的积极因素。中国将不断扩大同各国利益的汇合点，在实现自己发展的同时兼顾对方特别是对发展中国家的正当关切，支持国际社会帮助发展中国家增强自主发展能力、改善民生，缩小南北差距。中国一直向发展中国家提供力所能及的援助,帮助它们提高应对全球化挑战的能力。中国绝不做损人利己、以邻为壑的事情。事实上,面对气候变暖、环境恶化、资源紧缺、疫病和自然灾害频发、恐怖主义蔓延等一系列威胁人类生存和发展的全球性问题,任何一个国家都无法置身其外,也难以单独应对。各国命运紧密相连,休戚与共,只有加强互利合作,才能实现自身和世界的持久发展。

西方某些国家自恃其强大的经济、军事和科技实力,迷信单边主义,一心想"领导"世界,冷战结束以后更是咄咄逼人,甚至不惜诉诸武力先发制人,强力推行其价值观,对联合国合则用,不合则弃,严重破坏主权原则和不干涉内政原则,动摇了国际法的基本原则,结果往往加剧紧张和动荡,在有关地区造成更大的不稳定,引起了国际社会的广泛不安。科索沃

1999年5月9日,中国各地高校学生继续举行游行,对以美国为首的北约悍然使用导弹,袭击中华人民共和国驻南斯拉夫大使馆,造成馆舍严重毁坏和人员伤亡的野蛮暴行表示强烈抗议。(来源:新华社资料图片,杨磊 摄)

战争直到今天还在深刻影响着国际关系。伊拉克至今还陷于一片混乱。

与之形成鲜明对照的是，中国主张要推动建设持久和平、共同繁荣的和谐世界，政治上相互尊重、平等协商，共同推进国际关系民主化；经济上相互合作、优势互补，共同推动经济全球化朝着均衡、普惠、共赢方向发展；文化上相互借鉴、求同存异，尊重世界多样性，共同促进人类文明繁荣进步；安全上相互信任，加强合作，坚持用和平方式而不是战争手段解决国际争端，共同维护世界和平稳定；环保上相互帮助、协力推进，共同呵护人类赖以生存的地球家园。这一主张顺应了时代潮流，反映了各国人民的共同心愿，对于解决当今世界面临的一系列重大问题，具有重大现实意义和强大生命力，得到国际社会越来越多的理解和赞同。

站在新的历史起点上，一个强大、自信、开放的中国正大踏步地走向世界舞台，力量对比也正朝着对我有利的方向发展。中国将以自己的实际行动走出一条完全不同于历史上任何一个大国的崛起之路，以其自身的不断发展壮大为世界和平、发展和合作的崇高事业做出更大的贡献。在这一进程中，外事工作的地位和作用将越来越突出，这为外事工作者提供了广阔的舞台，同时也提出了更高的要求。作为外交干部，我和我的同事们肩负着让中国和世界不断加深了解、增进友谊、发展合作的任务，我们深感责任重大，使命光荣。

同时，我也充分认识到要完成好这项工作，任务非常艰巨。中华民族的振兴之路绝不会平坦。我国依然并将长期处于社会主义初级阶段，要把我国建设成为富强民主文明和谐的社会主义现代化国家，任重道远，需要几代人、十几代人甚至几十代人坚持不懈地努力。在前进的道路上，我们还会遇到各种不利因素和挑战。我将努力学习实践科学发展观，踏实工作，开拓进取，不断提高本领，为祖国的外交事业奉献青春和热血，不辜负党、国家和人民的培养和殷切期望，不辜负青联委员的光荣称号，也无愧于这个伟大的时代！

张建敏，现任外交部翻译室副主任，第十届全国青联委员，第三届中央国家机关青联常委。

1970年出生于浙江杭州，1990年上海外国语大学英语系毕业后进入外交部工作，1991年至1993年在北京外国语大学接受同声传译培训，1998年至1999年公派赴英国伦敦政治经济学院研修国际关系。

曾随同我国领导人出访近90个国家和地区，为党的十五大、十六大当选常委与记者见面会和"两会"期间朱镕基、温家宝总理记者招待会等重大活动担任现场口译，参与党的十七大报告英文笔译定稿，获得外交部"优秀青年"光荣称号。在今年抗震救灾涉外工作中表现突出，危急时刻主动请缨、勇挑重担，随同外国记者团赴灾区采访，不惧危险，深入重灾一线，获外交部党委嘉奖。

2000: 西部

赵长保

2000年，占全国71.4%面积的西部搭上了快速追赶东部的专列，踏上了西部大开发的宏伟征程。如今，实施8年多的西部大开发战略使广大的西部地区发生了翻天覆地的变化，地区生产总值年均增长达到11.6%，超过全国同期经济增长水平。勤劳朴实的西部人民在改革开放的进程中得到了实惠，看到了光明。

1999年11月，中央经济工作会议作出了进行西部大开发的战略决策。实施西部大开发战略，加快西部地区经济发展，是党中央总揽全局、面向新世纪做出的重大决策，是我国地区经济发展政策的又一次重大战略性调整，是贯彻邓小平同志"两个大局"战略设想的具体行动，是加快缩小东西部之间地区发展差距、加强民族团结、维护国家安全和政治社会稳定的重要途径。

西部大开发涉及重庆、四川、贵州、云南、西藏、陕西、甘肃、宁夏、青海、新疆、广西、内蒙古等12个省、自治区、直辖市，面积685万平方

2006年7月24日，2006"中国大学生志愿者服务西部计划"青海项目志愿者出征仪式在青海西宁举行，图为来自江苏和青海的192名高校毕业生志愿者们在出征仪式大会现场。（来源：新华社资料图片，嘎玛 摄）

公里，占全国的71.4%。2002年末人口3.67亿人，占全国的28.8%。西部地区资源丰富，市场潜力大，战略位置重要。但由于自然、历史、社会等原因，西部地区经济发展相对落后，以农民收入指标为例，全国最低的省份一直位于西部，1978年是陕西，2007年是贵州。

我第一次到西部是在1993年。当时农业部组织蹲点调查，我和我的同事们在陕西连续调查了3个月，走遍了关中和陕北的各个地市，第一次感受到了西部地区经济发展所面临的困境。当时，改革开放已经步入了第15个年头，东部地区的经济快速发展，与西部地区的差距不断拉大。但是，由于一系列体制和政策因素的束缚，陕西本不宽裕的地方财政还要担负国家下达的一系列政策性任务，制约了地方的经济建设和社会事业发展。不仅如此，为了获得更多的收益和更广阔的发展空间，陕西的资金和人才大量流向沿海发达地区，这种"孔雀东南飞"现象，对蓄势待发的陕西经济来讲，无异于釜底抽薪。虽然已经过去很久，但陕西各级地方官员愁眉紧缩的表情，至今仍留在我的记忆之中。

　　1998年，我们受中财办委托赴广东和内蒙古了解农民收入情况。这次调查让我对东西部地区的发展差距有了更为深刻的感受。同一天的上午，我们在珠江三角洲，看到的是鳞次栉比的工厂、忙忙碌碌的人群、一座座高楼大厦和一片片连成一体的城镇群落；而在傍晚，我们到达了呼和浩特，看到的只是零星的灯光、稀疏的行人。当时的呼市是一座很难用"有活力"来形容的城市，仿佛与珠江三角洲分属两个世界。

　　我国的区域发展不平衡问题由来已久，为什么会产生这一问题、如何改变这种局面，需要我们认真的分析和思考。

　　我认为，我国区域间的经济发展差距主要是由以下因素造成的：

　　一是基础条件的影响。东部地区具有明显的区位优势，水陆空交通发达，铁路、公路、航空网密布，内河航运畅通，交通网络等级较高，配套设施完善，近代以来，一直是我国经济最为发达的地区。中部地区交通运输也较发达，大中城市又处于全国的枢纽带，工业基础雄厚，经济发展潜力很大。西部地区是我国通往亚欧一些国家的重要通道，水能、石油、天然气、煤炭、稀土、钾、磷、有色金属等资源储量大，新中国成立以来建设形成了一批老工业基地、国防工业企业、科研机构和大专院校，集中了一批专门人才，但基础设施落后，交通运输不发达，工业和服务业发展水平较低，科技和教育发展相对滞后，贫困地区、边远地区、少数民族地区和老工业基地困难较多，影响了地区经济的发展，一定程度上也影响了对外开放的速度。

　　二是投入能力的影响。改善经济条件，发展优势产业，需要足够的资金支持。在三大地带中，东部地区财政、金融、外资利用以及民间自筹资金的能力较强，可利用的资金较多，而中西部区域的财政支付能力有限，自筹资金、可利用的外资和其他资金也相对不足。从财政收支情况看，1999年，各省（市、区）地方本级财政收入合计为5595亿元，其中，东部地区占61.8%，中部地区占23.8%，西部地区占14.5%；财政支出合计为8991亿元，其中，东部地区占52.9%，中部地区占27.7%，西部地区只占19.4%。

从城乡居民储蓄存款的情况看，1999年，全部城镇居民储蓄存款余额为59614亿元，其中，东部地区占61.6%，中部地区占24.7%，西部地区占13.6%。从固定资产投资情况看，1999年，全社会完成固定资产投资28969亿元，其中，东部地区占61.8%，中部地区占22.7%，西部地区占15.5%。从利用外资情况看，1999年末各地外商直接投资总额为452亿美元，其中，东部地区占87.2%，中、西部地区分别只占9.8%和3.0%。投资能力不强，不仅制约了中西部地区的经济增长，也制约了其产业结构的优化升级。

三是市场发育水平的影响。改革开放以来，市场机制在优化资源配置、调整产业结构方面发挥着越来越重要的作用，市场发育程度已成为决定各产业和区域发展水平的主要因素。我国东、中、西部地区经济发展不平衡，市场发育程度不同是一个非常重要的原因。

从市场主体来看，改革开放以来，东部区域紧紧抓住机遇，着力调整了所有制结构，逐步形成了以非国有经济为主体的多元化所有制结构，非国有经济以其特有的生机和活力，在许多地方成为经济增长的主导力量，促进了经济的快速发展。而中西部地区的改革进程则相对缓慢，虽然个体私营经济有所发展，但普遍存在着规模偏小、布局分散等问题，市场竞争力和对区域经济的控制力不强，对推动经济发展和转变经济结构方面的作用难以充分发挥出来，与东部地区形成鲜明反差。1998年全国各区域经济的所有制结构比较中，以国有经济为主的区域有14个，除北京、辽宁外，全部为中西部区域。东部区域国有经济比重为35%左右，而中西部区域超过50%。改革开放以来中西部区域经济之所以难以实现高于全国的快速增长，市场主体结构单一是一个重要原因。

从市场体系来看，改革开放以来，东部地区的产品市场和要素市场快速发展，技术、信息、产权等各领域的市场化程度也迅速提高，流通规模显著扩展；而中西部地区则显著落后于东部地区，特别是生产要素市场发育普遍滞后。由于在市场经济条件下，各种要素的配置主要是直接通过要素市场而实现的，要素市场的滞后必然影响到资源配置的效率和整个市场

2006年7月25日，宁夏回族自治区在银川市举行2006年大学生志愿服务西部计划出征仪式，来自福建、山西、湖南和宁夏的343名大学生志愿者即将奔赴宁夏各地，开展为期1至2年的志愿服务。（来源：新华社资料图片，王思维 摄）

体系的运行。因此，中西部地区在一定时期内从市场经济发展中得到的好处是有限的，在同等条件下通过市场实现的利益往往低于经济发达的东部地区。同时，在市场机制特别是价格机制的调节作用下，市场发育程度不同的区域之间存在着回波效应，市场发育程度较低的中西部，资本、人才和劳动力等资源会流向经济较发达、市场发育程度较高的东部地区，给中西部地区的经济发展造成不利影响，从而进一步扩大了区域间的经济发展差距。

从人文环境来看，中西部地区发展市场经济还受到许多文化和观念的制约。各区域对于市场和商业行为有不同的认识，由此也就引发了不同的态度和行为。据有关学者研究，我国内陆地区比东部沿海地区的商品经济发育明显迟缓，改革开放后，这种差距还出现了扩大的趋势，究其原因，这与内地人在文化观念上商品意识、竞争意识、风险意识较淡，以及与之相关的缺乏驾驭市场的能力都有一定关联。

四是区域经济政策的影响。在改革开放以来的区域经济发展过程中，宏观经济政策产生了至关重要的影响。为加快国民经济发展，20世纪80年代初期，国家确立了以提高宏观经济效益为主要目标的指导思想，明确了"效率优先、兼顾公平"的地区生产力布局原则，对地区经济发展战略和生产力布局作了重大调整，提出要利用东部地区的区位优势和雄厚的经济发展基础，"充分发挥它们的特长，优先发展，从而带动内地经济进一步发展"，实施"非均衡的发展战略"，即"向东倾斜，梯度推进"战略。一方面，按东、中、西三大地区有重点、分阶段、求效益、有步骤地展开布局，向东部地区适度倾斜；另一方面，逐步将能源、原材料建设的重点转移到中部，并积极地做好进一步开发西部的准备。1988年，国家又提出了"沿海地区经济发展战略"，对东部沿海开放地区从财政、税收、信贷、投资等方面进一步给予优惠，并围绕这一发展思路，在计划管理体制、财政体制、投资体制等方面进行了一系列改革。

这些改革取得了明显成效。80年代中期以后，随着各种优惠政策的出台，以及财政、金融、社会资金和外资的大量涌入，东部地区经济高速增长，在国民经济中所占份额不断上升。特别是外向型经济发展迅猛，在短短10多年内就建立了5个经济特区、14个沿海开放城市、15个保税区，以及一大批沿江、沿边开放中心城市，带动了东部地区经济的整体发展。但是，由于政策向东部地区倾斜的力度过大，加上国家的宏观调控机制和调控手段不完善，这种非均衡的发展战略也产生了一系列问题，最突出的表现是东部与中西部地区的经济差距迅速拉大。由于缺少必要的资金和技术支持，中西部地区基础设施和基础产业的发展受到抑制，资源优势难以发挥；同时，受高经济效益和高投资回报率的吸引，中西部地区原本就十分短缺的资金、技术、人才等资源还大量地向东部地区流入，对这一地区经济的长远发展产生了不利影响。

上述各种因素交织在一起共同决定了世纪之交时我国区域经济发展水平。区域发展不平衡是经济发展和结构变革中必然出现的现象，但如果任其发展，也会引发一系列矛盾和问题，不仅会对区域分工、生产力布局等产生负效应，也不利于社会稳定。我国幅员辽阔，各地资源禀赋差异极大，各地经济具有较强的互补性。实现新世纪我国国民经济的快速健康发展，必须采取综合性措施，调整优化区域布局结构和各区域内部的经济结构，促进区域经济的协调发展。同时，经过多年的改革发展，我国综合国力显著增强，着力改善欠发达地区的基础设施状况、转变经济发展方式、调整经济结构，进而形成合理的区域分工，使互补优势充分发挥出来，已经具备了现实条件。

针对区域经济发展差距扩大的问题，20世纪90年代中期前后，国家开始对区域经济非均衡发展战略进行调整。提出要"正确处理发挥地区优势与全国统筹规划、沿海与内地、经济发达地区与较不发达地区之间的关系，促进地区经济朝着合理分工、各展其长、优势互补、协调发展"，并决定"从'九五'计划开始，要逐步地、积极地解决地区差距扩大的问题，实施区域经济协调发展战略"。在这一背景下，西部大开发、振兴东北老工业基地、中部崛起等一系列新的区域发展战略相继出台，我国的区域经济发展进入了一个新的发展阶段。

2000年12月，国务院发布《关于实施西部大开发若干政策措施的通知》，指出：当前和今后一段时期西部大开发的重点任务和战略目标是，加快基础设施建设；加强生态环境保护和建设；巩固农业基础地位，调整工业结构，发展特色旅游业；发展科技教育和文化卫生事业。力争用5到10年的时间，使西部地区基础设施和生态环境建设取得突破性进展，西部开发有一个良好的开局。到21世纪中叶，要将西部地区建成一个经济繁荣、社会进步、生活安定、民族团结、山川秀美的新西部。随后国家为加快西部地区发展，又陆续出台了一系列优惠政策和扶持措施。

西部大开发战略的实施，有效地促进了西部地区的发展。经济增长速度明显加快，2002年到2006年，西部12个省市区国内生产总值增长了1.91倍，以煤炭、电力、化工、冶金、电子及农畜产品加工为主的支柱产业群初步形成，为西部地区产业发展注入了新的活力；基础设施条件显著改善，公路通车里程超过了70万公里，高速公路超过了1万公里，三分之

1999 年 10 月 21 日至 30 日，中共中央政治局常委、国务院总理朱镕基在甘肃、青海、宁夏考察工作。图为 10 月 26 日，朱镕基总理在青海省考察西宁市的绿化情况。（来源：新华社资料图片，李学仁 摄）

二左右都是西部大开发以后建成的，航空、铁路、水运航道以及城市的基础设施建设也都取得了很大的成绩；生态环境建设与保护得到了明显加强，特别是退耕还林、退牧还草以及天然林保护等重大项目的实施，对西部地区的生态建设发挥了重要作用；同时，各级政府、广大民众的思想观念和改革开放的意识不断增强。实施西部大开发战略以来的 7 年，是西部地区经济增长最快，发展效益最好，综合实力提高最为显著，城乡居民得到实惠最多的一个时期。

2006 年 9 月，我到西宁参加会议，这是我第一次到青海。青海省委政研室的一位领导指着西宁市崭新的街道对我说，过去的西宁非常破旧，这些路都是这两年刚修的。基础设施条件的改善也许是西部人民对西部大开发战略实施效果最直接的感受。

2008 年 8 月，我出差到内蒙古鄂尔多斯，近距离地了解到内蒙经济近年来蓬勃的发展势头，鄂尔多斯这个过去内蒙古的干部都不愿意去工作的地区，正在成为内蒙古经济最为发达、发展速度最快的城市。这些变化，让我感受到西部地区发展迸发出的无限活力。

但是，也要看到，目前西部大开发取得的成就还是初步的。西部地区与东部地区特别是沿海发达地区之间的差距扩大的势头还没有得到根本扭转；西部地区内在的发展能力特别是产业发展能力还需要进一步增强，资金短缺、人才流失问题依然较为严重；基础设施建设虽然取得了具有历史意义的巨大成就，但仍然还是一个薄弱环节；解决民生问题的任务仍相当繁重，中国 60% 还没有解决温饱问题的人口和低收入人口都在西部地区。西部大开发是一项长期的、历史性的任务，需要全社会的关心与支持，必须以更大的决心，采取更有力的措施，以争取更大更好的效果。

赵长保，现任农业部农村经济研究中心副主任，第十届全国青联委员，第三届中央国家机关青联委员。

1968 年出生于北京密云。1991 年毕业于中国人民大学社会学系，中国政法大学在职研究生。1997 年和 2003 年先后到美国加州大学戴维斯分校和密西根州立大学做访问学者。

长期从事农村经济发展和政策研究工作，研究领域涉及农业与国民经济关系、农村劳动力流动、农民收入增长、现代农业建设以及农村经济结构调整等多个方面。作为主持人或主要参加者承担研究课题 30 余项，发表论文和调研报告 40 余篇。作为主要作者或编者出版书籍 10 本。2002 年被中央国家机关工委组织部、共青团中央国家机关工作委员会、中央国家机关青年联合会等单位，联合授予"中央国家机关优秀青年"荣誉称号。

2001：入世

王受文 ●●●●●●●●●●●●●●●●●●●●●●●●●●●●●●●

> 2001年是中国对外开放历史上具有历史意义的里程碑。11月10日，世贸组织第四次部长会议主席卡迈勒击槌轻落，标志着中国加入世界贸易组织（WTO），15年的渴盼这一刻在中国人心中永远定格。也在这一年，北京申奥成功和中国男子足球队史无前例地冲进世界杯，让中国人在新世纪伊始就感受到了一种"大起"的感觉，以及一种前所未有的兴奋与满足。2001年注定是"中国年"。

2001年11月，中国加入世贸，这是中国改革开放进程中一个家喻户晓的历史事件。因为我曾经在原外经贸部贸管司纺织品出口配额管理处工作，感受特别深刻。因为这个行业，浓缩了我们同国际贸易保护主义长达几十年的斗争史；因为从2001年11月起，几十年来受各进口国限制的中国纺织品出口，终于可以享受到纺织品贸易一体化进程的成果了。

众所周知，纺织业是我国重要的优势产业，也是出口依存度较大的一个行业。1986年纺织品取代石油成为我国第一大出口商品，一直延续到

2001年12月11日，中国正式加入世界贸易组织，成为其第143个成员。图为2001年11月11日，中国外经贸部部长石广生在卡塔尔首都多哈举行的中国加入世贸组织议定书签字仪式上举杯庆贺。（来源：新华社资料图片）

1995年，长期以来出口依存度在40%以上。从1994年开始，我国一直保持着世界第一大纺织品出口国的地位，也因此受到一些进口国的限制。从1978年起，美国、欧盟、加拿大、土耳其、挪威等国对我进口设定配额数量，我们不得不长期与之签订双边协议争取更多的出口空间，这也是当时纺织品出口配额管理处名称的来历，这个配额我们称之为被动配额。1998年，我国受国外配额限制的纺织品出口金额占纺织品整体出口的1/4。

由于纺织工业在各国早期工业化进程中的重要作用，发达国家贸易保护主义色彩深厚，贸易自由化进程异常缓慢，在发展中国家的不懈努力下，1995年起乌拉圭回合《纺织品服装协议》（以下简称ATC）正式执行，开始了为期10年分三阶段的一体化进程，直至2005年逐步取消配额限制。我们入世时，适逢第二阶段一体化进程即将结束之时。

如果入世，按ATC规定，我国在设限国的配额在现行配额年增长率的基础上，享受25%的增长。这意味着我们能在一个相对公平的多边贸易体制下发挥比较优势，获得相对宽裕的发展空间。如果当时我国不能很快入世，那么在2005年纺织品贸易一体化后将面临十分严峻的局面。从行业发展环境看，我国作为世界最大的纺织品生产国和出口国，有可能成为唯一不能享受自由化贸易体制的国家，并且将继续受制于进口国的设限，继续签订双边协议，并且会有更多国家仿效欧美对我国设限。从企业出口经营成本看，如此要支付相当于10%—30%的配额费用。因此，尽快加入WTO，对我国纺织品出口和纺织品产业的长期发展意义十分重大。虽然在2001年入世后，在2005年纺织品贸易一体化后我们仍然面对贸易摩擦，但通过对

2005年9月5日，中国商务部部长薄熙来和欧盟贸易代表曼德尔森在中欧纺织品贸易问题磋商结束后签字，中欧就纺织品贸易问题达成一致。（来源：新华社资料图片，陈树根 摄）

话磋商，我们与贸易伙伴共同稳定了纺织品出口贸易环境。

入世以来的实践证明了中央决策的正确性。在国民经济持续快速健康发展和全球经济稳定增长的带动下，入世后，我国纺织业进入了高速发展时期，主要表现在以下几个方面：

一是巨大的产能得以释放。我国是目前世界纺织品服装第一大生产国。2006年我国拥有环纺锭8900万枚（占世界环纺锭总数的43.8%）和气流纺锭184万枚（占比23.1%），分别较2001年增长151%和158%。2007年我纺织行业纤维加工量达到3500万吨，比2001年增长了约133%，其中，化学纤维2389万吨，较2001年增长184%；纱和布为1996万吨和486亿米，较2002年分别增长135%和51%。

二是行业运行质量稳步提高。2007年我国规模以上纺织企业累计实现工业总产值31023亿元，较2001年增长2.3倍。实现销售收入30280亿元，较2001年增长2.5倍。实现利润总额1315亿元，较2001年增长4倍。行业供需基本平衡，产品产销率为97.6%，比2001年提高4.7个百分点。

三是产业结构进一步优化。家用、产业用纺织品已成为行业新增长点，服装、家用、产业用三大类终端产品纤维消费量比重由2001年初的68∶19∶13转变为目前的54∶33∶13，研发费用增长率由2002年的49.85%提高到2006年的81.4%。

四是推动了国内就业。作为传统劳动密集型产业，我国纺织业涉及2300万人的直接就业和近1亿人的间接就业。据纺织工业协会统计，纺织业就业人数增长率由2001年的0.7%提高到2006年的5.8%，有力地带动了国内就业。

五是出口规模平稳增长。入世后，我国的纺织品出口保持了稳定增长，年均增长21.4%。2007年，纺织品、服装出口达1711.8亿美元，已成为世界第一大纺织品、服装出口国。

六是市场份额稳步扩大。入世以来，我纺织品、服装在欧美市场份额稳步扩大，据进口方统计，2007年我纺织品、服装在欧美进口市场份额分别为34.1%和33.3%，较2001年分别提高15.4和19个百分点。同时，出口多元化趋势日益明显，对非洲、拉丁美洲和东盟等新兴市场出口增长较快，2007年上述市场出口金额分别较2001年增长442.1%、310.5%和475.4%。

　　七是出口价格稳步提升。据中国纺织工业协会统计，2007年我国纺织品、服装出口价格指数为107.7，比2001年提升8.7个百分点，其中，纺织品出口价格指数为103.7，服装出口价格指数为109.9，分别较2001年提升1.1个和12.5个百分点。

　　入世后中国纺织业的快速发展，不仅为世界各地消费者提供了物美价廉的纺织品、服装，近年来，随着中国经济的不断发展，国民经济相关产业及国内纺织品、服装消费市场的需求在拉动中国纺织业发展的同时，也为纺织原料、纺织机械供应商、纺织品服装相关零售商、采购商提供了巨大的市场和广阔发展空间，中国纺织业已经成为世界纺织业迅速发展的引擎。

　　纺织行业是见证入世影响的一个缩影。今天我们回头看入世，除了感慨"黑发人谈成白发人"，除了回顾15载艰辛谈判历程，更多的是想用实践来验证入世在改革开放进程中的地位，是想借历史告诉未来，探索改革开放的新起点和新平台。

　　7年前，中国正式加入世界贸易组织，这是中国主动迎接经济全球化的重大战略决策，是改革开放进程中具有历史意义的一件大事，是邓小平改革开放理论的伟大实践和成果，标志着中国的对外开放进入了新的阶段。这一事件对我国社会经济乃至世界经贸发展都产生了深刻影响。

　　首先，入世促进了中国经济社会发展。7年来，中国经济社会发展取得了举世瞩目的巨人成就。经济实力、综合国力和国际地位显著提高；对外开放成效显著，外贸进出口持续快速增长，国内产业没有遭受严重冲击；贫困人口数量大幅下降，人民生活水平显著提高。

　　加入WTO对中国经济社会的总体影响是积极的，为中国经济社会发展营造了更好的国际发展环境，随着改革开放的不断深化，中国的经济运行体制环境和政策环境日益完善。在稳健有效的宏观经济政策指导下，中国经济保持了平稳和强劲的增长势头。2002—2007年，保持年均10%以上的高增长，成为全球第4大经济体，人均GDP在这一时期跨越了1000美

1979 年春节，时任国务院副总理的邓小平同志访问美国期间，看望中国驻美国大使馆工作人员。本文作者作为赴美谈判政府间纺织品贸易协议代表团成员也参加了接见。（图片来源：中纺总公司）

元，国家经济实力不断增强。2002 年末，我国外汇储备不到 3 千亿美元，目前已达到 1.9 万亿美元，增强了我国的综合实力，对平衡国际收支、提高应对金融风险的能力、保持汇率和宏观经济的稳定发挥了重要作用。

因为入世，中国外贸在 2002 年后，进入历史上速度最快、规模实现跨越式发展的时期。入世对外贸的影响最为直接和直观，入世以来的 7 年，是外贸发展最快速、最稳定的时期。2002—2007 年，我国先后抓住入世、世界经济处于快速发展周期和自贸区建设的良好机遇，进出口以年均 27.3% 的增速快速增长，大大高于同期世界贸易的年均增长率。2004 年进出口突破 1 万亿美元，达到 11545.5 亿美元。2007 年突破 2 万亿美元，达到 21738.3 亿美元。世界排名从 2002 年的第 6 位提升到 2005 年的第 3 位。

入世推动了利用外资。入世以来，中国实际利用外资平均每年 613 亿美元，吸收外商直接投资推进了开放型经济发展，带动了国内产业结构优化升级，创造了大量就业机会。

入世加速了工业化和现代化的进程。通过利用外资和引进吸收国外先进技术，加快了产业升级，提高了进口替代能力。2002 年至 2007 年，初级产品占出口总额的比重从 9% 下降到 5%，工业制成品比重从 91% 上升到 95%；机电产品出口占比从 48% 上升到 57%。集成电路、笔记本等机电高新产品出口依存度高达 80% 以上。国内汽车等产业不仅未受到冲击，而且在参与国际竞争中提高了竞争力,国内市场占有率从5年前不足4%增长到目前的23%以上。

入世为提高产品产业竞争力提供了重要动力。入世后,我们扩大了市场开放程度,允许外资进入我国产业的领域不断增加,国内许多产业都感觉到了巨大的挑战和竞争压力。但实践证明,有压力才有动力,通过引进资金、先进技术、专业人才、科学的管理经验和竞争,绝大部分行业不仅没有被压垮,反而实现了自身竞争力的提高。入世以来担心的对农业行业的冲击得到有效控制。农产品贸易逆差不大并呈下降趋势,进出口结构优势互补,出口以优势劳动密集型产业为主,进口以水土资源型产品为主。轻纺产品出口竞争力不断增强,市场份额和效益稳步上升。

其次,入世深刻影响了世界贸易和经济格局。表现在这样几个方面:

一是入世提高了中国对世界贸易和经济发展的贡献度。外贸发展巩固了我国的大国地位,中国经济成为影响世界经济的重要因素。2007年,我国对外贸易额占世界的8%,GDP占世界的6%,处于历史上最好发展时期。2007年,中国经济增长对世界经济增长的贡献率超过美国,成为世界经济发展的主要推动力。

二是入世为全球提供了广阔的市场和投资机遇,实现了互利共赢。2002—2007年为全球商品提供了3.68万亿美元的市场。2006年我国进口了7916亿美元的商品,吸纳了韩国出口的28%、日本的18%、美国的6%、欧盟的3%,为各国投资者带来机遇。2002—2007年共吸纳外商直接投资3650亿美元,成为吸引全球的主要投资地。

三是入世维稳了多边贸易体制,提升了中国负责任大国形象。经济实力的增长,极大地提升了我们在国际舞台上的地位。而通过积极履行入世承诺,通过WTO审议,积极参与并推动多哈回合谈判,在国际上树立了负责任、讲信用的大国形象。随着中国更深入地、更广泛地融入世界经贸体系,对世界经贸格局产生了深远影响。中国正在努力实现从国际经贸规则的"旁观者"到遵守者再到参与制定者的转变,在国际经济协调和规则制定中的话语权显著增强。我国在世贸组织、世界银行和国际货币基金组织等国际多边组织中的地位明显上升，在维稳多边贸易体制、推动经济全球化进程中发挥出越来越大的作用，国际社会期望值与日俱增。

实践证明，加入WTO，形成了中国历史上前所未有的全方位对外开放格局，既有力地促进了国内经济发展，又为世界各国带来了合作共赢的机遇。十七大报告提出要"拓展对外开放广度和深度，提高开放型经济水平"。因此，加入WTO不是中国对外开放的终点，而是对外开放的新起点。回顾入世，作为经济全球化的受益者，我们更加深刻地感到，在改革开放的新时期，唯有坚定不移地坚持对外开放的基本国策，在更大范围和更深层次上参与国际合作与竞争，才能形成经济全球化条件下的新优势；唯有坚定不移地坚持对外开放的基本国策，积极开展国际能源资源互利合作，才能获得实现可持续发展所必需的国际环境和外部条件，完善内外联动、互利共赢、安全高效的开放型经济体系；唯有坚定不移地坚持对外开放的基本国策，用发展的眼光正确看待中国的地位和作用，才能在更高层次融入世界经济体系，营造和谐的对外开放环境。

王受文，现任商务部对外贸易司司长，第十届全国青联委员，第三届中央国家机关青联委员。

1966年出生于安徽宣城，1986年作为"优秀毕业生"毕业于湖南大学，获工学学士学位；1989年获对外经贸大学国际贸易专业硕士学位；1990年参加欧盟委员会翻译总司同传培训；2000年获北京大学光华管理学院经济学博士学位。历任原外经贸部交际司翻译处科员、副处长，原外经贸部贸管司招标处处长、纺织品处处长，西藏自治区外经贸厅常务副厅长，商务部进出口公平贸易局副局长、局长等职。

1997年当选为党的十五大代表，1996年当选中央国家机关"十大杰出青年"。

2002:小康 (上)

杨柳

2002 年，中国轿车市场进入"井喷"行情，轿车以势不可挡之势进入寻常百姓家，老百姓在衣食住行各方面尽享改革开放带来的丰硕成果。这一年，国家在人民生活总体达到小康水平的基础上，进一步提出了全面建设小康社会的构想。集中力量，全面建设惠及十几亿人口的更高水平的小康社会，已经成为每位中国人心目中奋斗的目标。

2002 年是小康年，之所以对 2002 年记忆深刻，是因为在这一年，很多人的生活正式步入小康，我从事的事业，也以另外一种方式迈向"大康"。

生活的小康

2002 年"十一"国庆黄金周期间，我连着参加了 3 场婚宴，好在都在北京，免去了来回奔波之苦。新世纪的婚宴，和改革开放前大不相同，基本的套路都是这样：预先订好饭店，待亲朋好友们欢聚一堂后，司仪开始闪亮登场，布置了各种游戏戏弄新人，在插科打诨中调侃着新郎新娘，同时不忘号召亲朋好友们起哄，让大家在其乐融融的气氛中分享新人的幸福。亲朋好友们一边享受着美酒佳肴，一边欣赏着被司仪捉弄得万般窘迫的新人。其中有场婚宴我记忆深刻，倒不是因为趣味横生的闹婚环节，而是因为这对新人的名字很有意思。新郎的名字叫都康，新娘的名字叫全小，在给客人的请柬上，小两口的署名按照旧式的竖排，连起来就成了"全都小康"。

2002年是当之无愧的小康年，小康成为本年度最吸引眼球的字眼。何谓小康？"小康"一词源出《诗经》："民亦劳止，汔可小康。"其意是讲，老百姓终日劳作不止，最大的希望就是过上小康生活。从两千五百多年前，先贤们就已经开始描绘他们心中的

2002年是老百姓精神文化生活逐渐丰富的一年，图为上海市大宁路街道的离退休老人正在练习自编的家庭健身舞。（来源：新华社资料图片）

"小康"。在他们"小康"的概念中，涉及的一个重要方面就是"食"。孔子有感于诸侯割据、礼崩乐坏的社会现实，提出了无限美好的理想的"大同世界"和退而求其次的"小康社会"。当子贡问政时，子曰："足食，足兵，民信之矣。"小康社会离不开"足食"。东汉末年何休认为小康即"升平世"。这里的"升平"绝非"歌舞升平"的"升平"，应该指一家所积的财富除供

得起一日三餐外，还能偶尔下下酒馆。清代的洪秀全在《天朝田亩制度》中描绘了一个"有田同耕，有饭同食，有衣同穿，有钱同使，无处不均匀，无人不饱暖"的小康社会，同样把"食"放到了重要地位。小康与"食"紧紧结合在一起，对于"食"我有着太多的感触，现在就结合自己的亲身经历从"食"的转变谈谈小康。

我出生在哈尔滨，60年代初期是我国经济最困难的时期，物资匮乏，国家对百余种与百姓息息相关的吃穿用等生活用品实行凭票证定量供应制度。当时父亲在市里的一家国营单位上班，每月有定量粮票28斤，其中包括2斤大米，8斤面粉，其余都是粗粮（高粱米、苞米面）。每个月供应半斤豆油，半斤猪肉。每年有20尺布票，5张工业券（用来买工业制品如铝锅、热水瓶等）。这些成了我们一家人的生活来源。

这样的条件下只能解决温饱，小康则是遥不可及的事情。我们一家一日三餐基本上都是在家里解决，由于家长在外面上班，工作繁忙，每天放学后，我就用父亲的粮票购买大米和白面，然后生火做饭，从那时起，我就喜欢上了烹饪。在当时的条件下，能下馆子吃饭就意味着小康了，饮食上最大的享受就是吃自己烙的葱油饼，当葱花的香味在厨房开始弥漫时，我就已经开始陶醉了。

在我的记忆中，第一次尝试体验小康生活是在1977年，那是庆祝妹妹10岁生日，当时市里的饭店还不多，太贵的饭店也不敢进去，只是在家附近找了一家普通的大众型餐厅

图为1957年在某假日外出的人，缴回节余的粮票。（来源：新华社资料图片，高国权 摄）

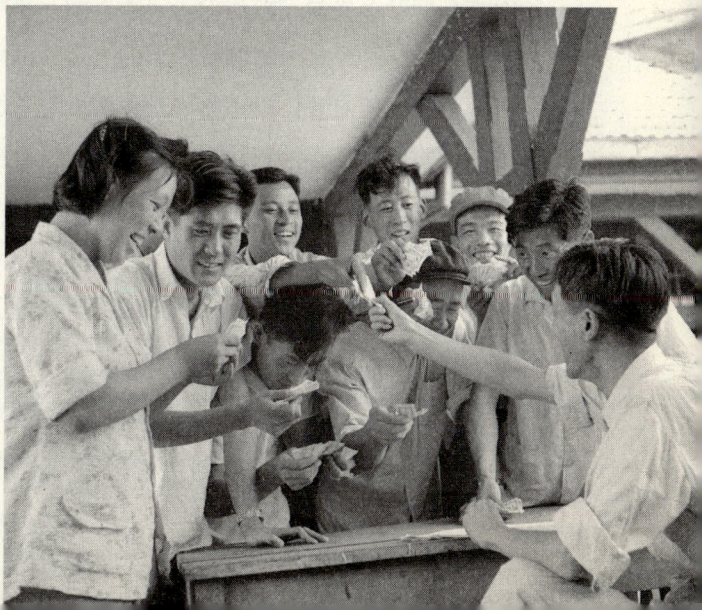

体验小康，要了炒鸡蛋、锅爆肉、豆腐脑和酥饼，结果等了近一小时才上，我们早已饥肠辘辘。面对服务员冷若冰霜的面容，我们还得笑脸相迎，完全调换了位置。其间，我想吃锅贴，叫了下服务员，她却忙着织毛衣，对我的话充耳不闻，很是扫兴。

改革开放以后，居民生活和经济条件越来越好了，我家的经济条件也逐步得到了改善，有能力每月出去一两次改善一下生活，多数时候，我们一家就在楼下的小饭馆，喝碗豆腐脑，吃几根油条，吃完后咂咂嘴，感觉小康生活就不过如此了。中学毕业后，为了不给家里增添负担，我放弃了考大学，想学一门手艺，尽早工作。当时哈尔滨服务学校招收一期少数民族烹饪班，正好我是回族，于是报考了这所学校，在千人报考中只招8个女生，我有幸成为其中之一。这个班是省里招的首届少数民族烹饪班，非常时髦，全国开设这个专业的学校没几所。我们主要学习红案、白案服务等课程。在学生时代，我们都在学校食堂就餐，那时候的学生食堂和现在相比简直有天壤之别，现在学生食堂号称小康生活广场，各地风味、各种口味的饭菜应有尽有。当时我们吃的号称是永远的老三样，主食是馒头和花卷，主菜除了白菜、萝卜就是芹菜、韭菜，喝的是玉米粥。

在那个时代，我们对小康的一种替代品——野餐情有独钟，从有组织、有计划的好友聚会，到几个同学随意的一瓶啤酒、几根红肠在松花江边的自斟自饮，已经成为冰城哈尔滨的一道靓丽风景，太阳岛、前进滩都留下了我们快乐的足迹。2006年回哈尔滨，我专程去了当年野餐次数最多的地方故地重游，当年松花江畔的小垂柳，已亭亭如盖，野餐的小土坡，已被夷为平地，俯仰之间20年，当年的小康乐土早已成为陈迹。

1987年是我毕业后参加工作的第二个年头，在这一年，沐浴在改革开放春风下的餐饮业蓬勃发展，一派风生水起的景象。餐饮行业通过贯彻全民、集体、个体一起上的指导方针，多种经济成分竞相发展，呈现出改革开放以来的新气象和新面貌。占据市场主体的国营和供销系统的餐饮企业，以承包制为主的经营管理体制改革迈出新步伐，提成工资和浮动定价逐步推行；餐饮市场不断丰富，经营网点逐渐增加，行业人员培训力度得到加强。这一时期，我国餐饮市场呈现出多元化、全方位的发展格局。据统计，当年我国饮食业经营网点达到155万个，从业人员422万人，年营业额283亿元，比1978年分别增长了13.3倍、4倍和5.2倍。在这个时期，人们体验小康生活的场所大大增加了，机会也逐渐增多。

进入20世纪90年代后，随着经济的发展和人民收入水平的提高，小康生活也越来越触手可及，小康的标准也随之发生了改变，下顿馆子已经不算是体验小康了，只能称为换个口味。迈入新世纪后，就北京来说，2000—2002年北京吃类商品零售额分别为410.2亿元、460亿元和469.9亿元；餐饮业零售额分别为86.4亿元、96.6亿元和112.4亿元，分别比上一年增长6.3%、11.8%和16.4%。2002年北京"两会"前夕的一个晚上，北京市某领导向前来参加政协会议的几十名港澳委员介绍一年北京各方面建设取得的成就时说：2002年前10个月，北京市城镇居民人均可支配收入超过1万元，呈两位数增长。北京居民生活正从"小康"向"富裕"迈进。作为在首都生活的普通市民，我也深刻地感受到了这一点。

行业的"大康"

2002年10月21日，在中国烹饪协会成立15周年庆典和全国餐饮优秀企业家等行业表彰活动前夕，国务院原副总理李岚清特作出重要指示："我国烹饪业在继承其传统特长、发挥其优势的同时，要充分利用现代科学技术手段和现代营销理念，努力提高科技和经营管理水平，以更加科学、健康、方便的饮食，不断满足现代社会人民群众工作和生活的需要。"国家领导人的重要指示为餐饮业的发展指明了方向。

行业的"大康"是指餐饮行业的持续健康发展。2002年，全社会餐饮业营业额突破5000亿元大关。全行业年度增加额达700亿元，增幅高于国内生产总值二倍多，占到GDP总量的5%，占到全社会消费品零售总额的13%，实现了历史性跨越，社会贡献率不断增加，行业地位明显提高。其中，北京全聚德烤鸭集团前门店年营业收入超亿元，为中国餐饮业中第一个单店超亿元的企业。

20世纪整个90年代和21世纪初期都是餐饮业发展的"大康"时期，自1991年以来，全国餐饮业零售额每年增幅都保持在两位数以上，2006年全国餐饮业零售额历史性突破1万亿元大关，达到10345.5亿元，同比增长16.4%，拉动社会消费品零售总额增长2.2个百分点，对社会消费品零售总额增长的贡献率为15.8%，比GDP增速高出5.7个百分点。2007年，随着人民生活水平和餐饮社会化程度的逐步提高，我国餐饮产业再创佳绩，餐饮消费持续快速增长，在国民经济各行业中继续保持领先地位，全国餐饮业零售额累计实现12352亿元，同比增长19.4%，比去年同期增幅高出3个百分点。其零售额占社会消费品零售总额比重为13.8%，拉动社会消费品零售总额增长2.6个百分点，对社会消费品零售总额的增长贡献率为15.6%。预计2010年全国餐饮业零售额将达到2万亿元左右。我国餐饮业的持续"大康"发展，显示出了在社会需求和经济发展的大背景下，行业总体规模日益扩大，拉动消费、繁荣市场、安置就业和带动产业经济发展的能力越来越突出，在国民经济中的地位和作用明显得到提升和加强。我国餐饮行业"大康"发展，主要得益于以下几个方面的因素：

一是社会经济的发展为餐饮业"大康"发展奠定了基础。

改革开放以来，尤其是20世纪90年代中期以后，我国国民经济持续快速发展，经济发展和人民收入水平的提高，对社会餐饮的需求能力不断增强，为餐饮业的繁荣发展奠定了基础。宏观经济的良好发展态势拉动餐饮业投资的增长，民营和外资资本的进入，为餐饮行业的发展注入了新的活力。

二是行业协会的进步发展为餐饮业"大康"发展创造了有利条件。

随着经济的发展和对外开放的深入，餐饮业的行业规模不断扩大、经

营领域和市场空间逐步拓宽。在这个背景之下，行业协会作为联系政府和
企业间的桥梁和纽带，本着"提供服务、反映诉求、规范行为"的宗旨，积
极协助政府推进行业结构调整，在餐饮行业中积极宣传国家产业政策，汇
集和发布行业市场信息，引导餐饮企业合理经营，推广新技术，约束餐饮
企业行为，实现餐饮行业自律，从而促进餐饮行业健康、稳定和可持续发
展。

三是外资和国际品牌的进入有力促进了餐饮业的"大康"发展。

随着中国改革开放进程的加快，国际知名品牌企业纷纷进入，它们凭
借成功的经验、雄厚的资本、卓越的管理等优势占领中国市场，取得快速
和成功的发展，也为中国餐饮连锁的发展提供了借鉴，起到了促进作用，在
发展模式、技术开发和标准化运作等方面也为中餐连锁发展提供了积极的
示范，推动了中国餐饮业的进步发展。

四是居民收入水平提高、生活消费观念转变为餐饮业"大康"发展提
供了市场需求。

餐饮消费从家庭到社会的转变，推动了餐饮市场的发展进程；从一般
消费到品牌消费的转变，拓展了餐饮连锁的发展空间。收入水平的提高、生
活节奏的加快，带来了消费观念的变化，人们更愿意外出就餐，家庭消费
已成为餐饮消费的主流。特别是品牌消费渐成时尚，在家庭聚会、婚寿宴
请、社交往来时，人们更愿意选择就餐环境好、服务水平高、品牌知名度
强的餐饮企业。

经历30年的行业发展与市场竞争，中国餐饮业发展已经进入了投资主
体多元化、经营业态多样化、经营模式连锁化、行业发展产业化的新阶段。
目前在全国各大中城市涌现出一批品牌连锁经营集团企业，既有老字号品
牌，也有更多的新品牌企业，为行业发展起到骨干示范作用，我国餐饮业
的发展势头持续强劲，整个行业处于"大康"阶段，发展前景更加看好。

在变化中看小康

　　人们的生活在改革开放前后发生了沧桑巨变，30年前的很多事情在今天看来简直无法理解，如今发生的一些事情在30年前也同样难以想象。

　　对中国人来说，在除夕之夜，无论相隔万里，都尽量要回到自己家中，只为了那一顿年夜饭。年夜饭就是团圆饭，这是中华民族传统文化的根。改革开放前物质匮乏的年代，我们最盼望的就是过年，过年意味着有好吃的，可以吃到平时吃不到的好饭菜。到了20世纪70—80年代，市场品种渐渐丰富，蔬菜、瓜果、蛋、禽、肉类摆上了货架，冬天也可以买到相对便宜的肉菜。除夕那天，母亲一大早就起来忙活，先到菜市场挑一尾大鲤鱼，做个整条的糖醋鱼，取"年年有余"之意。炖盘排骨、猪肉炖粉条、小鸡炖蘑菇也是必不可少的。年夜饭一般有八大碗，看上去满满一大桌，一家人吃得特别高兴。进入新世纪后，随着经济的飞速发展，老百姓的钱包也越来越鼓，越来越多的居民走出家门，把年夜饭搬到了酒楼、饭店，以省去在家自己动手做饭、饭后收拾的麻烦，在饭店吃年夜饭的小康生活，这在改革开放前几乎是无法想象的。

　　1976年，我二伯家的堂姐结婚，按照当时的风俗，在家举办了婚礼。二伯提前一周就开始安排人采购鸡鸭鱼肉、蔬菜、大米等原材料，然后请了一些帮

　　2007年2月1日，在北京朝阳区八里庄西里社区举行的"盼奥运、迎新春居民厨艺比赛"上，社区居民以奥运为主题制作的年夜饭引人注目。图为居民们制作的"奥运年夜饭"。（来源：新华社资料图片，李石磊 摄）

工，安排一部分人将购置的原材料进行初加工，另一部分人负责落实锅碗瓢盆等炊具。在婚礼举办的前一天晚上，聘请的厨师到位了，开始操办酒席。由于参加婚礼的人比较多，往往是一拨客人吃完了换另一拨，因此这种酒席也叫做流水席。筹备一次这样的婚礼，既费力又劳神，往往主人家一个月都不得消停。到如今，除少数农村地区外，几乎没有在家办婚宴的，都在酒店办婚宴。

2006年，两位客人在酒店进行聚餐时，自己带了一瓶酒进入酒店消费，结账时被告知要加收 100 元的酒水服务费。结果这个客人将酒店告上了法庭，要求返还 100 元酒水服务费。酒店方面称事先已经告知顾客要收取酒水服务费，顾客坚持说没有。二审判决认为酒店没有充分证据证明事先告知消费者酒水服务费事宜，因而侵犯了消费者的知情权，令酒店返还 100 元酒水服务费。这样的一起官司，在全国炒作得沸沸扬扬，正反两方面各执一词，吵得不可开交。这样的事件在改革开放前是绝对不可能发生的，当时的经济体制是高度集中的计划经济，追求"一大二公三纯四统"的所有制结构。当时的餐厅都是国有或者集体所有的，去餐厅吃饭，不仅需要粮票，还得看服务员脸色，更别提自带酒水消费了。改革开放后，随着卖方市场向买方市场的转变，消费者有了更多的话语权，可以与经营者进行平等的对话了，从这个转变可以看出消费者的地位发生了翻天覆地的变化，在话语权方面也"小康"了。

从那个时代走过来的人们，对这样的变化都有着切身的体会。这种变化，且不说是沧海桑田，也可谓是翻天覆地。经历了这些变化的人们，会由衷地赞叹中国共产党人与时俱进的理论勇气和锐意改革、勇于创新的坚定信念，没有共产党，就没有新社会；没有改革开放，就没有小康生活。

　　杨柳，现任世界中国烹饪联合会会长，中国烹饪协会常务副会长，扬州大学兼职教授、硕士生导师，第九届全国青联委员，第三届中央国家机关青联常委，中国妇女第十次全国代表大会特邀代表。

　　1963年出生于黑龙江哈尔滨，1986年哈尔滨师范教育学院毕业后进入哈尔滨北苑饭店工作，1993年调入商业部，1994年起进入中国烹饪协会，2007年获北京交通大学经济学博士学位。

　　1993年主导研发了中国第一个餐饮管理软件，2000年参与创办了中央电视台满汉全席烹饪比赛，2003年与教育部合作开办了"餐饮业自学考试学历教育"。作为2008年北京奥运会餐饮运行专家，杨柳全面参与了奥运餐饮菜单审定、餐饮服务商招标、餐饮服务人员招聘及管理等重要工作。杨柳考察走访世界40多个国家和地区，每年在不同国家组织举办大型中华美食节等活动。获得国资委"十佳文明之星"、"优秀女领导干部"等荣誉称号。

2002: 小康（下）

庞晓林

2002年11月，在中国共产党第十六次全国代表大会上，江泽民同志作了《全面建设小康社会，开创中国特色社会主义事业新局面》的报告，提出了建设全面小康社会的宏伟目标。小康，最早源出《诗经》："民亦劳止，汔可小康"。从现代化的整体进程来看，在贫困、温饱、小康和富裕四个阶段中，小康是介于温饱和富裕之间的一个发展阶段。在某种意义上，改革开放的30年就是中国社会走向小康的30年：城镇居民生活实现了由温饱不足到总体小康的历史性跨越，农村居民生活连续跨越几大台阶，消除了贫困，解决了温饱，普遍过上了丰衣足食的生活。

作为从事城镇居民收入统计工作的政府工作人员，从自己每天处理的统计数据中，我对30年的小康进程有一种别样的感受。因此，我想通过数据来描述30年来中国民生的变化。

应该说，收入的大幅度增加是城乡居民生活全面改善的重要前提和基础。抽样调查资料显示，2007年全国城镇居民年人均可支配收入13786元，比1978年的343元增长了39倍，扣除价格因素，年均实际增长7.2%；全国农村居民人均纯收入4140元，比1978年的134元增长了30倍，扣除价格因素，年均实际增长7.1%。

收入的大幅度增加，城乡居民用于食品消费的支出占消费性支出的比重（恩格尔系数）逐步下降，生活水平节节攀高。国际上常常用恩格尔系数来衡量一个国家和地区人民生活水平的状况，一个国家或地区居民生活越贫困，恩格尔系数就越大；反之，生活越富裕，恩格尔系数也就越小。改革开放30年我国城乡居民消费恩格尔系数的变化，基本反映了居民生活质量提高的进程。抽样调查资料显示，2007年我国城镇居民的恩格尔系数由1978年的57.5%下降到36.3%，农村居民的恩格尔系数也由1978年的67.7%下降到43.1%。城乡居民生活在衣食住行、教育娱乐、医疗保健等各个方面都得到了全面的显著改善。

就食而言，是膳食结构更加营养科学。改革开放初期，商品严重匮乏，城乡居民食不重味，食无求饱。随着经济的繁荣和商品的极大丰富，"票证生活"逐渐退出了居民生活，老百姓的"米袋子"、"菜篮子"变得丰富起来，城乡居民的食品消费也开始了从吃饱到吃好、由量到质的巨大转变，越来越关注和重视食品的营养性、科学性与安全性，绿色无污染食品越来越受到消费者的青睐。

抽样调查资料显示，1978—2007年，我国城镇居民人均粮食消费量从205.3千克降至77.6千克；人均猪肉消费量从13.7千克上升到18.2千克；人均鲜蛋从1.97千克上升到10.3千克。2007年人均水产品消费量达到14.2千克，比1990年增加84.7%；鲜奶消费量达到17.75千克，比1990年增长2.83倍。

1978—2007年，农村居民人均粮食消费量从248千克降至199千克；人均食用油消费量从2千克上升到6千克；人均肉禽类消费量从6千克上升到19千克；人均蛋类消费量从0.8千克上升到4.7千克；人均水产品消费量由0.8千克上升到5.4千克；人均奶及奶制品消费量从0.7千克上升到3.5千克。

与此同时，由于收入的增加，生活观念的转变，城乡居民在外用餐逐渐增多，丰富了城乡居民的饮食生活。不少城镇居民家庭为了图方便，省时间，逢年过节、过生日、办喜事、款待客人都去酒楼饭店品尝美味佳肴。

抽样调查资料显示，2007年城镇居民人均在外用餐支出761元，比1992年的70元增长9.87倍；农村居民在外用餐人均支出190元，比1983年的3元增长61.3倍。

就穿而言，是个性化、多元化，靓丽时尚。改革开放以后，随着人们思想的解放和日新月异、绚丽多彩的服装产品的涌现，单调枯燥的服饰、"新3年，旧3年，缝缝补补又3年"的现象被迅速改变，开始了从"一衣多季"到"一季多衣"的转变。人们不再单纯关注服饰商品价格的高低，而是更加注重实用、品牌、时尚和个性，更加讲究着装的整体搭配效果，着装与各类场合的结合。职业装、休闲装、运动装早已挂进了许多城镇居民家庭的衣柜。

抽样调查资料显示，2007年城镇居民人均衣着消费1042元，比1978年的74元增长13.1倍；农村居民人均衣着消费193元，比1978年的14元增长11.1倍。从数量上看，1983—2007年，城镇居民购买服装数量由人均3.3件增加到7.8件，增长1.4倍；购买鞋类数量由人均1.6双增加到2.7双，增长0.7倍；农村居民购买服装数量由人均0.7件增加到2.4件，增长2.3倍；购买鞋类数量由人均0.5双增加到1.7双，增长2.4倍。

就住而言，是居住面积和人居环境极大改善。改革开放初期，住房严重短缺，经过20多年的城市改造和住房建设，城乡居民的住房面积不断扩大。抽样调

2002年11月15日上午，购房者在2002新疆（华凌）冬季房地产交易会上观看住宅模型。(来源：新华社资料图片，沙达 摄)

作为共和国的首善之区，北京近年来加大城市建设和管理的力度，首都北京正向"空气清新，环境优美，生态良好"的现代化国际生态城市大步迈进。图为北京西单地区旧貌。（来源：新华社资料图片）

查资料显示，2007 年城镇居民家庭人均使用面积 21 平方米，比 1978 年的 5 平方米增长了 3.2 倍；农村居民户均使用面积 31.6 平方米，比 1978 年的 8.1 平方米增长了 2.9 倍。1981 年，城镇无房户、拥挤户和不方便户的比重为 37.5%，城镇住户人均居住面积 4—6 平方米的比重为 31.3%；而在 2007 年，拥有二居室和三居室的城镇居民家庭约占 75%。

在人均住房面积逐步扩大的同时，城乡居民人居环境也有了明显的提高。主要表现在：一是住房卫生条件不断改善。抽样调查资料显示，2007 年有 93.6% 的城镇居民家庭装备有卫生设施，而在 80 年代初，无卫生设施的占 37.2%；2007 年农村居民家庭使用水冲式卫生厕所的占 16.4%，比 2000 年提高了 9.4 个百分点；无厕所的占 7.9%，比 2000 年减少了 5.8 个百分点。二是使用取暖设备和清洁能源的家庭增加较多。抽样调查资料显示，在 20 世纪 80 年代初，城镇居民家庭中，48.9% 的没有取暖设备，25.2% 的使用火炉和火盆取暖；但在 2007 年，有 61% 的家庭使用暖气或空调取暖。与此同时，大部分居民家庭的厨房里不再烟熏火燎，快捷清洁的能源被广泛使用。在 2007 年，有 87.2% 的城镇家庭使用管道煤气和液化石油气，以煤为燃料的比重降到了 8.9%，而改革开放之初，有 58.7% 的家庭是以煤为主要燃料。2007 年使用清洁燃油、燃气和电的农村居民家庭占 25.7%，比 2000 年提高了 18.3 个百分点，其中使用沼气的占 3.1%。三是饮用水更加卫生。

抽样调查资料显示，2007年城镇居民家庭饮用自来水的占99.4%。农村居民家庭饮用自来水的占41.3%，比2000年提高了13.6个百分点；而饮用浅井水、江河湖泊塘等非卫生水的农户占25.8%，比2000年减少9.5个百分点。

就行而言是方便快捷，舒适安全。改革开放以来，交通运输事业取得了突破性和跨越式的发展，给人民群众的出行带来极大的方便。高速公路从无到有，农村公路像毛细血管通向村村寨寨；铁路运输快速发展，从1997年到2007年，实施了6次大提速。2006年7月1日，青藏铁路全线通车，西藏不通铁路的历史从此画上句号。水路交通和航空运输运力和运量成倍增长。据统计，到2007年底，我国铁路营业里程达到7.8万公里，比1978年增加50.9%；公路里程358.37万公里，增加3.03倍；民航航线里程234.3万公里，增加14.74倍。铁路、公路、水路和民航客运量总计达到2227761

2004年12月11日，中国加入世贸组织满3周年。从2005年1月1日起，中国将进入一个关税和市场准入门槛大幅降低的"后过渡期"，将在商业、运输、金融、旅游等9个部门90多个分部门逐步实现承诺市场开放。图为2004年12月10日，顾客在北京市亚运村汽车市场挑选汽车。（来源：新华社资料图片）

万人次，比1978年增加7.77倍。城乡居民上班、出行可供选择的交通方式明显增多。近途有自行车、电动车、摩托车、公交车，远途地上有火车、汽车，天上有飞机，水路有轮船，方便快捷。在北京、天津、上海、深圳等城市出行还可乘坐准时快捷的地铁。最大的变化莫过于轿车也进入了寻常百姓家。抽样调查资料显示，2007年，城镇居民家庭每百户拥有家用汽车6.1辆，农村居民家庭1.2辆。

就用而言，可谓一应俱全。改革开放初期，"老四件"手表、缝纫机、自行车和收音机还曾经是城市居民家庭比较有实力的重要标志，改革开放后很快就进入了农村居民家庭。耐用消费品升级换代明显加快，随之而来的是不断推陈出新的彩电、冰箱、组合音响、洗衣机、空调等，相继成为城乡居民家庭的新宠。到了新世纪，家用电器由"实用型"转向"享受型"，向着人工智能化发展，轻薄液晶平板彩电、环保健康节能空调、家用电脑等数码电子产品相继进入居民家庭。抽样调查资料显示，2007年城镇居民家庭每百户拥有洗衣机97台，比1983年的2.78台增长了33.9倍；电冰箱95台（1998年为76.1台）；电视机138台（1983年为1.98台）；空调95台；电脑54台；移动电话165部。2007年农村居民家庭每百户拥有彩色电视机94台，比1982年的0.12台增长了782倍；洗衣机45.94台，比1983年的0.07台增长了45.9倍；电冰箱26.12台，比1985年的0.01台增长了2611倍；摩托车48.5辆，1986年才0.11辆。2007年平均每百户农村居民家庭拥有固定电话68.4部，移动电话77.8部，空调8.5台，抽油烟机8.1台，微波炉6.0台，热水器17.9台，家用电脑3.7台，其中73.6%的家用电脑接入了互联网。

就医而言，就是有保障，更加注重养生保健。改革开放之初，由于医疗资源有限的制约，看病难、就医难的矛盾相当突出。人们对于医疗保健的认识往往局限于看病吃药上，年人均医疗保健消费也就几元钱。随着收入的增长，医疗条件和医疗服务水平的改善与提高，城镇居民不仅积极寻医治病，而且更加注重养生保健，预防疾病，医疗保健器材、滋补保健品迅速进入普通居民家庭。抽样调查资料显示，2007年城镇居民人均医疗保健支出699元，其中，用于滋补保健品和保健器材等的支出为106元，占医疗保健支出的15.1%。农村居民也开始更多地关注自己的身心健康，过去大病小治，小病不治的现象有了较大改变。2007年农村居民人均医疗保健支出210元，比1980年的3元增长了59倍，年均增长16.5%。

公共卫生、医疗服务和医疗保障体系建设进一步加强，从建立健全城镇职工基本医疗保障制度，到新型农村合作医疗制度，再到遍及城乡的卫生服务体系，"人人享有基本医疗服务"正在逐渐变为现实。据统计，2007年下半年，城镇居民基本医疗保险试点在全国79个城市启动，截至2007年底，城镇居民参保人数达到4068万。新型农村合作医疗制度已辐射全国农村大部分地区，7.3亿农民从中受益。

就学而言，是学有所教。全国城乡普遍实行免费义务教育，农村义务教育已全面纳入财政保障范围，对全国农村义务教育阶段学生全部免除学杂费、全部免费提供教科书，对家庭经济困难寄宿生提供生活补助，使1.5亿学生和780万名家庭经济困难寄宿生受益。人人上得起学、上得好学的目标正在逐步得到实现。

就娱而言，可谓健康丰富。改革开放30年来，城乡居民在物质需要得到极大满足的同时，努力改变原来单调的娱乐生活方式，积极追求健康向上的精神文化生活方式，越来越多城乡的居民选择影视歌舞、读书看报、琴棋书画、花鸟虫鱼、上网冲浪、旅游远足、运动健身等丰富的业余文化生活。抽样调查资料显示，2007年城镇居民人均教育文化娱乐服务支出1329元，比1981年的38元增长36倍；农村居民人均文教娱乐用品及服务支出306元，比1980年的9元增长了35倍。

外出旅游成为人们追求的新时尚，旅游消费快速增长。2007年城镇居民人均国内旅游花费907元，比1994年增加1.19倍；农村居民人均国内旅游花费223元，比1994年增加3.05倍。

同时，在这一进程中，困难群体的生活得到了保障，共享了改革开放和经济发展的成果。城市最低生活保障实现了应保尽保，保障水平逐年提高。近 5 年来，保障对象基本稳定在 2200 万人左右，2007 年达到了 2271 万人；保障水平从 149 元提高到 182 元，年均增长 44.4%；低保对象月人均补贴标准由 58 元提高到 102 元，年均增长 15.2%。

2007 年在全国农村全面建立最低生活保障制度，3451.9 万农村居民纳入保障范围，平均低保标准为每人每年 840 元，平均补助水平为每人每月 38 元。

30 年改革开放的伟大成就，举世瞩目，世界公认。30 年民生的巨变，我们是受益者，也是亲历者。可以说，没有改革开放，就没有我们今天的小康生活，也不会有我们对明天更加美好生活的期待和向往。

庞晓林，现任国家统计局城市社会经济调查司副司长，第十届全国青联委员，第三届中央国家机关青联委员。

1965 年出生于重庆江津，1987 年西南财经大学贸易经济系毕业后进入国家统计局工作，长期从事价格统计和城镇住户调查工作。

2003: 非典 （上）

许树强 ••• •• • •• •• •• •• • •• •• •• •• •• •• •• •• •• •••

春天是阳光明媚的，春天是朝气蓬勃的，春天是富有诗情画意的。然而，2003 年的春天在国人的眼里是那么的惊惧，那么令人心惊肉跳。那是一个弥漫着中药气息的春天，人们犹如惊弓之鸟，一声咳嗽足以使人们四处逃散；那又是一个可歌可泣的春天，亿万民众与非典殊死搏斗，众多医护工作者为此献出了宝贵的生命。非典，2003 年中国最大的记忆。

2003 年，一场突如其来的"非典"疫情如同一场灾难侵蚀了中国大地。空气中弥漫着刺鼻的消毒水味道，救护车尖利的警报声划破寂静的黑夜，人们的心为之骤然收紧。"非典"疫情步步相逼，每天新增的感染人数更是增添了莫名的不安与惶恐，人类的尊严再次受到灾难的挑衅。

3 月 19 日，中日友好医院收治第一例"非典"患者。从此，我住进了办公室，这一住就是 3 个多月。4 月 27 日，卫生部及北京市委、市政府决定将我所在的中日友好医院改为临时"非典"专病医院，我临危受命，成

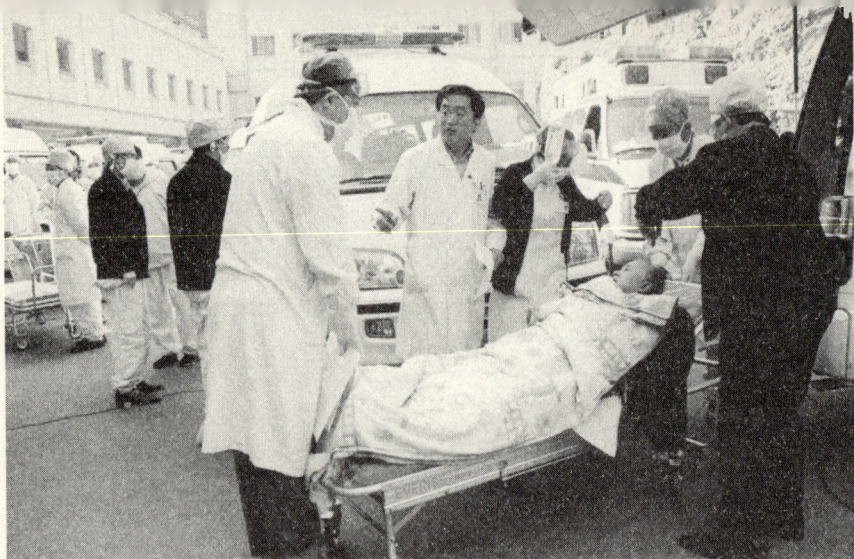

图为 2003 年 4 月 29 日中日友好医院"非典"患者转运现场。

为了主管医疗的总指挥，由此经历了我人生中一次生死考验的非常时期。

马不停蹄、高度紧张、夜以继日、废寝忘食、筋疲力尽……这些词汇仍然不能完全概括我和战友们当时的工作状态。"那是我有生以来最累的一段日子，背驼着，眼睛睁不开，头发很长。上级要求我们 4 月 30 日 24 时前转出在院的全部"非典"病人，一共 480 名患者！其中还包括 7 名正上呼吸机的病人，6 名植物人，20 多名吸氧及 30 多名需配有心电监测仪的危重病患者！"

翻看着 480 名患者厚厚的一沓病历摘要，我清楚地知道：科学操作，将是赢得胜利的关键。

4 月 29 日 9 点 30 分，中日友好医院。这也许是将被中国医疗史铭记的一幕：

院内，停放着来自 120、999 急救中心及其他 5 家医院的 45 辆救护车。45 辆啊，有序排列，严阵以待……这是我有生以来看到的最多的救护车，但此时的我，并没有沙场秋点兵的慷慨和豪迈，有的只是肩负 480 名非典患者生命与健康、肩负祖国人民期望和重托的严肃与凝重。几个小时前，我正带领医护人员们连夜制定严格的"转运流程及管理办法"，并进行了分类演练，确保万无一失。很快，这场和时间赛跑、与死神较量的转移战就要打响！

开始转移！

　　一声令下，每一位医护人员、每一辆救护车、每一台医疗设备，立即组成一支井然有序、忙而不乱的大军。我在现场总负责，医务、护理的两位处长具体调度。一名护士、一名医生共同负责一名一般病情病人的转移，病人胸前贴着一张卡，写着姓名及乘坐的救护车编号，卡的颜色与救护车标牌的颜色相符（共5种颜色）。医生护士手持病历及护送病人出发的确切时间——精确到几点几分的时间表……

　　北京某高校学生小孙，是需要转移的"非典"重症病人，转移他需要6位医务人员。从他所在的急诊隔离区到新改造的病区，不到100米的距离，然而，对于高烧40度、处于病毒传染期的小孙及护送他的医务人员来说，这100米就是生与死之间的门槛，稍有闪失，后果难料……

　　知道有被感染的危险，我与我的战友们仍镇定地站在原急诊隔离区通往新病区的电梯旁，进行调度。当小孙被推过来时，我俯下身，轻轻对小孙说："一定要有信心，你年轻，一定会好起来！"

　　短短4个多小时，51人次转移，对站在那里指挥的我而言，就意味着51次危险，每一次危险都极有可能夺走我的生命。但我想，作为一名指挥官，我就应该守在最危险的地方，让参战的每一个"士兵"看到自己正与他们并肩作战，让每一位被转移的患者都知道医院一定会全力以赴挽救他们的生命，让这一简单的举动温暖彼此的心灵，让勇气和信心倍增。

　　4月29日16时，所有的病人全部安全转移，比上级规定的时间整整提前了32个小时，而且无一失误！

　　5月17日、18日那几天，"非典"战役进入攻坚阶段。

　　那段时间，我要靠每天凌晨吃4片安眠药才能入睡，但仍旧睡不踏实，总是天没亮就醒，真正意义上的枕戈待旦。那段时间，我几乎每天要进4趟病房，防护服一层层穿，再一层层脱，有一次出来后我终于支撑不住，由于虚脱而晕了过去。

　　每一天，我都要坚持去每个房间和病人们握握手，用坚毅的声音告诉他们："我是院长，你要有信心！"在我看来，即便只是和病人瞬间的眼神交流，也会传递给病人们继续坚持下去的勇气。

有一次去病房，看到一些医生护士累得直打晃，我心疼极了。临走时，我对一名全副武装的小护士说，你有什么要求吗？院里一定会尽量满足。那个小护士像孩子一样天真地回答：许院长，啥要求都没有，就是想睡觉。

我的眼泪一下子就流了出来："我知道你们累，我知道……"

每天都在面对死亡，那种孤独、寂寞的心理煎熬，让我几近崩溃。

现在回想起来，最大的感觉就是我和战友们终于挺过来了。作为一名医生，面对疫情，没有理由不冲在最前面。在这个岗位上，我必须挺住！因为身后还有那么多可爱的战友，还有那么多双期待的眼睛。

2003年7月7日，中日友好医院胜利完成收治"非典"患者的使命。

3个月里，中日友好医院共收治"非典"确认病例356例，是北京市定点医院除小汤山医院外"非典"患者死亡率最低、病例恢复最好的医院。

"非典"战役告捷，人们惊恐的心灵恢复平静，然而中日友好医院却面临新的考验，困难重重，各项业务指标和经济收入大幅度降低。2004年3月，卫生部任命我为中日友好医院院长。这又是一个非常时期。中日友好医院和我再一次面临新的非常考验。

从那时起，我更像一位年轻的船长，带领着那艘与我同样年轻的战舰远航。

理清船向，制定发展战略是我的当务之急。面向患者组织大型问卷调查，和职工进行深度对话，请专业管理机构做医院品牌营销诊断报告……我慢慢摸准了这所年轻医院的优势和"病症"所在……在我看来，目前医疗卫生事业发展面临着多方不满意。作为一名一线指挥官，我现在思考最多的就是如何使医院的发展更加能让百姓放心、病人满意，更加以人为本、更加全面协调可持续、更加统筹兼顾、更加又好又快。

我想：幸福的小两口，绝对是心灵沟通极佳的。医患双方也一样，要共同去创造一种和谐。我们的一些体制和机制需要调整和改革，但还有大量的问题需要从我们自身去找，要学会和患者沟通，让患者放心，让患者

图为共青团十五大期间，中共中央总书记胡锦涛在中南海亲切接见本文作者许树强等第七届中国青年五四奖章获得者。

满意，有什么样的境界，才能成就什么样的事业。

我是一个不同的非常时期的参与者。在这些非常时刻，我不在乎自己获得了多少，而在乎自己真正参与了多少，在这些过程中贡献了多少；我更是一个幸运者，能经历这么多磨难，打胜这么多场战役，这种自豪感在鼓励着我一次次度过非常时期的考验。当我年老时回想人生，肯定是值得骄傲的。

许树强，现任卫生部中日友好医院院长，第十一届全国政协委员及教科文卫体委员会委员，中华全国青年联合会常委，中央国家机关青联常委。

1963年出生于山西洪洞，多年从事医院管理工作，担任院长以来，坚持以病人为中心，坚定不移地走科教兴院、人才强院的道路，大力加强西医、中医、中西医结合学科建设，高度重视医院文化建设，加强医院质量和经营管理，精心打造名医、名科、名院品牌。

曾荣获"中央保健工作先进个人"、"全国抗洪模范"、"中国青年五四奖章"等称号，受到胡锦涛、曾庆红、吴官正等党和国家领导人的亲切接见。

2003:非典（下）

吴军

2003年2月，初春的天气乍暖还寒，伴随着片片飞舞的雪花和春节的喜庆鞭炮声，劳作了一年的人们正在喜气洋洋地迎接新的春天的到来。然而，在春意盎然的广东省佛山市，一个恶魔悄然无声地侵入人们的机体。一个又一个身强力壮、精力充沛的青壮年，猝不及防地患上"不明原因"的肺炎。医生们使用各种威力强大的抗生素都不能阻止病魔对人体的侵蚀。一些患者在无法救治的呼吸衰竭和心力衰竭的双重绞杀下最终溘然长逝。

这就是"非典"，由变异的冠状病毒引发的严重急性呼吸窘迫综合症（SARS）。"非典"最初在广东扩散、蔓延，以致造成社会恐慌和秩序混乱。而到了3月份，"非典"病魔长驱直入，在包括首都北京、河北、山西和内蒙古在内的全国26个省市肆虐成灾，并且波及港澳和海外。

突如其来的"非典"，严重威胁着人们的健康和生命安全，打乱了正常的社会秩序和生活状态。人们抢购防护口罩、白醋、板蓝根，重疫区工厂停工、学校停课，政府部门和事业单位每天都在消毒、熏香，一批又一批"接触"过"非典"患者的人们被隔离观察。

当时，我在北京医院工作。北京医院虽然不是"非典"定点医院，但全院上下严阵以待，为随时接诊"非典"患者做好准备。医院临时开设了发热门诊、急诊、门诊24小时通风，门口增派了守卫人员，架设了体温探测器。临时组建的医疗队已经奔赴房山"非典"收治医院。医院门口停的车少了，挂号处空荡荡的。一天深夜，我在值班，一位以"咳嗽"为首发症状的老同志引起了我们的高度警觉。全面检查后发现，老人家"肺部弥漫性浸润影，白细胞减少，血小板降低"，被诊断为"非典"疑似病例，并立刻转到"非典"定点医院就诊。我则因为与"非典"疑似病人接触，而和几位同事一起被隔离在传染病单人病房。

在被隔离的头几天里，孤独感和恐惧感在心头蔓延开来。饭菜和生活用品是由严严实实地穿着隔离服的工作人员悄悄放在我们门口的。平时忙惯了的我们突然闲下来，过起"与世隔绝"的生活还真有些不适应。我只能每天守在电视机旁收看有关"非典"的新闻，仔细了解疫情发展情况和发病机制的最新研究进展。当听到宣布正式解除隔离的通知时，我们激动得跳了起来。隔着玻璃窗，看到了早已守候在门外的同事们，那一刻，我的心情难以言表。

解除隔离的第二天，我们又回到了自己熟悉的工作岗位上，感觉到浑身充满力量，更加坚定了战胜"非典"的决心。正是在这种精神的鼓舞下，全国上下的医务工作者面对死亡的威胁，没有惧怕、没有退缩，他们用自己的生

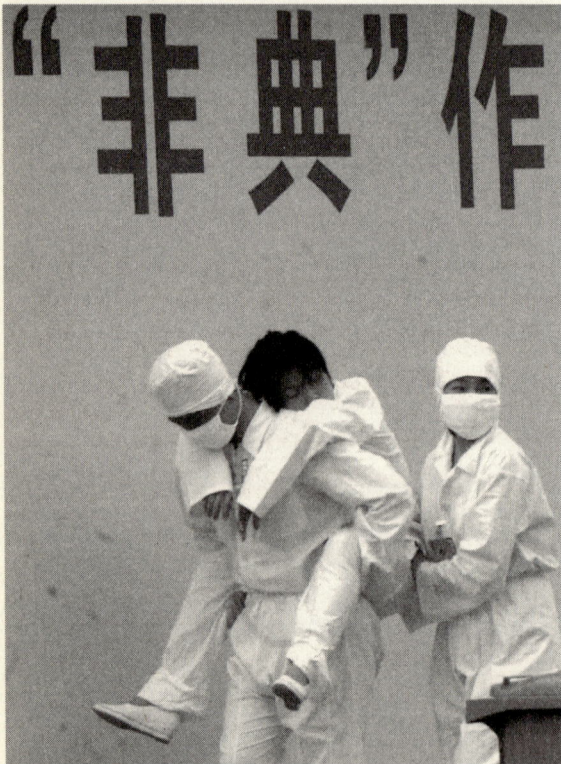

视北京为故乡，视患者为亲人，来自全国各地的军队、武警医务工作者，把对祖国、对人民的真情挚爱洒向小汤山。图为2003年5月在北京小汤山非典定点医院，一位年轻护士虚脱在工作岗位上，战友们为她消毒、换装后，把她背出污染区。（来源：新华社资料图片，王建民 孙彦新 摄）

命,生动而真实地履行了希波克拉底誓言,共同谱写着一曲新的生命颂歌。一句句铿锵有力的话语,一个个奔赴疫区的场面,一批批火速驰援的物资,汇集成"万众一心战非典、同舟共济渡难关"的滚滚洪流。

"非典"疫情虽然表面看来是个公共卫生领域的问题,但在很大程度上影响到了中国医药卫生、旅游、餐饮、宾馆、航空运输、娱乐、零售等行业的全面发展。据统计,"非典"期间,中国内地经济损失总金额为179亿人民币,占当年中国GDP的1.3%。中国香港经济损失总金额为120亿美元,占当年香港GDP的7.6%。"非典"影响了中国经济的发展,对社会稳定也构成了重大的威胁。

危机的警示

"非典"发生在新一届中国政府刚刚成立的时候,当时,各级政府对已发生的公共危机只有临时性的应对,而缺少事先预备的指挥和预案式管理体系,这既不利于政府和社会对公共危机的预警、应急、处置和治理,也不利于对已发生的危机的控制和对遭受危机危害的人群的救助。同时,民众缺乏危机发生时的自救能力和基本常识,更缺乏应对危机的基本防范意识。

"非典"凸显了我们的预防机制的不健全。传统的公共卫生管理重救治轻预防,特别是忽视了危机的预防、监控和评估等事先环节。这样的机制,对潜在的各种危机缺乏基本的分析判断和风险评估,导致风险不能被及时发现和有效防范。

"非典"更凸显了我们的信息沟通的缺陷。信息传递的全球化、多元化使得政府对信息来源渠道的控制减弱,而"非典"初期,各种消息满天飞,政府的宣传传播很是被动,政府与媒体之间的互动也很不协调,由此,一方面加剧了社会恐慌,另一方面也影响了政府和媒体的公信力。

"非典"还凸显了社会参与机制方面的问题。公共危机管理组织体系的主体不仅是政府组织，还应包括一些社会组织，但在"非典"初期，由政府、社区、市民等联合参与的危机救治体系没有建立起来，政府在危机管理中唱独角戏，致使危机管理工作很是被动。

突如其来的"非典"危机，是对25年来我国医疗卫生事业改革与发展状况的一次综合性检验，由"非典"所反映出来的国家应对公共突发危机事件制度的不完善，引发了一系列变革。

危机中成长

《周易·系辞下传》有曰："是故君子安而不忘危，存而不忘亡，治而不忘乱。是以身安而国家可保也。""非典"敲响了我国传统国家安全理念的警钟，也对我国现行的政府危机管理体制提出了挑战，这既是严峻的考验也是难得的机遇。

2003年4月21日是一个转折点，这一天，国务院决定将疫情公布模式与世界卫生组织接轨，将原来的五天公布一次疫情改为每天公布疫情，一改之前政府公关被动的局面。同时，政府主动与世界卫生组织等国际组织合作，配合媒体的工作，满足大众了解真相的意愿。通过各种渠道迅速及时地将信息传达给公众，在积极引导舆论中组织和动员群众，使全国各地的抗击"非典"工作进入到一个全新的阶段。

信息公开的背后是大灾催生的执政新理念。在抗击"非典"斗争的关键时刻，党中央、国务院加快行政管理体制改革，完善各类公开办事制度，提高政府工作的透明度和公信力，明确提出"让权力在阳光下运行，保障人民的知情权、参与权、表达权、监督权"。

党和政府对公众利益的关注，缓解了民众的恐惧情绪，增强了全社会战胜"非典"的信心和希望。政府迅速出台应对"非典"危机的措施和机制，赢得了民众对一个负责任政府的信任。针对"非典"高昂的治疗费用，政府决定"救人第一"，全部费用由国家支付，迅速拨出专款，用了不到一个星期的时间，建立专门治疗"非典"患者的小汤山医院，被称为"小汤山速度"。

在疫情最严重的时候，党和国家领导人带头深入民众，了解情况。胡锦涛主席、温家宝总理的身影出现在医院、街头、建筑工地、商场和居民小区、大学校园，他们亲切地与百姓交谈、握手、一起用餐。中央领导"零距离"接触百姓的亲民形象有力地化解了"非典"引起的社会恐慌，坚定了人们战胜"非典"的信心。在国际上，包括温家宝总理、吴仪副总理兼

2003年5月12日是国际护士节，正在四川考察农村防治非典型肺炎工作的中共中央总书记、国家主席胡锦涛来到自贡市富顺县人民医院，看望医护人员，向广大护士特别是奋战在抗击"非典"一线的全国护理工作者，致以节日的祝贺，并向广大医务人员表示亲切的慰问。（来源：新华社资料图片，樊如钧 摄）

卫生部长等我国重要领导人主动出席应对这场突如其来的全球疫情的各种国际会议，阐述中国政府的立场，积极扩展与各国政府、国际组织的广泛合作，加大对研究"非典"病毒的投入，树立起负责任的大国政府形象。

正如恩格斯所说："一个聪明的民族，在灾难和错误中学到的东西会比平时多得多。"抗击"非典"让人们认识到各级政府必须更加重视履行社会管理和公共服务职能，有效处置突发危机公共事件。党中央、国务院科学分析公共安全形势，审时度势，做出了全面加强应急管理工作的重大决策。2003年，中国政府开始了全国危机应急体系的建设工作。当年，国务院办公厅成立了危机应急预案工作小组。2005年1月，《国家突发公共事件总体应急预案》经国务院常务会议讨论通过，年末成立了国务院应急管理办公室。2007年8月，全国人大常委会通过《突发事件应对法》。与此同时，各级政

2003年6月20日，小汤山医院的非典患者洪云（前左二）康复出院时向白衣天使赠送"生命卫士　抗疫英雄"匾牌。随着最后一批非典治愈者走出北京小汤山医院，这座全国最大的非典收治定点医院在高速运转51天后，完成了它的历史使命。（来源：新华社资料图片，王建民 摄）

府、各个行业加强了针对突发公共事件的应急预案体系建设。之后，全国共制订各级各类应急预案 130 多万件，基本覆盖了各地常见的各类突发事件，形成了"统一领导、综合协调、分级负责、属地管理"为主的应急管理体制。

"非典"之后，我国政府应对公共危机的能力明显增强。从某种意义上来说，2004 年初的禽流感疫情，比"非典"防控难度更大。当年的 1 月 27 日，在首例禽流感病例确诊当日，有关部门就公布了消息，提出相应措施。积极应对禽流感的举措有效遏制了疫情传播。联合国粮农组织顾问劳伦斯·格利森对中国政府及时公开疫情的做法及采取的措施给予了积极评价。2007 年，我国煤矿百万吨死亡率由 2002 年的 4.94 下降到 1.48。全国信访总量和群体性事件的发生起数和参与人数持续下降。妥善处置了松花江水污染事件，有效应对了淮河流域特大洪涝灾害和超大型强台风袭击等重特大突发公共事件。2008 年初波及 20 个省区市、影响 1 亿多人口的冰雪灾害，更是考验了政府的应急能力。党中央、国务院正确决策，镇定应对，把损失降到了最低点。2008 年 5 月 12 日汶川大地震，让我国各级政府的应急管理能力接受了全民乃至全世界的检阅。地震十几分钟后国家地震局就发布了地震消息，一个小时后胡锦涛总书记作出批示，温家宝总理奔赴抗震救灾前线，抗震救灾总指挥部也宣布成立。军队也在第一时间启动应急预案。政府的积极应对，得到了全国人民的高度赞誉和支持。

危机带来契机

除了公共危机管理制度之外，"非典"疫情的爆发对我国医疗卫生改革与发展所产生的影响也是巨大而深远的。

预防疾病、保障国民健康是经济和社会可持续发展的重要保障，是人类永恒的主题，"预防为主"是我国一贯的卫生工作基本方针，是新时期卫生工作的"三大战略"重点之一。但是"非典"疫情的爆发，暴露了我们在卫生发展过程中战略与战术上的缺陷和失误。事实证明，我们没有始终真正把"预防"放到第一位。

建国以来，中国在加速工业化和现代化建设进程中，迅速完成了第一次卫生事业革命，即基本上控制并消灭了严重的传染病和寄生虫病。鼠疫、霍乱、疟疾、天花、猩红热、黑热病等已消除或基本消灭，白喉、麻疹、脊髓灰质炎、流行性斑疹、伤寒、血吸虫病的流行也被有效控制。改革开放以来，中国各类传染病的发病率也降至历史低点，1980年传染病发病率为872/10万、1999年为292/10万、2001为188/10万，人民的健康状况有了明显的改善。但是在取得进步的同时，我们却忽略了对公共卫生的投入。从1996年至2000年的4年中，全国防治防疫机构减少了146家，乡镇卫生院减少了2178家。1980年国家预算卫生支出占GDP的1.1%，到2002年下降到0.8%。一些政府部门在提供公共服务、提高公共福利等方面的职责被削弱。

疾病控制工作是社会性公益事业，是一种成本低、效果好的服务。但是又是一种社会效益回报周期相对较长的服务。为了能够公平、高效、合理地配置公共卫生资源，必须要明确政府在公共卫生领域的作用。2003年"非典"疫情爆发后，国务院通过并颁布了《突发公共卫生事件应急条例》、修订了《中华人民共和国传染病防治法》等一系列法律、法规，逐步建立起一套能够及时对传染病进行预测的监测体系和专业的疫情应急处置队伍，国家对公共卫生事业发展的重视程度达到前所未有的高度。2004年3月，温家宝总理在十届全国人大二次会议上所作的《政府工作报告》中强调了政府的社会管理和公共服务职能，实现由"发展型政府"向"公共服务型政府"转型，淡化单一对GDP增长数量和增长速度的追求。这些新理念的提出给公共卫生事业发展带来了新的理念。从2003年至2007年4年间，政府卫生支出占GDP的比重增加了1.0%，社会卫生支出比重增加了5.0%。

经过"非典"的洗礼，我们更加明确了医疗改革的目标，加快了医疗改革的步伐。2005年5月，卫生部把"市场化非医疗体制改革方向"的观点传递给了大众，提出"看病贵、看病难"等现象，根源在于我国医疗服务的社会公平性差、医疗资源配置效率低，要解决这两个难题，主要靠政府，而不是让医疗体制改革走市场化的道路。随后的国务院研究报告认为，医疗体制改革困境的形成，是近二十年来医疗服务逐渐市场化、商品化引起的。之所以出现这种情况，和政府对卫生医疗事业的主导不足、拨款不足有关，所以核心问题在于强化政府责任，医疗卫生体制改革应以政府主导、公有制为主导，坚持医疗卫生事业的公共品属性。2007年，卫生部部长陈竺在十届全国人大常委会第三十一次会议上，报告了城乡医疗卫生体制改革的最新情况，医疗改革进程再度进入公众视野。2008年3月全国"两会"再次提交并讨论了新的医疗制度改革方案，这标志着中国医疗卫生体制改革近30年的风雨征途进入了最后的冲刺阶段。

2003年的"非典"疫情以及由此引发的思考，给我们留下了永生难忘的记忆，而"非典"给中国社会带来的改变还在继续。

吴军，现任中央保健委员会办公室副主任、卫生部保健局副局长，第九、十届全国青联委员，全国青联医药卫生界别副秘书长，第三届中央国家机关青联委员。

1966年出生于山东青岛，1991年毕业于中山医科大学医疗系，医学硕士。毕业后在北京医院先后任心内科住院医师、主治医师、副主任医师、研究员，先后赴日本国旭中央病院和美国哈佛大学公共卫生学院研修，完成科研课题6项，发表学术论文30余篇。1997年4月至1999年1月受中国政府的派遣，前往处于战乱中的柬埔寨王国担任诺罗敦·西哈努克国王和莫尼列·西哈努克王后的随行保健医生，在极其艰苦、甚至有生命危险的条件下，出色完成了这项特殊的医疗任务。2004年被中央保健委员会授予"中央保健工作先进个人"光荣称号。

2004: 审计风暴

章轲

2004年伊始，十届全国人大二次会议将保护
合法私有财产写入宪法，迈出了依法治国进程中
的一大步。而后，十届全国人大常委会第十次会
议上，审计署1.2万字的年度政府审计报告，在
全国上下掀起了一场"审计风暴"。2004年6月24
日，这一天，审计报告从走形式到动真格，从内
部通报到向全社会公开，从报喜不报忧到主动揭
露问题，反映的其实是中国政务公开的一个侧
影。

2004年12月28日晚，北京饭店C座大宴会厅金碧辉煌、华灯高悬、鲜
花争艳，CCTV中国经济年度人物颁奖晚会在这里隆重举行。

掌声为李金华审计长响起，掌声为审计响起。颁奖晚会最大的亮点是
李金华在晚会上赢得了7次长达半分钟以上的掌声，当时的媒体称，李金
华一次次获得"满场雷动的掌声"。

李金华审计长是因为在中国经济领域掀起"审计风暴"而赢得掌声的，
主持人的颁奖词讲，"他是国家财富的守护者，领导着突出体现执政能力的

政府部门，一个大胆说出实话，勇于面对问题的国家公务员，一个正直的
人。他以自己的行动精彩诠释了什么是执政为民。"

2004年12月28日，2004CCTV中国经济年度人物在北京揭晓。国家审计署审计长李
金华（右二）捧走了分量最重的年度大奖。（来源：新华社资料图片）

记得2003年"五一"后的一天，李金华审计长将我叫到办公室，说我
写的一篇有关"非典"的综合研究报告他觉得不错，已经转给了国务院有
关部门。他问我，"非典"给中国带来的最大影响是什么，对审计工作有
什么启示。我非常肯定地说，"非典"是一场风暴，但它带来的是风暴后的
清新和透明，是中国社会民主化进程的重大里程碑，而民众对透明度的期
望值，将对审计工作产生重大的影响。李审计长点了点头，让我继续关注
国际上国家审计的最新动态，为中国国家审计的下一步跨越提出一些创新
点。这个时候的我，还没有想到下一场"风暴"会离我这么近。

2003年6月25日，"非典"后审计长第一次向人大报告，我预感到方
方面面的反应会比较强烈，特别叮嘱我们随同前往的摄像师，一定要把全

部重要镜头记录完整。当天会议一散,人大常委们高度评价、审计报告掀起风暴的消息就不断传来。当晚的电视新闻、第二天铺天盖地的报纸评论和数以百万计的网络跟帖,一下就将审计署置于了舆论旋涡的中心,"审计风暴"愈演愈烈,我接的电话也越来越多。

"审计署真是好样的,敢公开点名批评国家部委,让我们看到了希望。"这是朋友们说得最多的鼓励话。

"审计长一下得罪这么多人,千万要注意安全啊!"这是朋友们说得最多的关切话。

"审计署这么大胆公开点名,背后有什么深层次考虑?"这是记者们问得最多的问题。

"审计署这样公开点名,让我们地方审计机关又受鼓舞,又很难受,审计长是不是要求我们必须同样跟进?"这是地方审计机关领导和同事们最关心的一件事,因为审计风暴正推着他们站到了风口浪尖。

风暴后的故事有很多,有一天接到一个阿姨打来的电话,她说,审计署这样正派的单位,一定有很多正派的小伙子,她的女儿条件很好,能不能请李金华审计长帮忙在审计署给她女儿找个对象?大家听完都笑了。还有几位练过武术的小伙子,得知李审计长每天都要走路上班,怕他被坏人打击报复,主动要求无偿给审计长当保镖,同志们都非常感动。

审计风暴因何而起?按照惯例,审计长每年6月底都要代表国务院向全国人大常委会做年度的审计工作报告,这项审计署的法定职责,在以往几乎没有引起过人们的关注,那是因为以前的审计工作报告篇幅比较短,内容比较少,很多敏感信息没有全部披露,对审计发现的问题更没有点名,人们根据新闻稿看不出什么名堂。但2003年这一次审计工作报告却注定要被历史所记住。从外部环境看,中国刚刚经历了"非典"的考验,全国人民对"透明度"三个字第一次有了重如生命的认同感,而透明度背后体现出党中央、国务院推进民主、依法行政、依法治国的信心和决心。从内部状态看,2003正值审计署成立20年之际,审计机关也一直在寻求重大的理论创新和实践突破。经过审计署的反复研究，在党中央、国务院领导的大力支持下，一份完全不同的审计工作报告出炉了，没有掩饰，没有删减，没有袒护，重大问题直指要害。特别令百姓感到鼓舞的有三点，一是全文公开，中国的纳税人破天荒第一次知道了政府在花纳税人钱的过程中还有哪些问题；二是公开点名，以往批评常用的"有些"、"个别"、"部分"、"少量"等词都不见了踪影，那些谁都惹不起的单位的问题也被逐一列出；三是言辞犀利，审计署作为国务院的一个部门敢于用严厉的词汇指出其他部门存在的严重问题，还对问题的改进提出了一系列建议，这让公众在大赞审计署的同时，借用香港"廉政风暴"一词，造出了中国自己的"审计风暴"！

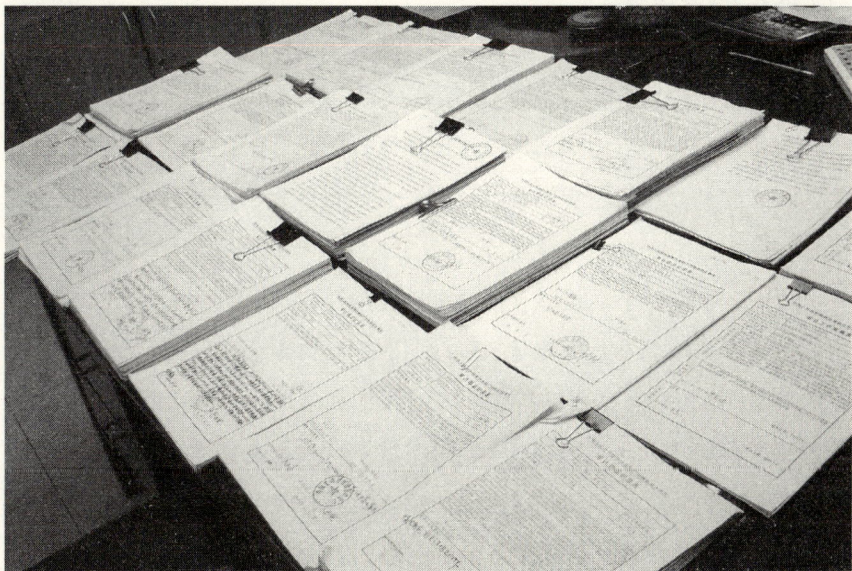

2004年6月23日，审计署审计长李金华在十届全国人大常委会第十次会议上作审计报告，曝光了一大批违法违规案件。图为审计人员取得的广东佛山民营企业主冯明昌从中国工商银行南海支行骗取贷款74.21亿元的大量证据。（来源：新华社资料图片）

2004年6月，被媒体称为"审计清单"的审计工作报告，让"审计风暴"再次席卷中国。约稿、访谈、演讲，李金华审计长俨然成了全中国最热门的新闻人物。"得罪了所有人，就谁也不得罪了"，"不自断后路就当不了审计长"，"死猪不怕开水烫"，"国家审计要做国家财富的看门狗"等等"李金华名言"几乎都成了当年的流行语。当年底颁发给李金华审计长的"2004CCTV中国经济年度人物奖"将中国的"审计风暴"推上了新的高峰。

有的网友说，"李金华之所以被老百姓所关注，最根本的原因就是通过他的审计报告，让老百姓看到了政府的依法治国、依法行政不是口号，他让老百姓看到了政府改革的决心和行动。"还有的网友说，"你在和少数人进行坚决的斗争，你赢得了大多数人坚定的支持。有人把你和风暴联系在一起，其实你是把阳光捧给公众，让经济运行更加公开透明。你今天的当选，让我们有理由期待明天的碧水清山。你的当选，让少数人坐立不安，却圆了最大多数人的梦。"

2008年3月，李金华审计长高票当选为全国政协副主席，一场持续五年的综合时代特色、个人魅力和政治意义的"审计风暴"终于到达了巅峰！

为什么会在当今的中国产生"审计风暴"？为什么别的国家没有？为什么以前没有？以后还会不会继续刮？这是很多人都关心的问题，我的看法是：

第一，长期以来，我们对国家审计在国家政治、经济发展和社会进步中能扮演什么角色不是很清楚，审计职能没有得到充分发挥。随着审计事业的发展，当审计署刮起"审计风暴"，媒体和各地民众都质疑地方审计机关为什么不刮"审计风暴"时，绝大多数审计人员也糊涂了，原来审计还能这样干呀！回想当年，我是新中国第一批审计专业本科生，我们和老师一起，对审计是什么，审计要干什么，审计怎么教，审计怎么学都很困惑。最麻烦的是向其他专业的同学解释自己的学习内容，总是讲不清，经常还被人误解。我记得总有外系同学问我，审计是不是"审查计划生育"，或者问审计是不是"审查计划"，最靠谱的也一口认定审计不是"审查统计"，就是"审查会计"，叫人哭笑不得。我印象最深的是，20年前我在基层审计机关锻炼的时候，每年确定审计计划时，最重要的就是挑选经营好、有利润

314
亲历 1978—2008

的单位，只有到这种单位去审计，发现了问题才能收缴款项，才能罚款，到了年底在审计局内部的评比中才能得优秀。当年的这些审计工作思想和现在"审计风暴"比起来，真是天壤之别，但也见证了改革开放30年来，审计巨变背后的国家巨变。

第二，国家审计是国家的基本政治制度，是维护民主、落实法制的重要措施，但是，多年来，中国的国家审计一直被定位于政府经济调控和财经执纪的层面，与国家审计的本质要求有巨大差距。当我们早年看到美国审计署批评美国国防部伊拉克战争导弹精确度不高时，还常常嘲笑他们不专心财会审计业务，专干旁门左道。所以说，实际上别人的风暴早就在刮，而且一直在刮，只是我们没看懂。中国刮起"审计风暴"之后不久，美国审计署将正式名称从"GENERAL ACCOUNTING OFFICE"（美国会计总署）改为"GOVERNMENT ACCOUNT ABILITY OFFICE"（美国政府责任署），标榜美国的国家审计将更加关注政府责任。当时，我正好应邀在美国访问，在专门拜会美国审计长时，我就问他，美国的国家审计现在干的工作和财务越来越远，和政治越来越近，会不会陷入政治中去。美国审计长的回答相当干脆，他说国家审计从来都和政治经济无法分离，政府责任到哪里、国家利益到哪里，国家审计就要到哪里，这是国家审计的使命，而不是注册会计师的追求。

第三，中国的传统官场文化一直是以"和合"为主旋律，以批判性为主的工作方式，而且是公开性的批评，在官方机构之间能否允许出现，是中国官员数千年以来从未面临过的巨大难题。在中国，"审计风暴"能刮起来，最重要的支持是来自于党中央、国务院的依法行政决心和政治民主化的决心，没有中央的支持，就不会有中国的"审计风暴"。记得李金华审计长在接受媒体采访时多次强调，如果没有党中央、国务院的支持，就是借给我李金华1000个脑袋，我也搞不起什么"审计风暴"啊！

第四，透明度与和谐稳定之间的矛盾如何处理。透明度的背后，是知情权，是公众参与，是民主。但透明度也可能在准备不充分的情况下造成

2005年1月5日，全国审计工作会议在厦门召开。图为审计署审计长李金华（左二）在主席台上作报告。（来源：新华社资料图片）

民意混乱或社会动荡，危及政权。在中国，稳定能否建立在透明的基础之上？"审计风暴"之前我想多数人都没有把握，但"审计风暴"之后，我们有了信心，因为我们的党已经成熟，我们的政府也很成熟，民主法制和透明度只会促进稳定，而不会危害稳定。反过来，正常渠道信息封锁，谣言漫天飞，反而更加危险。

第五，"审计风暴"不可能持久！不是说审计工作会倒退，而是审计结果引起的社会震动会迅速减弱，从不了解到了解，从少了解到多了解，公众经过教育，会更多了解情况，会更理性看待问题，所以审计工作也不容易再刮起"风暴"。

第六，审计工作还需要刮"风暴"吗？不需要。风暴是短暂的，但审计是长期的。审计工作最重要的追求是制度建设，而不是个案查处；要建设消防系统，而不是当灭火队。2008年，审计署提出国家审计的本质是国家经济社会运行的"免疫"系统，明确国家审计要把推进法治、维护民生、推动改革、促进发展作为工作的出发点和落脚点，不断增强审计工作的主动性、宏观性、建设性、开放性和科学性。

"审计风暴"之后，有识之士的关注焦点大约集中在这么几个问题上：

第一，审计之后，问责如何跟上。因为国家审计只能揭露问题，而不能处理问题，更不能处理人，所以问责体制的建设成了这些年党中央、国务院非常关注的一个热点问题。李金华审计长曾经指出，国家治理需要将责任法制化。在谈论法制的过程中，人们往往倾向于追求权力的法制化，却容易忽略责任的法制化。这样一来，由于获取权力和行使权力的成本太低，又进一步强化了政府及各部门追求权力的冲动。他反复强调，国家审计关注责任，但我们无法强制性地要求谁去承担责任，我们只能坚持一条，那就是让应该进一步追究责任的事诉诸公众，让阳光和社会为问责导航。

第二，为什么会屡审屡犯？我觉得主要原因有五个，一是中国的被审计单位多，审计是轮着审，不可能每年都审，今年在甲身上发现的问题明年在乙身上发现是可能的；二是体制机制问题没有解决，老问题还会重新犯，例如政府机关的人员经费保障和津贴补贴规范工作远未完成，因此挤占挪用项目支出弥补人员经费不足是必然之举；三是由于管理经验不足，同类问题在不同单位重复发生，最典型的就是基本建设方面的问题，由于多数建设单位的业主管理人员都不具备专业的建设管理经验，各种形式的学费一直在不断地重复上交；四是利益驱动，当个人私利和小集体利益的私欲膨胀，而监督检查的力度不够，或者惩罚力度不够时，铤而走险就会层出不穷；五是改革发展很快，很多法律法规和规章制度建设跟不上，缺乏事先警示，待到出了问题再查处，为时已晚！

第三，谁来监督审计署？这是一个最近又被热炒的话题。由于审计机关有监督权，能够披露揭示别人的问题，那么谁来监督审计署呢？从制度安排和公平公允角度看，这是一个非常重要的话题。审计署在2004年修订《审计法》时，专门就此提出过建议，希望写入法律。但在随后的法律出台过程中，这一条始终未能得到专家的认同，他们的主要理由是，目前中国的法律体系中，没有单独对哪一个行政部门进行监督的制度安排，监察部可以监督包括审计署在内的各单位，财政部的预算监督也涵盖所有预算执行单位，没有必要单独对审计署写一条。看来，这个问题的解决，可能还需要从法律环节进一步思考和研究。

总之，我们相信，"审计风暴"过后，天空会更蓝。

章轩，现任审计署办公厅副主任，第十届全国青联委员，第三届中央国家机关青联委员，北京市第十三届人大代表。

1968年出生于广西柳州，祖籍浙江。1989年毕业于广州中山大学管理学院，之后直接进入审计署工作至今。经济学学士、管理学硕士，会计学博士在读。

拥有高级审计师、注册房地产价格评估师资格，是中国最早的资深英国特许公认会计师之一，2005年作为美国艾森豪威尔基金会访问学者到美国访问交流。是享受国务院特殊津贴专家，英国特许公认会计师公会（ACCA）特聘培训专家，北京大学硕士研究生导师。

长期从事审计管理与审计业务工作，曾任审计署投资审计司处长、审计署干部培训中心副主任、中国证券发行审核委员会委员、审计署审计长办公室主任和联合国审计委员会委员办公室主任。

2005：油荒

魏一鸣 ••••••••••••••••••••••••••••

国民党、亲民党以及新党三党主席相继访问大陆，十五规划完满收官，金融体制改革取得重大进展，种种迹象表明中国政治、经济和文化处于全面发展期。然而，随着国民经济的高速增长，能源供给难以满足日益增长的需求，瓶颈约束造成短缺和价格上涨。2005年7月，一场波及全国的"油荒"毫无征兆地来临。继广东成品油供应持续短缺之后，黑龙江、山东、云南等地也陆续遭遇了燃油供应吃紧，能源警钟敲响。于是，能源问题在国人面前首次"轰然"亮相。

2005年8月初，广东省特别是珠三角三个核心城市接连出现成品油供应紧张局面，民众称其为"油荒"。当时我在南方，深切地体会到了"油荒"对社会和居民生活的影响。在这期间，出现了多个地区大面积持续缺油，油价气价高涨，市内多家油站无油可加的现象，少数有油供应的油站外面均排起长长的加油车龙。"油荒"打乱了当地人民的生活节奏，由于加油难，广州市许多单位的公务车已经停驶，政府提倡广大市民乘公交车上下班，许多小区内的停车场所白天也停满了私家车，与此同时，市内平时经常塞

2005年8月中旬以来，城乡处处汽车长龙等候加油成为珠三角一景，"油荒"成为广东市民议论的热点。图为8月16日，在深圳宝安区永福工业区，几名男子将一辆耗尽汽油的汽车推回工厂。（来源：新华社资料图片）

车的路段却相当畅顺，平时车流不断的大街忽然显得有些空旷。

后来，我一直密切关注"油荒"的进展。2005年8月23日，国家发改委作出"自今日起全国油品提价"的决定后，持续一个多月的"油荒"终于告一段落。珠三角地区这次"油荒"为历年罕见，不管是在持续时间、影响范围，还是在短缺品种等方面均破了改革开放以来的纪录。2007年10月，全国各地再次出现以柴油紧张为代表的"油荒"，尤其是在长三角和珠三角地区，柴油零售市场全线告急，部分地区更陷入脱销境地。作为人民生活水平提高的重要标志，汽车（尤其是私家车）保有量的快速增长（由1995年的249.96万辆增长到2007年的2876.22万辆，增幅达1056.67%），造成石油消费总量的迅速增加（由1995年的14886.39万吨增长到2006年的34600.2万吨，增幅达132.43%），带来了较大的供应压力，这在很大程度上导致"油荒"阴影不断。

"油荒"是中国经济发展与能源供给矛盾最直接、最突出的表现之一。能源是当今社会的基础性战略资源和经济系统的基本生产要素。能源的短缺，不论是总量的还是结构性的，都直接影响国家经济和社会发展。改革开放以后，制度和管理创新以及技术研发、引进和扩散等因素，促进了中国能源效率的提高，实现了能源消费的相对低速增长。但是自20世纪90年代以来，中国经济的持续快速增长造成中国能源石油进口依存度迅速增加。同时世界能源市场发生剧烈动荡，国际原油价格急剧攀升，并不断突破历史记录。高涨的国际油价大幅度提高了中国经济增长的能源成本。"油荒"频频出现凸显了"国家能源安全"这一中国政府和社会高度关注的战略问题。

国家能源安全是一个现代社会的范畴，其概念自提出以来经历了一个不断发展和充实的过程。在现阶段，对国家能源安全的定义可以概括为能源的经济安全（供应安全）和能源的生态环境安全（使用安全），前者是指满足国家生存与发展正常需求的能源供应保障的稳定程度；后者是指能源消费及使用不应对人类自身的生存与发展环境构成任何大的威胁。中国人均能源资源储量有限，难以完全满足国内日益增长的能源消费需求。能源（尤其是油气资源）进口可以在很大程度上缓解中国能源供需矛盾，但是石

2005年8月16日，众多车主驾驶车辆在广州市天河区中石化新力加油站等候加油。（来源：新华社资料图片，陈学思 摄）

油对外依存度的快速增加对中国能源安全是一个严峻考验。同时随着能源消费量的增加，化石燃料的大量使用也造成了十分严重的污染和温室效应，导致我们赖以生存的生态环境被破坏。

从研究生时代开始，20年来，我一直秉承科研工作是要为国家科技进步、社会与经济发展服务的理念。管理科学更是以解决社会经济中的现实问题为导向的交叉学科，而能源问题不但关系到国家经济发展与政治稳定，还与人民生活息息相关，因此，我选择了能源与环境政策研究作为研究的主要方向之一。在实践中，我和我的团队是以中国能源战略和政策领域的若干重要问题开展研究，并对不同的政策选择进行分析，为中国能源战略和政策的制定提供决策参考。

长期以来，我国实行"立足国内，以煤为主"的方针，虽然造成中国能源消费结构落后于国际先进水平，但在总量上基本保证了国内社会发展和经济增长的需要。然而随着中国能源消费结构的逐步优化，石油、天然气在一次能源消费中的比例也逐渐增大，经济发展对石油的依赖程度也越来越高，受国内石油生产能力的制约，2007年中国石油进口依存度接近50%，因此，能源安全问题凸显。国内能源安全隐患主要表现在：1. 低效、高污染能源（以煤炭为主）在一次能源消费结构中占很大比重；2. 石油进口渠道和方式单一，进口风险较大，成品油出口缺乏国家宏观调控；3. 石油战略储备刚刚启动且规模较小；4. 能源利用效率低，碳排放强度大；5. 国家缺乏能源供应安全预警机制。

近年来，我国政府在保障国家能源安全方面，采取了一系列积极的政策和措施，包括：1. 能源外交方面，实施"走出去"的能源战略，鼓励国内能源企业参与海外资源的勘探开发，实施能源外交多元化；2. 石油进口方面，实施进口渠道的多样化，通过市场和外交手段分散进口风险，并开展区域性能源合作，如中日共同开发东海油气田，中哈石油管线建设等；并制定对石油化工企业的补贴政策和措施，在油价高位时保障成品油供应。3. 石油储备方面，国家加快了石油储备体系的建设步伐，并在积极筹备推行石油期货交易。4.节能和可再生能源方面，鼓励开发和应用节能降耗的新技术，充分利用可再生能源；增加油气工业上游关键技术的 R&D 投入，加快技术演化的步伐；并大力发展洁净煤技术，提高煤炭利用效率，力求实现经济增长方式的转变。这些政策的实施将促进我国在能源新格局中占据有利地位。

全球气候变化是21世纪人类面临的最复杂的挑战之一，减缓气候变化的有效措施之一是减少温室气体的人为排放，这对人类使用化石能源的方式提出了新的挑战，因此，气候变化赋予能源安全新的内涵。从2006年开始，作为世界上最大的发展中国家和第二大能源生产国和消费国，以及仅次于美国的第二大碳排放国家，中国的碳排放问题已经成为国内外学术界和各国政府共同关注的焦点。因此，研究中国的二氧化碳排放问题对实现国家的可持续发展，减缓全球气候变化具有积极的意义。

减少中国的温室气体排放问题需要从能源利用和二氧化碳排放的角度入手。有必要针对当前中国二氧化碳排放现状及其历史演化、碳减排技术、碳市场、碳减排策略和政策领域的若干热点问题开展系统研究，为中国未来的二氧化碳减排和应对气候变化战略与政策提供决策参考。为此，我们深入研究了其中的一些国际热点问题，包括：1.在可持续发展的框架下，从碳减排的角度分析中国面临的机遇和挑战；2.从历史累计排放量、人均排放量、二氧化碳排放强度、二氧化碳排放演变过程、最终消费等多个角度，系统分析中国二氧化碳排放特点；3.分析在不同的经济发展阶段，二氧化碳排放主要受哪些因素的影响；4.中国碳密集部门二氧化碳排放的演变特征分析；5.中国区域二氧化碳排放演变及比较分析；6.二氧化碳减排技术的减排能力及其影响研究；7.二氧化碳减排政策模拟研究；8.国际碳市场机制及其对减排的影响研究。以此为基础，我们出版了《中国能源报告》。

中国二氧化碳减排战略应遵循"技术优先，多元发展，经济安全"的基本原则。我认为：1.结构减排潜力巨大，优化结构是减排的长远战略；2.生活行为对碳排放影响巨大，引导居民消费模式作用显著；3.出口贸易隐含大量碳排放，改善贸易结构是当务之急；4. 技术进步能有效减少碳排放，自主创新是根本途径；5. 碳税政策能抑制碳排放增长，但需特别关注对经济的负面影响；6. 国际碳市场是减排的有效机制，未来需积极参与并不断完善。

在应对气候变化的战略上，我国应该重点突出以下几个方面：1. 在国家能源战略中体现减排方向；2. 加快低碳能源技术的研发；3. 优化产业结构和能源消费结构；4. 充分利用国际机制加速能源技术引进；5. 加强减排政策的社会经济影响研究；6. 加强减缓温室气体排放的宣传工作。

党中央和国务院一直高度关注能源与气候变化问题。党的十七大后，对能源相关工作进行统筹规划，并通过立法工作的推进来保障国家能源安全。作为一个负责任的大国，中国在2007年发布了《气候变化国家方案》。在世界呈多极化发展的历史时期，中国是否可以成为一个有能力负责任、真正具有国际影响力的大国，能源与环境政策的成功与否将起到至关重要的作用，这也对我们从事能源与环境政策研究的科研工作者提出了更高的要求。中国能源的未来发展面临诸多难题，为了切实保障国内能源供给，做到能源与环境、社会经济的可持续发展，把我国建设成为富强民主文明和谐的社会主义现代化国家，任重道远，需要我们不懈地努力。

魏一鸣，现任中国科学院科技政策与管理科学研究所副所长、研究员。中国优选法统筹法与经济数学研究会秘书长，中国能源研究会能源系统工程专业委员会副主任，担任6份国际学术期刊编委及8份中国学术期刊编委。

1968年出生于江西安远，1996年获北京科技大学工学博士学位。先后主持国家科技支撑计划、国家自然科学基金重点项目等课题30余项；发表学术论文180余篇，其中在本领域国际一流学术期刊发表论文30余篇；著作8部。学术论文被同行引用超过1500次。向中央和国务院提交了多份政策咨询报告并得到了重视。

　　曾获国家杰出青年科学基金、第七届中国青年科技奖、"首批新世纪百千万人才工程国家级人选"；获国务院政府特殊津贴。曾获4项省部级科学技术或自然科学奖。

　　重视研究生培养，曾获中国科学院优秀研究生导师称号，指导的研究生曾获中国科学院优秀博士学位论文、北京市优秀博士学位论文等奖励。

2006: 创新

胡伟武 ....

2006年1月9日，全国科技大会在北京召开，胡锦涛主席宣布了中国未来15年科技发展的目标：2020年建成创新型国家，使科技发展成为经济社会发展的有力支撑。同年9月13日，中国科学家在北京宣布研制成功新一代通用中央处理器芯片——龙芯2E。于是，我们向世界证明了，中国拥有在产业核心技术上完全自主的创新能力，中国"无芯"时代已经成为历史。

　　2006年1月9日，全国科技大会在人民大会堂隆重召开，向全国发出了"自主创新"的伟大号召。不久后的2006年10月26日上午12点，人民大会堂，胡锦涛主席和来访的法国总统希拉克会谈结束出席相关协议的签字仪式。在我的助签下，时任中国科学院副院长的陈竺和欧洲最大的半导体公司——意法半导体的代表签署了中科院计算所和意法半导体公司在通用处理器方面进行战略合作并授权意法半导体公司进行龙芯处理器生产和销售的协议。这是我国信息领域核心技术首次对外授权，标志着龙芯处理

2006年1月9日，出席全国科学技术大会的代表在北京参观科技创新重大成就展。图为代表们在参观仿生机器鱼。（来源：新华社资料图片，黄敬文 摄）

器的产业化迈出了坚实的一步。我作为龙芯处理器的主要设计人员，此刻终于走出了从以论文为导向的研究到以国家需求和产业发展为导向的研究的坚实一步。

通用CPU是武器装备的核心器件，是信息产业的基础部件。因为缺乏自主的处理器设计技术，我国信息产业严重受制于人；如果不攻克通用处理器这个信息领域的最高峰，我们的指挥系统、武器装备、金融中心等关系到国家安全和社会稳定的领域和部门就难以有真正的安全，我们的国家安全将受到严重威胁。建国以来，我们的父辈通过自力更生艰苦奋斗建立起自主可控的工业体系，创造了"两弹一星"的奇迹；在改革开放的今天，我们更需要建立起自主可控的信息产业体系。自从中国科学院开始实施知识创新工程以来，对广大科研人员提出了"面向国家战略需求、面向国际科技前沿"的新要求，计算所领导带领全所突破"小作坊"式的科研模式，凝练科研目标，选择通用处理器这一国家战略产品作为重要的攻关目标。我有幸成为计算所处理器研发的主要负责人，带领龙芯团队进行龙芯处理器的研发。

　　国际上高性能通用处理器经过几十年的发展，已经达到很高的复杂度，需要很强的系统工程能力。由于种种原因，我国在"八五"和"九五"计划期间没有部署通用处理器的研制，我们在没有任何积累的情况下必须从零开始。龙芯课题组刚成立时，只有十来个人及一间五六十平米的实验室。我们在没有任何经验的情况下，边摸索边前进，采取"小步快跑"的方法，克服种种困难，顽强拼搏，加班加点。经过一年半的努力，2002 年 8 月 10 日清晨 6 点零 8 分，"login："的字样如约而至地出现在基于龙芯 1 号处理器的计算机屏幕上，中国人结束了只能用外国人的 CPU 造计算机的历史。我抱着键盘，迫不及待地登录进去，编写龙芯 1 号产生的第一个文件，其中有一段是这样写的："The historical time of 6：08 on 2002.8.10 ends an era while begins a new one. The day in which we make computer with foreign CPUs

　　2002 年 9 月 28 日，全国人大常委会副委员长周光召（前右二）、中国科学院院长路甬祥（前右三）、中国科学院计算所所长李国杰（前右）为中国第一款通用中央处理器"龙芯"1 号的问世揭幕。我国自主研制的"龙芯"1 号主频为266 兆赫，达到 1997 年国际水平。（来源：新华社资料图片，姜岩 摄）

is gone with the wind of the morning of 2002.8.10. With tears and joys, we announce the successful running of LINUX (Kernel 2.4.17) with the Godson-1A CPU. The great ecstasy at this moment makes all of our exhausting efforts of the past year be over paid. Though this is only a little step of a long march, it indicates the glorious future of our own CPU."

正因为龙芯的重要性,自从我们于2002年研制成功龙芯1号以来,龙芯就是在关心者和反对者的疑虑和质疑中前进的。每前进一步,老的问题就会消失,同时新的更难的问题就会出来,只能在实践中不断总结经验,通过发展的方法解决前进中的问题。

龙芯1号处理器主频250MHz,与奔腾II处理器的主频相当,但用国际公认的标准测试程序的实测性能是相同主频的奔腾II处理器的一半左右,离实用还有较大距离,龙芯1号研制成功的喜悦随即被性能不高的郁闷所取代。知耻而后勇,在随后的龙芯2号系列处理器研制中,我们大胆采用了四发射乱序执行的先进结构,2003年研制成功的龙芯2B性能是龙芯1号的3倍,超过了相同主频的奔腾II处理器的性能;2004年研制成功的龙芯2C通过提高主频和优化结构性能又是龙芯2B的三倍,达到了奔腾III处理器的性能;2005年研制成功的龙芯2E主频达到1GHz,其性能又是龙芯2C的3倍,达到了中低档的奔腾IV处理器的性能。这样,通过连续三年、每年性能提高三倍的"三级跳",使龙芯2E在单处理器方面达到了世界先进水平,实现了我国高性能通用CPU的跨越发展。目前正在研制的龙芯3号多核处理器争取进入世界领先行列。龙芯处理器的研制过程告诉我们:中国人在信息产业的核心技术方面,完全能够通过创新跨越取得突破。自主创新需要一种不怕鬼、不信邪的精神。

自主创新的根本任务是促进经济社会发展,科研的目的归根到底是为国家发展服务,为经济社会服务。全国科技大会提出"提高自主创新能力,要紧紧扭住为经济社会发展服务这一中心任务",要建立"以企业为主体、市场为导向、产学研结合"的技术创新体系。党的十七大又明确提出科学研究要"突破制约经济社会发展的关键技术问题"，这是继我党提出我国的科学研究要在世界上"占有一席之地"以及"发展高科技，实现产业化"之后对科研提出了更加明确的要求。同样，龙芯的研制不是为

2006年9月13日，中国科学家在北京宣布研制成功新一代通用中央处理器芯片——龙芯2E，性能达到了中档奔腾Ⅳ处理器的水平。图为工作人员在展示龙芯2E。（来源：新华社资料图片，李斌 摄）

了评奖、评职称、发表论文，龙芯的发展归根到底是为国家战略安全服务，为提高我国信息产业的核心竞争力服务，龙芯的真正价值只有在应用中才能得以体现。

国际先进的科研成果并不一定是有市场竞争力的市场产品。虽然龙芯处理器本身的成本很低，但由于外围的配套芯片成本偏高，使得龙芯的系统成本高，影响了产品竞争力。要使产品在市场上具有竞争力，需要考虑的是全系统成本，而不仅仅是处理器本身的成本。经过深入的市场探索，我们改变了科研的态度，从论文和评奖的科研导向转变为以市场为导向，对龙芯2号处理器进行了大量不适合发表论文但能扎扎实实提高产品品质的改进工作，于2006年完成了龙芯2F的设计。与龙芯2E相比，龙芯2F集成了更多的功能，进一步降低了功耗，提高了性能，是可以与国际大公司的CPU同台竞技的产品。龙芯2F后续的龙芯处理器产品市场竞争力更高。同时，面向市场的科研工作也为我们提供了更为丰富的创新思想，实现了市场导向和科研创新的相互促进。

龙芯的市场推广比研制本身难度更大。龙芯的自主创新是在开放情况下的创新。我国不乏在被技术封锁的情况下通过技术突破打破封锁的例子，

但在开放情况下打破国际垄断集团的技术垄断比封锁情况下打破封锁要困难得多。由于通用处理器的市场受强大的国际垄断企业的控制，国内的系统集成企业都受制于像 Intel 或 AMD 这样的 CPU 提供商，不敢得罪国际垄断企业，而像龙芯这样的通用处理器应用面广、产业链长，龙芯可以应用在电脑、网络设备、工业控制、数字家电等各行各业，龙芯的产业链除了 CPU 以外还涉及套片、主板、操作系统、应用软件、系统集成、服务等诸多环节，因此龙芯的应用推广依赖于产业环境的改善，需要形成一定规模的产业集群，无法由一个单位一条一条地建设产业链。也正因为如此，龙芯不是一般的芯片，而是国家战略产品，龙芯的产业化成功，将带动整个产业集群，对我国国民经济的带动极大，将直接冲击像 Intel、微软和 IBM 这样的国外大企业，打破西方国家的信息垄断和数字霸权。

市场推广光凭科研人员的满腔热情和刻苦攻关是不够的，政府的支持也只能是"扶上马、送一程"的工作，要与国际垄断企业同台竞技，除了使自己的产品具有竞争力外，还必须有正确的市场策略。

经常有人问我，国外大企业每年投入几十亿美元，几千人的研发队伍，而我们人员只有百来人，经费只有几千万，怎么做得过国外大企业呢？事实上历史就是在弱小者不断战胜强大者的过程中得到发展的，决定一件事情或一个组织的成败，不在于眼前是否强大，而在于这件事或这个组织是否符合历史发展的潮流，是否得到广大人民的拥护。星星之火，可以燎原。

全国科技大会上提出"坚持以人为本，让科技发展成果惠及全体人民"。信息化为广大人民服务的定位是龙芯先进性的源泉。弱小和强大是相对的，现在强大的，如果丧失先进性，未来未必强大；现在弱小的，只要具有先进性，就会逐步强大起来。国外垄断集团不断升级计算机产品的背后是对暴利的追求，并不符合中国人民和广大第三世界国家人民的需求。中国不可能在西方垄断公司获取暴利的情况下完成全国人民的信息化，中国人民也不可能通过全民族的盗版完成信息化。我国是一个人口众多的发展中国家，不应盲目照搬美国给我们指定的信息化道路，应该坚持"信息化为广大人民服务"的理念，走有中国特色的、节约型的可持续发展信息化道路，自己掌握核心技术，通过高性能、低成本、低功耗的处理器设计，大幅度降低信息化成本，通过自主、可靠、安全的处理器设计，满足国家战略需求。相比之下，本质上以追求暴利为目标的国外垄断集团不可能真心实意地走低成本信息化的道路，他们具有历史包袱。因此，西方垄断集团虽然貌似强大，但实际上非常脆弱；龙芯虽然目前还比较弱小，但具有很强的生命力。

虽然中国的产业环境受制于国外垄断集团，不利于龙芯的发展，但不利中蕴涵着有利因素。虽然国内信息产业的骨干企业受制于 CPU 提供商，他们不敢得罪 CPU 提供商来使用龙芯，但中国信息产业成千上万的企业，由于没有掌握核心技术，卖来卖去就是比着卖盒子，打开盒子里面都是一样的，整个产业已经非常透明，大家都在寻求变化。尤其是大量在大企业的夹缝中艰难生存的中小企业非常愿意接受龙芯这样的新生事物，寻求通过改变来获得市场先机。我们相信只要有几家中小企业由于使用龙芯在市场上取得竞争优势，就会有大量的其他企业一拥而上。我们只要坚持信息化为人民服务的理念，走低成本惠及大众的信息化道路，找准几个突破口，就有可能产生连锁效应。这样经过几年的努力，在全国就会成为燎原之势，逐步改变市场的游戏规则和龙芯的生态环境。

根据上述情况，我们明确了"强化核心，辐射产业"的产学研结合的龙芯产业化的思路，建立广泛的统一战线，团结一切可以团结的力量参与龙芯的应用和推广工作。即计算所主要负责基础研究及共性关键技术的研发，同时成立专门的技术服务部门作为龙芯产业化的窗口负责成果转化、技术转移及技术服务。以此为核心，通过产业化基地的建设、技术转让或授权等手段改善产业环境，辐射出一大批面向不同应用的芯片或系统龙头企业。通过让利于下游企业，带动和辐射下游的龙头企业创造效益，改变受制于人的产业环境，带动千亿、万亿规模的 GDP，起到龙芯作为国家战略产品该起的作用。

经过多年的努力，龙芯处理器在雷达和声纳信号处理、指挥控制平台、网络和通信安全等涉及国家安全和国防安全的领域得到初步应用；龙芯2号处理器授权世界著名半导体公司意法半导体生产和销售，取得了可观的授权费用，实现了我国信息产业核心技术首次对外授权；龙芯处理器实现规模化生产和销售，大量骨干企业参与到龙芯的应用和产业化中，产学研用结合的龙芯产业环境初步形成。基于龙芯处理器的计算机系统通过严格的可靠性实验，即将形成型号装备；龙芯2F在工业控制、网络防火墙、低成本电脑等方面取得了百万套的定单并开始规模生产。龙芯处理器的研发成功，标志着我国掌握了高性能通用处理器的核心技术，我国信息产业有了腾飞的基础、信息安全有了基本保障。

发展自主知识产权的微处理器，建立自主可控的信息产业是国家的需要、时代的需要，是产业发展的需要。龙芯的实践表明，在产业核心技术方面，我们完全有能力通过自主创新实现跨越发展。

龙芯，中国人自主创新之星！

胡伟武，中国科学院计算技术研究所研究员，博士生导师。第九、十届全国青联委员，第三届中央国家机关青联常委，第十一届全国人大代表。

1968年出生于浙江永康，1991年中国科技大学计算机系本科毕业并获工学学士学位，1996年中国科学院计算技术研究所博士毕业并获工学博士学位。

2001年开始作为总设计师主持龙芯高性能通用处理器的研制，先后研制成功龙芯1号、龙芯2号等通用处理器，达到世界先进水平，广泛应用于军工、工控、嵌入式、网络计算机、桌面等领域，结束了中国计算机"无芯"的历史。

曾获"全国首届优秀博士论文奖"、"中科院杰出科技成就奖"、"全国青年五四奖章"、"光华工程科技奖"、"中国青年科技奖"等奖励。

2007：蓝藻

孙雪涛

　　曾几何时，我们眼中的天空洁净蔚蓝，我们身边的水纯净剔透。然而2007年的"蓝藻"危机敲醒了我们，看似"天灾"的"人祸"考量着每个人的内心。随着经济的迅速发展，污染物的不断累积以及污染治理的相对迟滞，水环境污染破坏已经给居民健康、经济发展和社会稳定带来严重影响。中国的环境保护已处于非常危急和关键阶段，只有切实按照刚刚写进党章的科学发展观的总体要求，采取果断措施遏制污染的蔓延，才能满足社会经济发展对环境的需求。

　　2007年5月28日快要下班的时候，国家水利部水资源司忽然收到太湖流域管理局转发的一份无锡市水利局的传真，主要内容是："今日监测，无锡市太湖南泉水厂水源恶臭、水质发黑，水源地附近出现了从水面到湖底通体稠黑的'黑水团'，黑水团中氨氮指标上升到每升12.7毫克以上，溶解氧下降到接近零……"我们心头一紧，预感到情况可能很严重，马上向太湖局进一步了解情况。了解到的情况比我们想得还要糟糕，于是，我们立即向部里作了汇报。

　　这一天，一场轰动全国、震惊世界的饮用水危机突袭无锡城。29日下午，无锡市民家里的自来水开始发臭，不是单纯的漂白粉味道，而是类似于阴井盖下淤泥的臭味。30日，臭味加剧，用自来水洗完手会长久保持一股臭味。超市纯净水销量猛增，很多市民一次就买四五箱，到晚上已被抢购一空。网络上，一条"如何用一小瓶矿泉水洗澡"的帖子迅速传播。各大报纸、电台、广播、网站纷纷报道，追踪事件的最新进展。当时，正值联合国秘书长与卫生顾问委员会第八次会议在上海召开，不少参加会议的国际友人得知了消息，十分关注。荷兰亚历山大王储在回国登机前，还关切地询问我方工作人员："太湖的水怎样了？"无锡，这座具有三千多年历

　　2007年5月底，太湖无锡流域大面积蓝藻爆发，近百万市民家中的自来水无法饮用。图为5月31日，无锡市自来水总公司南泉水源厂的工作人员在取水口附近水域打捞蓝藻。（来源：新华社资料图片）

史的古城、吴越文化的发源地、太湖北部的璀璨明珠，一夜之间成为全国乃至世界舆论关注的焦点。

这就是太湖蓝藻事件爆发引起的水资源危机。

危机的化解

事件引起了党中央、国务院的高度关注，当地政府以人为本，采取了迅速、及时、有效的应对措施。各级领导出现在泵站、水厂、大卖场，出现在学校、医院、养老院，和百余万市民共渡难关。环保、城建、水利等部门立即采取应对措施。水利部门迅速启动应急预案，2007年5月29日，水利部调度"引江济太"的流量增至每秒240立方米，促进太湖水体流动；同时，建设部组织专家紧急进行自来水除臭研究，采取应急措施；省市政府组织紧急调运大量饮用水，保证了饮水供应；无锡市采取人工打捞蓝藻、人工增雨等措施改善水源地水质。

6月1日上午，水利部部长陈雷专程到太湖流域管理局召开"引江济太"应急调度会商会，决定最大限度地加大望虞河引江入湖水量，严格控制环湖口门运行，适时减少太浦闸泄量，对望虞河干支流和太湖湖区14个站点进行水量水质同步监测，及时启用望虞河常熟枢纽、望亭立交、太湖贡湖湾水质自动监测站。6月4日，无锡市政府发布公告，"经卫生监督部门连续监测，我市自来水出厂水质达到国家饮用水标准，实现正常供水。"笼罩在无锡市民心头的阴霾消散了。6月6日，无锡市全面恢复正常供水。

党中央、国务院高度重视太湖水资源保护和水环境治理工作。2007年6月11日，无锡供水危机发生不久，国务院太湖水污染防治座谈会即在无锡召开。国务院总理温家宝做出重要批示："太湖水污染治理工作开展多年，但未能从根本解决问题。太湖水污染事件给我们敲响了警钟，必须引起高度重视。要认真调查分析水污染的原因，在已有工作的基础上，加大综合治理的力度，研究提出具体的治理方案和措施。"

  根据国务院部署，国家发展改革委于2007年组织水利部、环保总局、建设部、农业部等国务院有关部门和江苏、浙江、上海两省一市人民政府编制了《太湖流域水环境综合治理总体方案》。总体方案对2007年无锡供水危机和近十年来水环境治理成效、主要经验及教训进行了分析；从流域水功能区纳污能力着手，以流域污染物总量控制为目标，提出了污染物削减指标，并将控制目标分解至各行政区域；提出了太湖流域水环境分阶段的治理目标，提出了十大类项目和重点工程；肯定了"引江济太"对增加流域水资源供给、加速水体循环、提高流域水域纳污能力的重要作用，并在总结现有经验的基础上，遵循"先治污，后调水"的原则，提出适当扩大"引江济太"规模，提高出湖过水能力，增加太湖流域纳污能力；提出建立太湖流域水环境综合治理省部际联席会议制度，完善流域管理体制。

  2007年入夏，诸多因素导致蓝藻大爆发，形成了严重的生态危机。图为2008年5月27日，专业人员将从太湖里打捞的蓝藻抽入车辆准备运往发电厂。（来源：新华社资料图片，孙彬 摄）

总体方案已于2008年5月得到国务院正式批复实施，这必将有力推动今后一段时期太湖流域水资源保护和水环境治理工作。

蓝藻事件的背后

太湖是我国第三大淡水湖，面积2338平方公里，流域面积36895平方公里，是上海和苏锡常、杭嘉湖地区最重要的水源。如果把太湖流域视为人体的话，太湖就是上海和苏锡常、杭嘉湖7城市的"心脏"。纵横交错的河网，就是维系该地区生存和发展的各类"血管"。太湖流域气候温和，物产丰饶，"太湖八百里，鱼虾捉不尽"，自古以来就是闻名遐迩的鱼米之乡。"太湖美，美就美在太湖水"，1982年太湖被国务院批准为第一批国家级风景名胜区之一。烟雨青山、莲叶田田，太湖美景每年吸引着大量中外游人前来观光游览。然而，太湖蓝藻事件使得昔日美景遭损，成为人们心中的痛。

太湖蓝藻爆发看似"天灾"，其实是"人祸"。改革开放30年，是太湖流域经济社会不断发展、社会财富日益增加、人民生活水平大幅提高的30年；也是太湖污染负荷不断加重，水质逐渐降低、水生态显著恶化的30年。太湖水在20世纪80年代中期还未受明显污染，但是到了90年代，夏季藻类繁殖、死亡所引发的恶臭已经常见。据监测数据分析，太湖水质每十年下降一个等级，目前已由80年代初的Ⅱ-Ⅲ类下降到Ⅴ-劣Ⅴ类。排污量日益增加，大量的氮、磷随河流进入太湖，为蓝藻繁殖提供了理想的条件。

不仅仅是太湖，太湖蓝藻事件只是中国水资源问题的一个缩影。由于长期粗放的增长方式，中国经济在高速增长的同时，也付出了巨大的资源和环境代价，发达国家上百年工业化过程中分阶段出现的水资源和水环境问题，在中国近20多年来集中出现，水资源与水环境保护面临严峻的挑战。

一是淡水资源供需矛盾突出，按目前的正常需要和不超采地下水，正常年份全国缺水近400亿立方米。二是饮用水安全形势严峻，全国废污水排放总量不断增长，大量工业废水和生活污水未经处理就排入水体，农业生产中化肥和农药过量使用，污染了水环境。监测评价的湖泊中有一半处于富营养化状态。全国还有2.8亿农村人口喝不上符合标准的饮用水，一些城市的饮用水问题比较突出。三是局部水生态系统失衡，部分地区用水量已远远超过水资源可利用量，一些河流发生间歇性断流或常年断流，河流功能衰减，部分河段功能甚至基本消失；全国已形成164个地下水超采区，总面积达到19万平方公里，年均地下水超采量超过100亿立方米，部分地区

　　水资源的短缺成为全球面临的严重问题，同时水污染也进一步蚕食着大量可供消费的水资源。图为2007年3月20日，在印度尼西亚首都雅加达，一名男子在漂满垃圾的河里拣拾废品。（来源：新华社资料图片，张军 摄）

已发生地面沉降、海水倒灌等现象。水资源和水环境问题已造成巨大经济损失，危害群众健康，影响社会稳定和生态环境安全，严重制约了经济社会的可持续发展。

蓝藻事件的思考

曾几何时，我们认为干净的水、新鲜的空气是与生俱来的，是人类生存的基本条件，根本不用特别加以关注。近年来，水这个问题着实吓倒了老百姓，也惊动了政府高层，松花江污染、太湖蓝藻事件等一再敲响警钟。太湖蓝藻事件折射出很多层面的问题，作为水资源管理工作者，我更多思考的是太湖蓝藻事件反映出的水资源管理与保护工作存在的问题，思考如何实现以水资源的可持续利用支持经济社会的可持续发展。

一是要以人为本，全力保障人民群众饮水安全。太湖蓝藻事件所直接暴露的问题是城乡饮水不安全。因此当务之急是加强城市饮用水水源的保护，建立水源地保护监管的长效机制和饮用水水源区管理制度，完善重大水污染事件快速反应机制，保障城市居民饮水安全。对广大乡村而言，科学制定实施方案，多渠道落实建设资金，规范建设管理和资金管理，加大监督检查力度，加强技术指导，抓好典型示范，确保农村饮水安全工程建得成、用得起、管得好、长受益，加快解决高氟水、高砷水、苦咸水、污染水，让广大农民群众早日喝上"放心水"，早日解决2.8亿农村人口的饮水安全问题。

二是要实行最严格的水资源管理制度，促进经济发展方式的转变。太湖蓝藻事件所反映的水污染事件本质上是经济社会发展方式不合理的表现。水资源是我国经济发展的重要战略资源，一些地方经济发展布局与水资源配置格局不匹配，经济发展方式与水环境承载力不协调，发展难以持续。这就要求一方面要进一步加快水利发展步伐，完善水利基础设施，拓宽水利服务领域,提升水利保障功能,强化水利对区域协调发展的重要支撑作用;一方面要切实加强水资源统一管理,实行最严格的水资源管理制度,强化水资源配置与调控手段,充分发挥水资源在优化结构、提高效益、降低消耗、保护环境上的基础性、导向性作用,促进经济发展方式的转变,形成节约水资源和保护水生态环境的产业结构、增长方式、消费模式。

三是要切实加强水资源保护,让江河湖泊得以休养生息,维护江河湖泊健康。太湖蓝藻事件反映了太湖这个长三角地区的母亲湖已经不堪重负,处于生病状态,急需休养生息。休养生息借鉴了我国历史上安邦兴国的重要经验,是给予水环境水生态人文关怀的重要体现。江河湖泊是水资源存在的主要处所与形式,保护好江河湖泊,就是保护好水资源。实行休养生息,就是要进一步推进实施水功能区管理,开展水功能区划,确定水功能区水质保护目标,核定水域纳污能力和总量,提出分阶段控制方案,依法提出限制排污的意见。加强水功能区监测和信息管理,完善入河排污口管理制度,严格取水和退水水质管理。加强饮用水源保护,合理开发利用水资源,努力让江河湖泊重新焕发生机和活力。

四是要加强水资源的统一管理,建立权威高效的流域水资源保护与环境治理的协调管理体制。太湖蓝藻事件突出反映了水资源管理保护和水污染防治体制与机制亟待完善的问题。《水法》确立了水资源流域管理与区域管理相结合,统一管理与分部门管理相结合的管理体制。《水污染防治法》规定了水污染防治统一管理与分部门管理相结合的管理体制,同时也赋予了流域水资源保护机构一定的职责。但由于水资源管理和水污染防治因其内在联系难以截然分开,人为割裂水资源保护和水污染防治的内在联系,只能造成监管职能交叉,削弱部分管理工作的效能,也影响了相关法律法规的有效执行。因此,有必要建立权威高效的流域水资源保护与环境治理的协调管理体制。

五是要加强水资源的调控能力建设。太湖蓝藻事件还反映出加强水资源综合调控能力的重要性。调控能力强,应对各种水资源危机的能力就强。因此要注重结合全国主体功能区划、全国水资源综合规划和流域综合规划，研究制定流域区域水资源开发利用的控制性指标，统筹水量水质、地表地下水、生活生产生态用水，对水资源进行优化配置，强化统一调度，保证重点缺水地区、生态脆弱地区的用水需求。加快修建水资源调控骨干工程，建设水资源调控系统。加强水利工程生态影响评估，加强水生态监测与预警，探索有利于生态和环境的调度模式，探索建立生态用水保障和补偿机制。

太湖蓝藻事件本身是一件坏事，但如果认真反思，吸取经验接受教训，转变发展方式，重视资源环境，让太湖蓝藻事件成为解决类似事件的切入点，成为一个真正转变观念、促进人水和谐的一个历史转折点，从某种意义上讲也是件好事。

孙雪涛，现任水利部水资源管理司副司长、全国节约用水办公室副主任，第十届全国青联委员，第三届中央国家机关青联委员。

1966年出生于安徽太和，1991年获河海大学水利发展工程硕士学位，2003年获得北京师范大学环境科学博士学位。

长期从事水资源管理工作，组织编制全国水资源综合规划和节约保护等重要专项规划，参与组织起草《取水许可和水资源费征收管理条例》等重要法规，组织指导全国水资源管理制度的实施和监督。1997年至2003年参加三峡工程国务院质量检查专家组工作。1998年至2004年参加中国工程院水资源配置、生态环境建设和可持续发展战略研究的重大咨询项目。2004年负责组织实施国务院首都水资源可持续利用规划等重大规划的实施，组织落实国务院永定河水量分配方案，连续六年组织山西河北向北京集中输水。2008年参加国务院四川汶川地震救灾指挥部水利组，现场指导恢复城乡供水和饮水安全工作。

2008: 志愿者（上）

方洲

2008年，改革开放三十而立，这一年中国大地经历了几度悲喜。一月雪灾肆虐，五月地震突袭给2008年的中国留下了太多沉重的记忆；而北京奥运会成功举办、"神州七号"实现太空行走等震撼世界的大事喜事，展现了压不垮的中国人身上蕴藏着的强大精神力量，同时也在国家的层面演绎了何谓"多难兴邦"。如果要在2008年寻找一个贯穿悲喜的注脚的话，那一定非志愿者莫属。汶川地震中辛劳的背影，北京奥运会上友善的微笑，志愿者在2008年中国经历的这场悲喜剧中扮演了重要的角色，成为改革30年来中国思想解放、社会进步与文明发展的历史缩影。

2008年的中国是一个令世界震惊的国家，南方遭遇百年难遇的大雪、8级地震突袭四川、第29届奥运会成功举办，这一切，都对我们中国共产党和全国人民进行了一次次严峻的考验……

地震来了

2008年5月12日下午三时左右，还在广州开会的我接到女儿的一个电话，她说："爸爸，北京地震了！""你不要开玩笑了！"我疑惑女儿为何开这样的玩笑时，女儿很严肃地告诉我：北京真的地震了！

晚上在宾馆里看到香港记者发回的新闻报道，我和在场的朋友陈正理（香港籍企业家）、夏崇惟（台湾籍企业家）心情变得沉重起来：就在当天下午两点半，四川省汶川地区发生了8.0级的特大级地震，当地大片房屋与校舍倒塌，有大批的群众与孩子没来得及跑出来，被压在了废墟下面，生死未卜。从前线传来的悲惨画面，让我们禁不住一次次潸然落泪。第二天，我回到北京后，就立刻带女儿到北京市红十字会捐款。

电视机里对地震灾难的报道铺天盖地，各档新闻都不断地播放着受灾地区倒塌的楼房变成了废墟、受灾群众在痛哭、救灾人员在呼吁外界帮助的画面。我相信，坐在电视机前的每一位观众，都是不止一次地被这些画面所震撼，不止一次地流下伤心的泪水。

面对地震灾难

面对灾难，我们不能被悲痛淹没，我们必须要与灾区人民患难与共！于是，在我的提议下，夏崇惟、陈正理与我一起，向中国红十字基金会提出了一项赈灾倡议，我们将此倡议命名为"我们一起上学"，该活动是一个召唤的行动；是一个牵手的行动；是一个关爱的行动；是一个辅导的行动；是一个自强的行动；是一个感恩的行动；更是一个共同渡过、伴随成长的行动。

倡议的主要内容为：第一，为赈灾宣传呼吁募集捐款；第二，为灾区

提供紧急物资及药品；第三，派遣心理辅导专家志愿者及其他灾区急需志
愿者，参与到灾区群众的心理康复治疗过程；第四，援助灾后学校的重建
工作；第五，长期资助因灾致贫的学生学习。我们期望通过这个倡议，使
更多的人关注救灾工作及受灾地区的灾后重建工作，希望参与到活动中的
每一个人都能为不幸的受灾群众送去爱心与温暖。

十分高兴，这项倡议得到了中国红十字基金会的大力支持，并成立了
专项基金，由中国红十字会统一管理。5月17日，我们三位倡议人以及周
围的亲朋好友在两天内募集到的300多万元善款，成为正式的启动资金，
"我们一起上学"基金正式开始运作了！

"我们一起上学"博爱计划行动组与共青团系统心理健康辅导员考核认
证管理办公室及中国青少年服务发展中心合作，并在中国科学院心理研究
所、中国心理卫生协会等单位的支持下，紧急招募了300多名心理健康专

图为"我们一起上学"心灵烛光夏令营部分营员在长城合影留念。

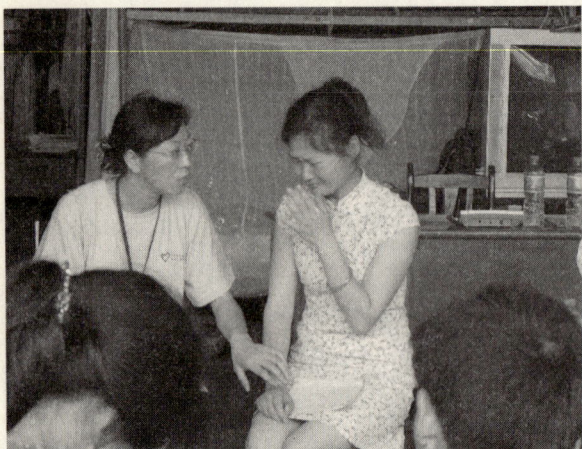

图为心理健康专家志愿者在对灾区教师进行心理咨询。

家志愿者，分三批进入灾区。第一批共进行2294人次的心理测试；接收各类个案心理咨询62人，完成个案心理咨询80余人次；开展中、小学生团体心理辅导19班次，受训学生达2846人次；为教师开展团体心理辅导及讲座5个班次，受训教师130人次；第二批志愿者共培训心理健康教师71人次，团体辅导63个班级，人数2626人次，社区心理咨询150多人次，在回访前期援助的3038人次基础上，使团体心理辅导受训学生增加至近5000人次。个案咨询增加至200余人次。第三批志愿团由首都体育学院理论学科部教育心理教研室教师、心理学博士关梅林担任督导，也做了大量的工作。

"我们一起上学"行动组与山西省有关部门合作在茂县灾区援建博爱小学，并且决定在7到8月分别在北京、太原、广东开办"我们一起上学"心理援助夏令营，分别安排灾区的学生、老师一百多人到各地与当地的学生一起过夏令营。

救灾药品事件的背后

参与前线救援的朋友彭波打来电话说，灾区现在最最需要的是药品，尤其是抗生素与抗菌素。得知此消息后，我开始到处联系朋友，希望能得到货源。在被两个房产朋友婉拒之后，我找到了青联委员李希（广东）。此时他已经向灾区捐助了大量的药品和物资，当我告诉他"我们一起上学"活动正在募集一批药品时，他说他现在库里还有100多万元的麻醉药及抗菌素。我立即说，"太好了，我们买你一部分的药，你再帮忙捐一点，这样就够了。"他听了笑着说，"朋友，我可不能发国难财啊！这些药我全捐了，统统拿去！"电话那边的话，哽咽了。

找到了货源，我十分欣慰。可万万没想到，把这些药品运往灾区的过程，却充满了波折与困难。一开始，我联系到了白云机场的人事部总经理黄娅女士，希望她能帮我们把这批货运到灾区。她给了我机场值班室的联系电话，我从那里得知，地震后有很多物资聚在机场，等待运往灾区。但运送物资需要一系列严格的手续，首先要找广东省应急办开文件，同时还必须有广东红十字会的函。于是，我辗转找到应急办办公室黄主任以及广东红十字协会吴会长。他们得知我们的救灾倡议及组织的活动后，均表示大力支持，并表示立即向机场发放文件及函。次日，我接到了机场的电话，他们说文件已收到，但由于货物较多，我们的货至少要等三天才能发。想起彭波的求助电话，我想无论如何必须让这批货尽快发出。于是，我找到了机场运输部总经理田小东，向他介绍了我们的活动内容以及这批药品的重要性，希望能得到他的理解与帮助，使我们这批货早点运到救灾人员手里。通过他与机场工作人员的交涉，我们的救灾药品终于踏上了运往绵阳的航班。事后，我打电话给田经理向他表示感谢，他只说，"你还不知道吧，我也是全国青联委员。"听完这一句，我再次被感动了。

次日上午，药品终于安全抵达绵阳机场，经过再一次的提货波折后，这批药品终于到达了绵阳市红十字协会陈会长手里。我打通陈会长的电话，感谢他帮忙把药品领到灾区，他在电话里说，"很感谢你们送来的药品，很及时，前两天，我们全市只有三顶帐篷！不说了，来余震了，我们要疏散群众了！"我还没来得及说一声"保重"，陈会长的声音就消失在了耳边电波的忙音里。一边庆幸药品的顺利到达，一边像放电影似的想象着陈会长他们的忙碌景象，电话那一端，该会是一幕怎样紧张忙碌的场面？我寝食难安。

左侧竖排：亲历 1978—2008

地震，考验了30年的改革开放

这场突如其来的灾难背后，不仅体现着人们不离不弃、坚强勇敢的奋斗精神；从另一个侧面，更昭示着在改革开放30年后的今天，我们整个社会的道德观、价值观，正是在这一场灾难面前，实现了再一次的重新架构与质的飞跃。

改革开放后的中国，经济飞速发展，人民生活实现了质的飞跃与提高。但是，在全球化与国际化的发展背景中，中国传统社会也接受着世界多元文化的冲击。在新事物、新文化面前，有些人迷失了，有些人彷徨了。渐渐地，有些人丢失了自己的信仰，在追求经济利益的驱动力之下，我们变得浮躁而散漫。亲情、友情、爱情都失去了往日纯洁的光环，人与人的交往"利"为先。

汶川地震固然是一场悲剧，它让太多的家庭失去了父亲、母亲、孩子，它让太多的孩子在本该只有欢声笑语的灿烂童年里忍受恐惧与痛苦，它让太多废墟边的人承受无能为力的遗憾与悲伤。但是，我们为这场灾难而流下的眼泪里，不仅包含着悲伤，更包含着感动。这份感动来自于无数经历灾难、感受灾难的人们！在救援现场，我们不时能被这样的画面所感动：老师用自己的血肉之躯，用尽自己最后一丝力气来保护桌子下面的学生；母亲用自己柔弱的身体抵挡住沉重的水泥房顶，用生命前最后一句"孩子，妈妈爱你！"的短信来表达对身下那个微小生命的关爱；老泪纵横的大爷，哽咽地对官兵们说着"给你们添麻烦了！"的话语。这些人，在灾难来临前只是一位普通的小学教师、家庭妇女、农民。可是，在灾难来临后这些无数平凡人身上所体现出的无私、勇敢、忘我牺牲的精神，深深地洗涤着我们的心灵。

曾有国外媒体在汶川地震后，在发表的文章中称："四川地震，悲剧带来了新的团结精神。"是的，灾难来了，素不相识的路人，不同肤色的国际友人，在此时此刻，都涌到这个叫做"汶川"的地方，为了营救我们的同胞而努力。没有机器，他们就用双手来挖！为了抓紧抢救时间，几乎所有的武警官兵都连续数日不睡觉，每天也只是吃一个饼，喝一瓶水。从四面八方赶来的数以万计的志愿者，他们放弃舒适的生活，在抗震救灾的前线搬运物资、救助伤员、安置受灾群众、给小朋友讲故事、做心理辅导……这些人的奉献与团结，感动了中国，感动了世界。

全国哀悼日那天，在天安门广场上，"汶川加油！中国加油！"此起彼伏的呐喊在人群中响起，这声呐喊，呼唤着我们深埋已久的民族精神向天下昭示在悲痛下重生的中国精神！在灾难中唤起的民族精神，必将在改革开放30年后的中国社会重焕光彩，在这一片光彩之下，我们将以无比的信心与勇气，迎接无限光明的未来！

30年的改革开放是我国与世界关系发生最广泛、最深刻、最复杂变化的时期。中国在这一进程中受益匪浅，取得了举世瞩目的辉煌成就，国际地位显著提高，国际影响日益扩大。北京奥运会的成功举办也从一个侧面印证了这一点。当代中国已经

图为志愿者与磁峰镇中学部分学生合影留念。

成为了国际体系的参与者、建设者和贡献者，正在以前所未有的速度、广度与深度融入国际社会，全方位参与国际事务，"中国模式"越来越被其他国家所重视和借鉴。中国经济已经成为世界经济的重要组成部分，中国已成为世界第三大、亚洲第一大进口市场，对世界经济和国际贸易增长的贡献率不断上升。我们从自身实践中深切地感受到，在全球化不断发展、国

家之间相互依存不断加深的今天，中国同世界的关系发生了历史性变化，中国的前途命运日益紧密地同世界的前途命运联系在一起，中国发展离不开世界，世界繁荣稳定也离不开中国。

与此同时，世界各国也越来越多地把目光投向中国，普遍加大对我国的关注和重视，思考这么一个拥有13亿人口并坚持走中国特色社会主义道路的发展中大国会以何种方式实现发展。历史上大国崛起总是伴随着腥风血雨，不乏冲突和战争。对此，胡锦涛总书记在十七大报告中明确提出"中国将始终不渝走和平发展道路"，"中国将始终不渝奉行互利共赢的开放战略"。这是中国政府和人民向国际社会的庄严政策宣示，是向世界人民的庄严承诺。这次地震，进一步验证了胡锦涛总书记的庄严承诺：中国，是一个不屈的民族，是一个坚不可摧的民族。

30年的改革发展之路，见证了中华民族的不屈。中国走和平发展道路，是根据时代发展潮流和自身根本利益作出的战略抉择，符合中华民族爱好和平的历史文化传统。我们的目标是既通过维护世界和平发展自己，又通过自身发展促进世界和平。在外交实践中，中国同有关国家开展战略对话，增进互信，深化合作，积极维护国际战略形势的稳定。我们积极支持和参与周边地区"10+1"、"10+3"和上海合作组织框架内的合作。我们发挥重要建设性作用，推动朝核、伊朗核、苏丹达尔富尔等热点问题的和平解决，受到国际社会广泛赞誉。我们积极支持和参与联合国维和行动，迄今，中国共参与22项联合国维和行动，累计派出维和人员上万人次，现正在执行维和任务的有近2000人，是联合国5个常任理事国中派出维和人员最多的国家。地震，证明了中国不仅能管好周边的事儿，也能管好自己的事。

30年的改革发展之路，还见证了中国奉行互利共赢的开放战略，是促进地区和世界共同发展的积极因素。中国不断扩大同各国利益的汇合点，在实现自己发展的同时兼顾对方特别是发展中国家的正当关切，支持国际社会帮助发展中国家增强自主发展能力、改善民生，缩小南北差距。中国一直向发展中国家提供力所能及的援助，帮助它们提高应对全球化挑战的能力。中国绝不做损人利己、以邻为壑的事情。事实上，面对气候变暖、环境恶化、资源紧缺、疫病和自然灾害频发、恐怖主义蔓延等一系列威胁人类生存和发展的全球性问题，任何一个国家都无法置身其外，也难以单独应对。各国命运紧密相连，休戚与共，各国只有加强互利合作，才能实现自身和世界的持久发展。

30年的改革发展之路，验证了西方某些国家自恃其强大的经济、军事和科技实力，迷信单边主义，一心想"领导"世界，冷战结束以后更是咄咄逼人，甚至不惜诉诸武力先发制人，强力推行其价值观，对联合国合则用，不合则弃，严重破坏主权原则和不干涉内政原则，动摇了国际法的基本原则，结果往往加剧紧张和动荡，在有关地区造成更大的不稳定，引起了国际社会的广泛不安。科索沃战争直到今天还在深刻影响着国际关系。伊拉克至今还陷于一片混乱。与之形成鲜明对照的是，我们中国在这样一场史无前例的重大灾难面前，显示出了惊人的团结与超乎意料的胜利。

继续改革开放，科学发展

站在新的历史起点上，一个强大、自信、开放的中国正大踏步地走向世界舞台，力量对比也正朝着对我国有利的方向发展。中国将以自己的实际行动走出一条完全不同于历史上任何一个大国的崛起之路，以其自身的不断发展壮大为世界和平、发展和合作的崇高事业做出更大的贡献。

这一进程，对我们提出了更高的要求。作为青联委员，我和我的同事们肩负着让中国人民不断加深了解、增进友谊，更加团结、向上，让中国的孩子们都能上学，都能学到强国的本领，让中国自身强大起来，立于世界强国之林。责任重大，使命光荣！

　　方洲，现任北京中青海华文化传播有限公司总经理，第九届、第十届全国青联委员，第三届中央国家机关青联委员。

　　1968年出生于浙江杭州，1989年毕业于沈阳大学，2000年至2003年就读于北京大学国际政治专业，参加工作以来先后出任北京华力实业投资有限公司，北京中海安泰科技文化发展有限公司，北京中青海华文化传播有限公司总经理。

　　进入文化领域后组织策划"飞想2008航空体育文化节"等大型活动，以及策划制作电影《心结》、《快乐俏天使》、《飞行的霞光》等作品，为地方形象的宣传及地方经济的发展起到积极的推动作用。汶川大地震发生后，募集资金会同红十字基金会发起"我们一起上学"博爱计划，组织派遣心理志愿者赴灾区进行心理救灾等，行动得到了灾区人民的诸多好评。

2008: 志愿者（下）

于庆丰

2008年，有两件大事将载入中华民族发展与振兴的伟大史册：一件是抗震救灾，一件是北京奥运会。这两件大事不仅很好地检验了我国的经济实力、科技水平，检验了党的执政能力，同时还检验了中国民众的思想道德水准和社会责任意识。

在这两件大事发生时，我们都发现了一道同样靓丽的风景，那就是志愿者。在抗震救灾过程中，志愿者舍小家为大家，将自身安危置之度外，不辞辛劳，冲锋在前，为取得抗震救灾的胜利做出了突出贡献；在北京奥运会上，身着统一服装的志愿者们汇成了一片蓝色的海洋，他们用实际行动，充分诠释了"奉献、友爱、互助、进步"的志愿服务理念，展示了志愿者的精神风貌，代表了北京奥运会、残奥会的交通服务水平。据统计，8年前的悉尼奥运会志愿者人数为4.7万人，4年前的雅典奥运会志愿者为6万人，而北京奥运会志愿者人数达到170万人，为历届奥运会志愿者人数之最。有媒体称，北京奥运会的成功很大程度得益于志愿者队伍。

令所有志愿者自豪的是，奥运会闭幕式上，当新当选的国际奥委会运动委员会委员向志愿者代表献上鲜花的那一刻，意味着国际奥委会颁发给中国、颁发给志愿者第52块奥运金牌。在北京奥运会、残奥会总结表彰大会上，胡锦涛总书记指出，广大奥运志愿者真心奉献、友爱互助，向世界展现了中国志愿者的时代风采，为祖国和当代中国青年赢得了巨大荣誉，他们把个人追求融入全民族的奥运理想之中，把个人的命运与祖国的命运紧密结合起来，把实现个人价值与为国家做贡献紧密结合起来，以强烈的使命感、荣誉感、责任感，创造了无愧于祖国、无愧于人民、无愧于时代的光辉业绩。

交通服务志愿者工作作为首个启动的专业志愿者工作项目，凸显着来源单位范围最广、沟通关联环节复杂、协调层次众多、时间跨度长、服务岗位繁杂、责任重风险高等特点，特别是驾驶员志愿者事关服务对象的交通安全，对客户提供直接的服务，一举一动代表着国家的形象，体现着奥运志愿者的服务水平。对于这样一支庞大的交通服务志愿者队伍，从筹办到赛时每一步成长、发展过程都凝聚着各级领导的关心、指导和支持，凝聚着广大志愿者的无私奉献。作为北京奥运会、残奥会交通志愿服务工作的组织者之一，在两年多的时间里，我全面参与组织了奥运交通服务志愿者从招募测试到培训录用再到确认、宣传、管理、培训、激励、保障、考核、赛时服务、表彰等各个环节的工作，统筹规划、精心组织、科学管理、不辱使命，出色完成了各项任务。尤其是在奥运会、残奥会期间，自己融入为志愿者队伍中的普通一员，深入调研、加强沟通，实时掌握志愿者工作的动态与情况。而就在对志愿者们的风采进行更深入了解的同时，拥有了对志愿者更深切的感动，对"我参与、我奉献、我快乐"的内涵更深刻的理解。

我参与：在参与中理解责任

服务奥运、为国争光是志愿者们心灵深处的最强音。

志愿者们认为，社会发展，以人为本，除了发展物质，还要发展精神。参与奥运，奉献奥运，在奥运中迎接挑战，在奥运中找寻快乐，既是个人

图为2008年6月9日本文作者与奥组委交通部副部长张锁成共同开启文明交通活动标志。

价值的实现，更是社会责任的承担。对下一代，要树立一个榜样；对国家，要贡献一份心力；对奥林匹克运动，要让"和平、友谊、进步"和"更快、更高、更强"的理念闪耀出更璀璨的光辉！

志愿者们认为，"志愿者的微笑是北京最好的名片"。首都是中国的名片，志愿者是北京的名片。每位奥运大家庭成员来到北京，第一面和最后一面见到的都是志愿者的笑脸。我们的外语水平可能不够专业，服务水平可能不尽完美，但我们的微笑是最灿烂的，我们的服务是最真诚的。

自从2006年5月北京奥运会、残奥会驾驶员志愿者项目工作启动以来，共有近2万名驾驶员志愿者申请人自愿报名参与服务。奥运是神圣的，也是严谨的。正因为如此，它要求志愿者具备较高的综合素质和技能水平。经过背景审查、交通资质审核、驾驶技能及外语测试评估、培训、考核等阶段，仅剩8000余名申请人被确认录用为驾驶员志愿者及管理人员，3700余名申请人被录用为交通服务助理和随车服务助理。在一次次的测评、一次次的培训让志愿者心中充满向往和自豪的同时，更让他们理解到自己身上的责任之重，他们在奥运服务中所代表的不仅仅是个人，而是北京、中国，十三亿人民信任的目光和光荣的重托。于是，为了不辱使命成为一名合格的志愿者，在奥运期间圆满完成服务任务，有的志愿者单位已迁移至外省市，为了不误赛事，自费乘飞机往返于培训和赛时；有的志愿者担心不熟悉路线影响服务，牺牲个人休息时间，与家人开车实地踏勘，熟悉各场馆间的地形。志愿者们的心中坚定为国效力、为国争光和"一人服务，全家光荣"的信念，参与奥运服务。

我从他们身上非常清晰地感受到，志愿者们热爱祖国、有责任感、有奉献精神，是新时期"最可爱的人"。有他们高尚的思想认识作支撑，志愿服务组织工作就成功了一半。正是志愿者的这份热情、这份执着，让我们深受感染，在两年多的时间里，我们深入实际调研、了解情况，根据实际制订方案、组织管理，带领大家实现好由筹备到赛时、由演练到实战的"两个转变"，不辞辛苦，夜以继日地在北京市领导和奥组委领导带领下，一直奋战在志愿服务一线。

我奉献，在奉献中实现价值

一名志愿者就是鸟巢中央绿色草坪的一根草。

志愿服务期间，每位志愿者都需要关注细节，稍不留神就会出错：北京会议中心和国际会议中心很容易弄混，昆泰酒店、威斯汀酒店各有两个，有些客人上车后临时更改去处，有些地点超出了服务范围，有些地方地图上没有标注……然而，细节决定成败。志愿者所承担的就是这次奥运会最基础的细节。一名名志愿者就是一根根青草，编织出鸟巢中央那块巨大的绿色草坪，以无数的细小成就了无穷的博大，以无限微弱成就了无比坚强，手挽手，肩并肩，稳稳地支撑起一场气势恢弘、无与伦比的奥运盛会！

有一位志愿者在服务期间突发急性阑尾炎，他强忍剧痛，坚持不做手术，打了两天点滴后重新归队；一位志愿者患肾结石，7月中旬住院，7月下旬毅然跑出医院，迅速投身到志愿服务之中。在奥运服务的过程中，许多志愿者推迟了婚期或放弃了新婚燕尔的美好时光，许多志愿者搁置了生儿育女的计划，许多志愿者无暇照顾幼小的子女和体弱病痛的家人，更有的志愿者强忍失去亲人的伤痛，坚守服务岗位。

还有一位志愿者，她的丈夫突发脑干出血，从发病到去世仅仅三个小时，留下了她和七岁的女儿。学校领导主动提出让她退出志愿者队伍，但她拒绝了，坚持参加服务工作，各类培训从没有落下过。奥运服务期间，由于离奥运村太远，她每天早出晚归，出门之前还要给小女儿做好一天的饭，下午五点钟才能几经辗转换车回到家里。由于作息时间极不规律、缺乏睡眠，长期的奔波劳累，导致抵抗力下降，引起了剧烈的胃痛和呕吐。她利用倒休的时间去医院做了胃镜，结果是胃溃疡、十二指肠溃疡和反流性食管炎，医生要求她必须休息，她却摇了摇头，没有诉苦，没有声张，她用自己的热情和微笑一直服务到最后。

志愿者们的奉献与敬业精神，保障了奥运赛事的顺利进行。在奥运会和残奥会赛事服务期间，交通服务志愿者累计上岗 38 万人次，驾驶员志愿者累计行车近 1000 万公里，累计服务客户群超过 100 万人次。据不完全统计，赛事

图为本文作者与奥运志愿者合影留念。

期间，我们的志愿者共收到 150 多个国家地区奥委会、代表团，致信致电表扬 2300 余次，得到了各方面的赞誉和好评。

一位志愿者说得好，"为了一个神圣的承诺，为了中国的荣誉，我们与中国健儿并肩作战，一同拼搏！"

一名志愿者就是水立方里的一滴水。

水立方还有一个名字，叫"水魔方"。菲尔普斯就是在这里八次打破奥运记录，八次摘取奥运金牌，创造了世界泳坛和奥运史上的传奇。大家都说，水立方里的水有着神奇的魔力。

为了做好水立方里的一滴水，路远的志愿者上下班途中要花费近五个小时；有的为了上班准点，自己花钱在场馆附近租房；有位志愿者一家五口，四人服务奥运，剩下6岁的孩子成了接力棒，被4个大人传过来传过去；那些志愿者的"二次方"们，在家里的，当闹钟、保后勤；在单位的，身兼多岗、天天加班。有位卧病在床的母亲对犹豫不决的儿子说：别担心我，上班去吧，奥运是大事！有200多位自发组织的"二次方"们，每当深夜来临，便开着私家车来到奥运场馆周围，接送那些很晚下班的志愿者回家。

有人说，志愿者就是北京的另一座水立方！如果你从空中鸟瞰北京，你就会看到这座更大的"水立方"，四四方方的环路是它的边界，数以百万计的志愿者汇成的蓝色海洋是它的水！在这片更加清澈透明的宽广水域中，各国健儿以一种更为饱满的状态和更加愉快的心情尽情畅游，屡创佳绩，让北京奥运会成为奥运史上的一座丰碑、一个传奇！

一名志愿者就是金镶玉中的一条减震圈。

奥运金牌是金镶玉，金和玉的结合蕴含了中国与世界的融合，金玉组合易碎，可当它们中间增加了减震圈，就变成了不易摔破的珍宝，变成了运动员们的最爱。奥运、残奥期间，志愿者就是那片减震圈，它让东西方文化的交流变得更加融洽，让世界对中国的理解变得更加容易，它使得奥运与中国、世界与中国这一次的亲密接触变得更加牢固，成为永恒的"金玉良缘"。

7月30日，代表团官员（科威特王储）特意委托助理转交志愿者吴鹏飞100元美金小费，以感谢他热情周到的服务，吴鹏飞婉言谢绝了小费，还专门联系车队助理帮助他用英文给科威特王储发去了短信，"It's very kind

图为2008年9月19日，在北京奥运会、残奥会交通服务志愿者总结会上，本文作者与志愿者合影留念。

of you. But I cannot accept it. I am a volunteer of Beijing Olympic Games. It's my pleasure to serve you! Thank you very much!"（我是北京奥运会的一名志愿者，为您服务是我的职责和荣幸。我不能收取您的小费，谢谢您！）科威特王储看到短信后十分感动，再次见到吴鹏飞时，特意向他鞠躬表示敬意和感谢。

8月7日，海淀区驾驶员志愿者李振欣完成任务后，在车辆的后排座椅下发现了一个精美的手包，经过多方辗转，终于找到了这个手包的主人——一位来自葡萄牙的奥运击剑项目技术代表。事后经了解得知，该手包内共有人民币6835元，155欧元，银行卡6张，护照等证件若干。

在服务过程中，有时服务对象不理解，志愿者甚至受到尊严上的伤害，但是他们强忍住内心的委屈，保持了良好的风度，没有表现出过激的言语和行为，顾全大局、维护了团队形象。

我快乐：在快乐中感受幸福

很多志愿者体会到，得到是一种快乐，真心付出更是一种快乐；收获有形的微笑圈、纪念章是一种幸福，收获无形的信任、友谊与尊重更是一种幸福，而最大的快乐和幸福是此次奥运会的圆满成功，它让我们深切地感受到了祖国的强大和民族的希望，它让我们坚信，我们的民族有一种最优秀的基因，它会促使我们前所未有地团结，并创造出令人难以置信的奇迹。

去年8月"好运北京"体育赛事期间，一位交通服务志愿者在为世界青年摔跤锦标赛交通服务工作期间，与国际摔联秘书长杜松先生结下友谊，他赠送给杜松先生中国民乐CD，杜松先生回国前夕，在志愿者记事本上写下这样的话：在北京留下最美好的回忆。

国家体育总局的郭燕和全家都是赛会志愿者，爱人是医疗志愿者、孩子是大学生志愿者，全家人每天各忙各的，一天三顿饭都在场馆和场站解决，家就是一个晚上回去睡觉的招待所，匆匆碰面时大家都互称为志愿者，常人难以克服的辛苦在他们家庭里成了难得的快乐。

专用车交通服务运行团队第四车队的志愿者冯京安在感言中写道：中国真好！北京真好！奥运真好！做一名驾驶员志愿者真光荣！合乘车交通服务运行团队一名志愿者这样写道：作为一名普通的志愿者，我深深感受到我们的国家是如此强大，中国人民是如此团结，我要献出自己的力量来支持中国奥运，让我们的奥运会举办得更加辉煌。

每名志愿者用实际行动，充分诠释了"奉献、友爱、互助、进步"的志愿服务理念，展示了赛会志愿者的精神风采，使志愿者的微笑不仅成为北京最好的名片，更是成为了国家形象的代表。

目前，世界各国政府都越来越重视开发、运用本国的志愿者资源。一个国家、一个地区的志愿者资源是否丰富，志愿者组织是否富有成效，已成为衡量其社会公共服务水平的重要尺度。我们要清楚认识到,我国志愿者服务领域和志愿者服务制度等方面,与西方发达国家还存在着一定差距。我国志愿者占总人口比例较小,而欧美发达国家的志愿者占总人口比例达40%以上。美国有1.9亿志愿者,其中66%为社会服务了30—50年。但是,奥运志愿服务让我们收获了丰厚的精神财富,同时也积累了宝贵的物质财富和难得的组织管理经验。从组织驾驶员志愿服务工作中,我们发现广泛动员、严格测试、系统培训、实战练兵,是保证优质充足人力资源、圆满完成赛会服务任务的有效手段;精心组织、统筹规划、注重建设、重点突破,科学有效的管理是圆满完成赛会服务任务的核心;充分发挥体制优势,建立全方位保障体系是圆满完成赛会服务任务的关键。为了留下交通服务志愿者在赛时的"足迹",我们制作了《纪念画册》,使每名志愿者奥运服务都"榜上有名"。在这本画册里有着团结合作的团队精神,有着志愿者的光荣与自豪,有着志愿者服务的快乐和收获。可以自豪地说,交通服务志愿者不仅留下了宝贵的精神财富,同时打造了一支志愿者队伍,特别是经历过奥运大战洗礼的驾驶员志愿者队伍,促进了志愿服务事业的发展。同时,我们也留下了丰富的物质遗产,保留了一支专业志愿者队伍,涌现了一大批热心志愿服务事业的驾驶员志愿者管理人员和志愿者,留下一大批指导性和权威性的政策文件,从招募到培训再到赛事服务组织管理,形成了全套的管理体系依据。

抗震救灾与北京奥运会不仅检验了我国经济、科技发展的实力与水平,还检验了改革开放30年在"快"字方面取得的突出成绩。通过我们可爱的志愿者的奉献与付出,向世人很好地展现了中国人民的爱国热情和社会责任感,也很好地展现了我们在思想道德建设、履行社会责任方面的水平,收获了改革开放30年在"好"字方面取得的优秀成果。很好地总结了抗震救灾和北京奥运会在经济、科技、文化、思想等领域留给我们的宝贵遗产,将更加有利于我们学习实践科学发展观,引导我们为实现全面建设小康社会的宏伟目标找到强有力的物质、精神动力与保障,让我们的步伐走得更加稳健，让我们的发展变得又好又快！

⬤⬤⬤⬤⬤⬤⬤⬤⬤⬤⬤⬤⬤⬤⬤⬤⬤

　　于庆丰，现任共青团北京市委副书记，北京市青年企业家协会会长，中央国家机关青联委员，北京市青年联合会副主席。

　　1970年出生于黑龙江佳木斯，1995年北京师范大学毕业后分配到北京市公安局工作，曾在派出所业务处室、市局机关等部门工作。

　　在今年北京奥运会、残奥会期间全面负责交通服务志愿者等相关工作，奥运会开、闭幕式，残奥会开、闭幕式，IOC、IPC及执委的交通工作及高效优质赛事交通服务分中心2.4万余人的人力资源和调配工作，主抓1.3万名交通服务志愿者工作，在人员计划、工作人员注册、赛时志愿者组织管理、宣传激励、各项保障等方面开展了许多卓有成效的工作，确保赛时交通服务志愿者全员上岗，零流失，全员优质服务，零投诉。个人荣获北京奥运会、残奥会工作先进个人。

1978 年—2008 年大事记

1978 年大事记

1. 五届全国人大一次会议通过了新的《宪法》。

2. 全国科学大会在北京召开。

3. 5 月 11 日,《光明日报》发表《实践是检验真理的唯一标准》引发真理标准问题的讨论。

4. 11 月 10 日—12 月 15 日,中央工作会议在北京召开,为十一届三中全会的成功召开作了充分准备。

5. 12 月 18 日—22 日,中共十一届三中全会在北京召开,成为新中国成立以来我党历史上具有深远意义的伟大转折。

6. 安徽省凤阳县小岗村拉开了家庭联产承包责任制的序幕。

7. 中央为 1976 年"天安门事件"公开彻底平反。

1979 年大事记

1. 中美两国建交。

2. 中央召开理论工作务虚会。

3. 中越边境武装冲突。

4. 大规模平反"冤、假、错"案。

5. 《告台湾同胞书》发表。

6. 第四次文代会召开。

7. 国民经济调整的"新八字"（调整、改革、整顿、提高）方针出台。

1980 年大事记

1. 党和国家领导制度的改革启动。

2. 全国劳动就业工作会议召开，采取措施缓解就业压力，研究解决劳动力就业问题。

3. 审判林彪、江青两个反革命集团主犯。

4. 中央召开西藏工作座谈会。

5. 创办深圳、珠海、汕头、厦门四个经济特区。

6. 我国批准改革开放后最早兴办的一批 20 家"三资"企业。

1981 年大事记

1. 全国开展文明礼貌月活动。

2. 十一届六中全会审议通过《关于建国以来党的若干历史问题的决议》。

3. 人民解放军在华北举行现代化条件下的大规模军事演习。

4. 叶剑英发表谈话提出和平统一祖国的九条方针政策。

5. 中国女排夺得第一个世界冠军。

1982 大事记

1. 中国共产党举行第十二次全国代表大会，确定全面开创社会主义现代化建设新局面的纲领。

2. 第五届全国人大五次会议通过并公布施行《中华人民共和国宪法》，批准第六个五年计划。

3. 中共中央和国务院各部委基本完成机构改革。

4. 在世界经济萧条的情况下，我国经济欣欣向荣，从"卖方市场"开始转为"买方市场"；农业生产持续地全面高涨，粮食、棉花获得创纪录丰收。

5. 我国潜艇水下发射运载火箭成功。

6. 全国进行第三次人口普查，我国总人口超过十亿。

7. 全国首次开展全民文明礼貌月活动，推动了社会主义精神文明的建设。

8. 我国运动员在第九届亚运会上夺得61枚金牌，首次名列第一。

9. 全国开展打击经济领域里的严重犯罪活动，并取得显著成绩。

10. 廖承志致函蒋经国，并希望他以国家和民族利益为重，共竟祖国统一大业。

1983年大事记

1. 全国人大六届一次会议召开，恢复设立国家主席，李先念当选为中华人民共和国主席。

2. 中国共产党举行十二届二中全会，通过整党决定，并提出清理精神污染问题。

3. 《邓小平文选》出版。

4. 全国省级机构改革基本完成。

5. 邓小平在会见美籍教授杨力宇时谈中国大陆和台湾和平统一的一些设想；中国就恢复行使对香港的主权同英国举行谈判。

6. 开展打击严重刑事犯罪活动，社会治安明显好转。

7. 国营企业普遍推行利改税制度。国家决定集中财力物力，保证重点工程的建设。

8. 农业战胜严重灾害，粮棉获得创历史记录的大丰收。

9. 国家组织实施38个重点科研攻关项目。

10. 第五届全运会举行，朱建华两破男子跳高世界记录。

1984 年大事记

1. 中国共产党举行十二届三中全会，通过关于经济体制改革的决定。

2. 首都举行盛大阅兵式和群众游行，庆祝中华人民共和国成立三十五周年。

3. 中英两国政府签署关于香港问题的联合声明，中国宣布1997年7月1日对香港恢复行使主权。

4. 邓小平同志提出"一个国家，两种制度"的构想，用以指导解决香港和台湾问题。

5. 国务院决定沿海十四个港口城市进一步对外开放。

6. 全国第一期整党工作发展健康，成绩显著，中央整党指导委员会提出"要彻底否定文化大革命"。

7. 农业有创纪录大丰收，粮食产量预计可达八千亿斤，棉花产量可达一亿一千万担。

8. 我国自行研制的第一颗同步定点通信卫星发射成功。

9. 我国体育健儿在二十三届奥运会上洗刷中国五十二年来在奥运会上"零"的耻辱，夺得十五枚金牌；女排取得"三连冠"。

10. 我国第一支南极洲考察队启程前往南极洲，将在那里建立"中国南极长城站"。

1985 年大事记

1. 中国共产党举行全国代表会议。会议通过了关于制定"七五"计划的建议，局部调整了中央三个委员会成员。

2. 国民经济和社会发展第六个五年计划胜利完成。

3. 争取财政经济状况根本好转的任务基本实现。国家财政收支平衡，消除赤字。

4. 中国政府决定，中国人民解放军减少员额一百万。

5. 中共中央颁布关于改革教育体制和改革科技体制两项重要决定。

6. 农村开始第二步改革，改革农产品购销制度，初步实行国家计划指导下的市场机制，促进产业结构的调整和商品经济的发展。

7. 价格体系的改革迈出勇敢的一步，对促进生产、搞活流通、活跃市场、方便人民生活已见成效。

8. 宝山钢铁总厂一期工程建成投产。

9. 老山英模报告团在全国各地作报告，英雄事迹产生强烈反响。

10. 中国女排获得第四届世界杯赛冠军，成为世界排球史上第一支连续四次夺得世界大赛冠军的女队。

1986 年大事记

1. 中共十二届六中全会通过关于社会主义精神文明建设方针的决议。

2. 我国国民经济和社会发展第七个五年计划开始执行。

3. 中共中央书记处召开八千人大会，号召中央机关党员干部做端正党风的表率。

4. 我国开始改革劳动制度。

5. 我国在全民所有制工业企业推行厂长负责制。

6. 在全国人民中普及法律知识，取得明显进展。

7. 中国长城工业公司同瑞典、美国的公司签署协议，用我国运载火箭为他们发射卫星。

8. 王锡爵驾机返回大陆定居，中国民航与台湾华航通过谈判圆满解决货机问题。

9. 我国运动员蝉联亚运会金牌总数第一。

10. 长江科学考察漂流探险队征服长江。

1987 年大事记

1. 中国共产党举行第十三次全国代表大会，提出社会主义初级阶段理论，确定党在这个阶段的基本路线，实现领导班子新老交替。赵紫阳被选为党中央总书记。

2. 国民经济提前实现三个翻番，基本完成我国经济建设战略部署第一步任务——解决人民的温饱问题。

3. 中葡两国政府签署关于澳门问题的联合声明，中国将于 1999 年 12 月 20 日对澳门恢复行使主权。

4. 全国进行坚持四项基本原则教育，开展反对资产阶级自由化斗争。

5. 我国政府提出的对台方针政策取得新的进展。台湾当局取消不许台湾同胞回大陆探亲的禁令。台湾《自立晚报》两名记者在开禁之前访问大陆。

6. 大兴安岭森林发生特大火灾，林业部部长杨钟因官僚主义失职行为被撤职。

7. 中国在超导研究中取得举世瞩目的成果，居世界领先地位。物理学家赵忠贤由此获第三世界科学奖。

8. 我国航天事业又有新发展，继对外承揽卫星发射之后，又向国际航天市场承揽返回式卫星回收业务。

9. 在第六届全运会上，我国运动员破超 17 项世界记录。中国足球队首次冲出亚洲，取得奥运会参赛权。

10. 我国艺术史上的创举——首届中国艺术节举行，集中展现了近年来我国艺术创作和演出的优秀成果。

1988 年大事记

1. 中国共产党举行十三届三中全会，提出治理经济环境、整顿经济秩序、全面深化改革的指导方针、政策措施。

2. 中国人民解放军现役军官和士兵实行军衔制。部分现役军官改为文职干部，实行文职干部制度，在我军历史上还是第一次。

3. 全国七届人大产生了新的国家领导人。

4. 海南岛建省，实行比特区更加开放的政策。

5. 云南发生强烈地震。

6. 全国出现抢购风和挤兑风，引起人们对严重通货膨胀问题的注意。

7. 铁路接连发生翻车、撞车事故，铁道部部长丁关根引咎辞职。

8. 我国第一座高能加速器——北京正负电子对撞机建成并对撞成功。

9. 中国文学艺术界联合会举行第五次代表大会。胡启立代表党中央在会上致祝词，强调必须"保障作家、评论家的创作自由和评论自由"。

10. 中日尼联合登山队员双跨珠峰成功,在人类登山史上首次实现珠峰南北大跨越。

1989 年大事记

1. 拉萨发生骚乱，为恢复秩序实施"戒严"。

2. 4 月 15 日，胡耀邦在京因病逝世。

3. 中苏领导会晤，两国关系实现正常化。

4. 春夏之交发生六四"政治"风波。

5. 中共中央十三届四中全会召开，调整了中央领导机构的部分成员，江泽民当选为中共中央总书记。

6. 十三届五中全会召开，通过《中共中央关于进一步治理整顿和深化改革的决定》，同意邓小平辞去中央军委主席职务。

7. 庆祝中华人民共和国成立四十周年。

8. 团中央、全国青联等单位联合创办的中国青少年基金会，通过募捐创建中国第一个"救助贫困地区失学少年基金"，命名为"希望工程"。

1990 年大事记

1. 十三届六中全会召开，通过了《中共中央关于加强党同人民群众联系的决定》。

2. 4 月 18 日，李鹏总理代表党中央、国务院在上海宣布：开发浦东，开放浦东。

3. 中共中央召开对台工作会议。

4. 北京成功举办第十一届亚运会。

5. 第四次全国人口普查。

6. 国家编制《十年规划和"八五"计划纲要》。

7. 上海、深圳证券交易所正式开业。

8. 中国成功发射五颗人造地球卫星。

9. "七五"计划顺利完成，提前实现十三大确立的经济发展"三步走"战略的第一步目标。

10. 从下半年起，一些西方国家开始逐步改善对华关系。

1991 年大事记

1. 中共中央十三届七中全会和全国七届人大四次会议，确定未来十年我国经济和社会发展的基本任务，我国人民开始从温饱迈向小康。

2. 以江泽民同志为核心的党中央多次强调"科技是第一生产力"的观点，明确提出经济工作要向科技进步和提高劳动者素质方面转轨，表彰有成就的科学家，倡导尊重科学、尊重人才，迈出了向新科技革命进军的新步伐。我国自行设计建造的一座核电站——秦山核电站并网发电。

3. 中国共产党隆重纪念建党70周年，强调在改革开放和反对和平演变的考验面前，全面加强党的建设，更好地担负起历史赋予的伟大使命。

4. 中共中央召开工作会议，提出进一步搞好国营大中型企业的20条措施，开展"质量、品种、效益年"活动，清理"三角债"取得成果。

5. 华东地区发生特大洪灾，党中央领导广大军民奋起抗洪救灾，各界人民踊跃捐助，将自然灾害的损失降至最低。我国农业在受灾严重的形势下获得历史上第二个丰收年。中央制定在全国范围内治理大江大河的宏伟计划，全国人民兴起兴修水利热潮。

6. 为期三年的治理整顿任务基本完成，中国经济从复苏走向正常发展，企业、外贸、价格、住房等方面改革取得明显成效。

7. 中共中央八中全会进一步明确了九十年代我国农业和农村工作的主要任务、方针政策。社会主义思想教育活动在全国广大农村展开。

8. 我国打破西方国家的所谓"制裁"，日本首相海部、英国首相梅杰、意大利总理安德烈奥蒂、美国国务卿贝克相继访华。我国同周边国家关系改善，外交取得新进展。

9. 电影《大决战》、《焦裕禄》、《周恩来》和电视连续剧《渴望》引起轰动，广大观众呼唤更多的革命现实主义作品问世。

10. 中国运动员在游泳、铅球、标枪、国际象棋等项目取得历史性的突破，在游泳、跳水等多个项目的世界锦标赛和世界杯赛上，所获金牌是历史上最多的一年。北京正式申办2000年第27届奥运会。

1992 年大事记

1. 邓小平视察南方发表重要讲话，举国上下思想大解放，改革开放加快步伐，国民经济进入高速增长期。

2. 中共召开十四大，确立了建设有中国特色社会主义理论在全党的指导地位，强调坚持党的基本路线一百年不动摇，提出建立社会主义市场经济体制的目标，选举产生了新的中央领导机构。

3. 改革开放进入新阶段。国有企业转换机制正式启动，机构改革取得进展，市场建设出现新的热潮，我国形成全方位对外开放新格局，沿江、沿边及内陆主要城市都对外开放。

4. 中国体育健儿在巴塞罗那奥运会上获得金牌和奖牌总数第四名的优异成绩。

5. 七届全国人大五次会议批准将兴建三峡工程列入国民经济和社会发展十年规划。

6. 我国"长二捆"火箭发射美造澳大利亚卫星成功。

7. 国家领导人频频出访，我国同以色列、韩国等国建交，日本天皇明仁、俄罗斯总统叶利钦和美、德等西方高级官员接连访华，中国外交取得新突破。

8. 大陆科学家、新闻记者首次正式组团分别访问台湾，两岸交流进一步扩大。

9. "中国质量万里行"和"打假特别行动"相继开展，获得全社会称赞和支持。

10. 我国先后发生南京、兰州、北京、原阳、阳朔5起空难事件。

1993 年大事记

1. 中共中央召开十四届三中全会，通过《中共中央关于建立社会主义市场经济体制若干问题的决定》，勾画出新经济体制的基本框架，也为全党和全国人民加快改革和发展提出了行动纲领。

2. 《邓小平文选》第三卷出版发行，为学习、贯彻建设有中国特色社会主义的理论提供了最好的教材和最有力的武器。

3. 国家主席江泽民在西雅图会晤美国总统克林顿，中美首脑的这一会晤，标志着中美关系有了一个新的良好开端。

4. 在近期的反腐败斗争中，查处大案要案、领导干部廉洁自律、纠正行业不正之风取得成果。

5. 中央采取的整顿金融秩序等宏观调控措施取得积极成效，改革开放和市场机制的培育经过规范加快了发展步伐。

6. 减轻农民负担、保护农民利益引起各级领导高度重视，中央和地方为此接连采取重要措施进一步调动农民积极性，进一步促进农业生产的发展。

7. 大陆与台湾之间的"汪辜会谈"在新加坡举行，两岸关系发展迈出历史性的一步。

8. 中国铁路"头号工程"京九铁路的建设全面展开。

9. 北京申办奥运在前所未有的激烈竞争中以两票之差没有获得2000年奥运会举办权。但北京首次申办即获得众多国家赞成，显示了中国在国际上的影响日益扩大。

10. 国民经济再上新台阶，国内生产总值首次突破3万亿元大关。

1994 年大事记

1. 重新修订后的《邓小平文选》第一卷、第二卷出版，与1993年出版的《邓小平文选》第三卷连成一个科学体系，成为建设有中国特色社会主义这一当代中国马克思主义的奠基之作。

2. 中国共产党第十四届中央委员会第四次全体会议在京举行，在改革开放和社会主义现代化建设发展的关键时刻，作出了《中共中央关于加强党的建设几个重大问题的决定》。

3. 以建立社会主义市场经济新体制为目标，我国财税、金融、外汇外贸、投资、价格和流通体制等方面的一系列重大改革措施出台，进展顺利。

4. 国内生产总值首次突破4万亿元大关，进出口贸易总额达到2350亿美元，人民生活继续得到改善，国民经济保持了持续、快速、健康发展的良好势头。

5.党中央、国务院高度重视抑制通货膨胀，"米袋子"、"菜篮子"受到普遍关心，各级党和政府着力抓紧解决。

6.济南军区某团通信连班长徐洪刚见义勇为的英雄壮举引起强烈反响，全国掀起学习英雄、弘扬正气的群众性活动。

7.当今世界上最大的水利枢纽工程——长江三峡工程正式开工，全国上下积极为这一跨世纪的工程尽心出力。

8."国家八七扶贫攻坚计划"全面启动，消灭绝对贫困的任务吸引全社会关注和参与，我国历史上第一批十大"扶贫状元"经过认真评选产生。

9.我国首次实行新工时制，即每日工作8小时、平均每周44小时的工时制度。

10.我国部分省区发生特大洪涝灾害和严重旱灾，各地军民奋起抗灾救灾，农业生产仍然获得了好收成。

1995年大事记

1.中国共产党第十四届中央委员会第五次全体会议在北京召开。会议通过了制定"九五"计划和2010年远景目标的建议，为我国跨向21世纪绘制出宏伟蓝图。

2.改革开放和宏观调控取得新成果。国内生产总值预计增长10%左右，农业再夺丰收，物价涨幅、固定资产投资增幅明显回落，外汇储备有较多增加，城乡居民实际收入稳步增长，以国有企业改革为中心的各项经济体制改革取得新的进展。

3.江泽民就发展两岸关系、推进祖国和平统一进程提出了八项看法和主张，在海内外得到广泛赞同。李登辉分裂祖国公然访美，遭到海内外舆论严厉抨击。

4. 总长2536公里，贯穿京、津、冀、鲁、豫、皖、鄂、赣、粤9省市的我国第二条南北大动脉京九铁路全线提前铺通。

5. 领导干部的楷模孔繁森无私奉献的事迹在全国引起强烈反响。一批先进人物和张家港市等先进典型不断涌现，鼓舞和激励着全国人民在两个文明建设中建功立业。

6. 江泽民在亚太经济合作组织第三次领导人非正式会议上发表重要讲话，提出开展经济合作的五项主张，并宣布中国将从1996年起大幅度降低进口关税税率总水平，赢得了许多与会成员的赞赏和支持。党和国家领导人广泛出访各建交国家，我国的国际地位有新的提高，在国际活动中的作用进一步增强。

7. 全国各地隆重举行纪念世界反法西斯战争和抗日战争胜利50周年的活动，极大地激发了全国人民的爱国主义热情。

8. 中纪委五次全会后，全国进一步加大反腐败力度，查处了一批大案，接连取得胜利。腐化堕落、犯有严重经济罪行的原北京市副市长王宝森畏罪自杀，被开除出党，对此案负有重大责任且本人有严重腐败问题的陈希同被撤销中央政治局委员、中央委员的职务。

9. 中国人民解放军奉命在东海海域成功地进行了发射导弹、火炮的军事训练和海上诸兵种的合成演习；南京战区在闽南沿海成功地举行了三军联合作战演习。这充分显示了我军有决心有能力保卫国家主权和领土完整、维护祖国统一和完成党和人民赋予的神圣使命。

10. 新疆维吾尔自治区、西藏自治区分别隆重举行成立40周年、30周年的庆祝活动，第五届全国少数民族传统体育运动会在昆明成功举办，全国呈现民族团结、经济发展、社会稳定的欣欣向荣的局面。

1996 年大事记

1.《国民经济和社会发展"九五"计划和2010年远景目标纲要》由八

届全国人大四次会议审查、批准,全国人民齐心协力共绘跨世纪宏伟蓝图,国民经济正进入适度快速和相对平稳的发展轨道。

2. 中国共产党第十四届中央委员会第六次全体会议审议通过《中共中央关于加强社会主义精神文明建设若干重要问题的决议》,为推动全国的精神文明建设指明了方向;徐虎、李素丽、吴金印等一批先进人物的时代精神得到宏扬,社会服务承诺制在多种行业兴起,精神文明建设迈上新台阶。

3. 国民生产总值预计比上年增长10%左右,物价涨幅却由上年的14.8%降至6.5%左右,在改革开放中实行宏观调控的"软着陆"目标基本实现,我国经济开始发生由主要解决总量不足到着力进行结构调整的新变化。

4. 我国扶贫攻坚力度加大,呈现新局面。江泽民总书记等领导同志在中央扶贫开发工作会议上进一步强调要在本世纪末基本解决我国农村贫困人口的温饱问题,国务院决定在全国范围内逐步实行城市最低生活保障制度,城乡并进以期最终消除贫困。

5. 声势浩大的"严打"斗争在全国范围内统一展开,一大批作恶多端的犯罪分子落入法网,社会治安状况有所好转,反腐败接连取得战果并向纵深发展,一批影响恶劣的大案要案得到查处。

6. 党和政府采取提高粮价等措施加强农业,粮田面积增加,农民积极性提高,全国粮食总产量增长100多亿公斤,再创历史最高纪录。

7. 进出口贸易拓展,投资环境改善,吸引外资增加,我国外汇储备突破1000亿美元,人民币经常项目下的可兑换开始实行,对外开放继续扩大。

8. 香港特别行政区的筹建工作进入关键阶段。根据香港特别行政区第一届政府推选委员会选举产生的人选,国务院任命董建华为香港特别行政区第一任行政长官,于1997年7月1日就职。

9. 中国人民解放军奉命在东海和南海四点连线内的海域进行了地对地导弹发射训练,南京战区在台湾海峡成功地组织了陆海空三军联合作战演习,表明我军完全有决心有办法有能力维护祖国统一、捍卫国家主权和领土完整。

10. 全国各地以不同方式举行纪念红军长征胜利60周年活动，激励和鼓舞了全国人民发扬长征精神，为建设有中国特色的社会主义贡献力量。

1997 年大事记

1. 具有划时代意义的中国共产党第十五次全国代表大会胜利召开，江泽民再次当选为党的总书记。大会号召全党高举邓小平理论伟大旗帜，把建设有中国特色社会主义事业全面推向21世纪。

2. 举国上下喜庆香港回归祖国，邓小平提出的"一国两制"构想在香港取得成功。

3. 我国改革开放的总设计师邓小平同志不幸逝世，全国人民深切哀悼这位世纪伟人，江泽民总书记号召全党全军全国各族人民把邓小平同志开创的建设有中国特色社会主义的伟大事业推向前进。

4. 江泽民主席成功访问美国。这是12年来中国国家元首第一次访美，两国发表《中美联合声明》，决定共同致力于建立面向21世纪的建设性的战略伙伴关系。

5. 国民经济适度快速发展，继续保持高增长、低通胀的良好态势，经济增长率约为9%，物价涨幅进一步回落，商品零售价格上涨1%左右。经济运行的质量和效益得到提高，经济增长方式逐步转变。

6. 世界水利史上的最大工程——长江三峡工程和我国治黄史上的最大工程——黄河小浪底水利枢纽工程双双截流成功，这是我国水利史上的伟大创举。

7. 中央经济工作会议召开。会议认真贯彻落实十五大提出的经济工作的各项任务，对1998年经济工作的总体要求、工作重点和主要任务作出了重要部署。国有企业兼并联合、资产重组呈现新的势头。齐鲁石化公司兼并淄博化纤总厂和淄博石化厂；金陵石化公司、扬子石化公司、仪化集团有限公司、南化集团及江苏省石油公司组建中国东联石化集团有限公司，分别是建国以来最大的一起企业兼并、企业联合。

8. 经八届全国人大五次会议批准，重庆成为继北京、上海、天津之后的我国第四个直辖市。

9. 本世纪末我国最后一次规模最大的运动会——第八届全国运动会在上海举行，运动健儿16人19次超7项奥运项目世界纪录，取得了此前历届全运会从未有过的好成绩。

1998 年大事记

1. 在党中央的正确领导和指挥下，我国百万军民紧密团结，顽强拼搏，战胜长江和松花江、嫩江历史上罕见的大洪水，全国人民积极支援灾区恢复生产，重建家园，抗洪精神振奋人心。

2. 九届全国人大一次会议召开，江泽民继续当选为国家主席，胡锦涛当选为国家副主席。李鹏当选为新一届全国人大常委会委员长。以朱镕基为总理的新一届政府组成。国务院机构改革顺利进行，除国务院办公厅外，国务院组成部门从40个减少到29个。

3. 面对亚洲金融危机蔓延、国际金融动荡和国内严重的洪涝灾害，党中央、国务院及时作出扩大内需，实行积极的财政政策，加强基础设施建设，推动经济发展和保持人民币汇率稳定等重大决策。在困难的条件下，我国仍然保持了国民经济持续增长。

4. 经济体制改革迈出重大步伐。粮食流通体制、国有企业、金融体制、住房制度和医疗保险制度等多项改革有序推进，并在一些难点上取得了重要进展。

5. 中共十五届三中全会胜利召开，全会通过了《关于农业和农村工作若干重大问题的决定》，对稳定农村经济、发展农业生产、加强农村基层建设作出了一系列重大决策。

6. 我国加大反腐败力度。陈希同因贪污、玩忽职守罪被判处有期徒刑

16年。公检法部门自身教育整顿取得成效。中纪委、监察部制定了《关于实行党风廉政建设责任制的规定》。

7. 我国加大打击走私力度。党中央、国务院决定组建国家缉私警察队伍，实行海关与公安双重垂直领导，专司打击走私犯罪活动。

8. 中央决定军队、武警部队和政法机关一律不再从事经商活动，他们所办的经营性企业于1998年年底前与军队、武警部队和政法机关全部脱钩。

9. 12月18日，中共中央召开大会，隆重纪念党的十一届三中全会召开20周年，中共中央总书记江泽民在大会上作了重要讲话。

10. 九届全国人大常委会第五次会议通过村民委员会组织法，进一步完善了村民自治制度，有力地推进了农村基层民主建设。

1999 年大事记

1. 全国各地热烈庆祝中华人民共和国成立50周年。在北京天安门广场，50万各族军民以盛大的阅兵仪式和群众游行，欢庆伟大祖国的这一盛大节日，江泽民检阅了受阅部队。

2. 12月20日，澳门顺利回归祖国怀抱，结束了葡萄牙在澳门的殖民统治。中国人民在完成祖国统一大业的道路上又迈出了重要一步。

3. 中共十五届四中全会审议通过了《中共中央关于国有企业改革和发展若干重大问题的决定》，确定了从现在起到2010年国有企业改革和发展的主要目标和必须坚持的指导方针。

4. 中央作出进一步扩大内需、加大实施积极财政政策力度的决策，并采取一系列配套的宏观调控措施，经济形势继续沿着好的方向发展，年初预期的7%的经济增长目标可望实现。

5. 中央决定在县级以上党政领导班子、领导干部中，以整风精神深入开展以"讲学习、讲政治、讲正气"为主要内容的党性党风教育。

6. 以美国为首的北约悍然袭击我驻南斯拉夫大使馆。新华社记者邵云环、光明日报记者许杏虎和夫人朱颖以身殉职，我国各界和世界各国严厉谴责以美国为首的北约的野蛮暴行。

7. 李登辉公然抛出"两国论"，彻底暴露了其蓄意分裂祖国领土和主权、企图把台湾从中国分裂出去的政治本质和真实意图，遭到两岸同胞和海外侨胞的坚决反对和强烈谴责。

8. 中央决定坚决处理和解决"法轮功"问题，开展揭批李洪志编造"法轮大法"和操纵"法轮功"邪教组织的斗争，得到广大党员、干部和人民群众的拥护。

9. 11月20日，我国成功发射第一艘载人航天试验飞船"神舟"号，标志着我国载人航天技术有了新的重大突破。

10. 我国加大打击走私犯罪力度。新中国成立以来走私数额最大、涉及党政机关、执法部门人员最多的严重经济犯罪案件——湛江特大走私、受贿案受到查处，6名主犯被处以死刑。

2000 年大事记

1. 我国胜利完成第九个五年计划，实现了现代化建设的前两步战略目标，社会主义市场经济体制初步建立，经济和社会全面发展，人民生活总体上达到了小康水平。这是中华民族发展史上一个新的里程碑。

2. 中共中央十五届五中全会召开，审议并通过了《中共中央关于制定国民经济和社会发展第十个五年计划的建议》，提出了"十五"时期我国经济社会发展的主要奋斗目标。

3. 江泽民在广东省高州市领导干部"三讲"教育会议上提出，我们党要始终成为中国先进社会生产力的发展要求、中国先进文化的前进方向、中国最广大人民的根本利益的忠实代表。"三个代表"是我们党的立党之本、执政之基、力量之源。

4. 我国全年经济增长预计可达8％。这标志着1997年以来,我国经济连续数年增速放缓局面得以扭转。

5. 党中央加大反腐败力度,胡长清、成克杰从党的高级干部堕落为腐败分子,被执行死刑,这表明党中央从严治党、依法治国、严惩腐败,坚定不移。

6. 党中央提出实施西部大开发战略。这是以江泽民同志为核心的党中央根据邓小平同志关于我国现代化建设"两个大局"的战略思想,高瞻远瞩、统揽全局、面向新世纪作出的重大决策。

7. 10月,中国人民解放军举行全军科技练兵成果交流活动。这是1964年大比武以来演练层次最高、运用技术最新、涉及范围最广的一次军事训练活动,所集中展示的一系列科技练兵成果,标志着我军打赢未来战争的能力又有了新的增强。

8. 金额特别巨大、案情极为复杂、危害极其严重的厦门走私犯罪案首批案件11月8日分别在厦门、福州、泉州、漳州、莆田等5市中级人民法院同时宣判。包括厦门市委原副书记在内的多名犯罪分子依法受到严惩。

9. 经济特区成立20周年。20年来,经济特区在全国的改革开发和经济建设中发挥了重要作用,成为我国实现历史性变革和取得伟大成就的一个精彩缩影与生动反映。

10. 第五次全国人口普查登记工作在31个省、自治区、直辖市同时展开。准确地查清我国人口数量和结构,将为制定21世纪我国社会经济发展的战略与规划,全面提高人民的生活水平,促进可持续发展战略的实施提供可靠的基础依据。

2001年大事记

1. 中国共产党隆重纪念建党80周年,江泽民总书记在"七一"庆祝大会上发表重要讲话,系统总结中国共产党80年光辉历程和基本经验,全面阐述"三个代表"重要思想的科学内涵,提出了新的历史条件下加强和改进党的建设的重大任务。

2. 世贸组织第四届部长级会议以全体协商一致的方式，审议并通过了中国加入世贸组织的决定。经过15年努力，从12月11日起，我国正式成为世贸组织新成员，标志着我国对外开放进入一个新的阶段。

3. 党的十五届六中全会审议并通过了《中共中央关于加强和改进党的作风建设的决定》。这是我们党开创改革开放和现代化建设新局面的必然要求，是党永远立于不败之地的重要保证。

4. 在世界经济增长明显减缓的情况下，我国经济仍然保持了较好的发展势头，保持了快增长、高效益、低通胀的发展格局，预计今年国内生产总值增长7.4%。

5. 亚太经合组织（APEC）第九次领导人非正式会议在上海成功举行。江泽民主席主持会议并发表了题为《加强合作，共同迎接新世纪的挑战》的重要讲话。

6. 7月13日，在国际奥委会第112次全会选定2008年奥运会主办城市的投票中，北京获得了胜利。这是中国首次获得奥运会主办权。

7. 中国足球队取得了进军2002年世界杯足球赛决赛阶段比赛的入场券。这是中国队自1957年至今44年来，第一次成功打入世界杯决赛圈。

8. 农历除夕，几名"法轮功"痴迷者在李洪志"升天圆满"妖言蛊惑下，在天安门广场制造一起骇人听闻的自焚事件，充分暴露了"法轮功"反人类、反社会、反科学的邪教本质。

9. 7月17日凌晨，广西南丹县龙泉矿冶总厂下属的拉甲坡矿和龙山矿发生重大透水事故，造成大量人员伤亡，党中央和国务院派出调查组前往调查并对事故有关责任人进行严肃处理。

10. 全国大力整顿和规范市场经济秩序，以"银广夏"为代表的部分上市公司大肆造假账等欺骗股民的恶性违规行为受到严惩。

2002 年大事记

1. 中国共产党第十六次全国代表大会召开。大会选举产生了新一届中央委员会和中央纪律检查委员会。"三个代表"重要思想被写入党章，和马克思列宁主义、毛泽东思想、邓小平理论一道被确立为全党的指导思想。大会提出了我国全面建设小康社会的奋斗目标。

2. 今年我国经济增长率将达到 8％左右，全年国内生产总值将跨上 10 万亿元新台阶，实现历史性突破。

3. 国家出台《关于上市公司涉及外商投资有关问题的若干意见》、《关于向外商转让上市公司国有股和法人股有关问题的通知》等政策，鼓励外资参与国有企业的改造和重组，我国对外开放领域进一步扩大。

4. 11 月 6 日，三峡导流明渠顺利合龙，这是三峡工程建设的里程碑。我国成功申办 2010 年上海世界博览会。

5. 反腐败斗争取得新成果。河北省原副省长丛福奎、中国建设银行原行长王雪冰、光大银行原行长朱小华等腐败分子被查处。

6. 南水北调、青藏铁路、西气东输管道工程等 13 个国家重点工程启动。

7. 城市居民最低生活保障制度建设进一步加强，截至 10 月份，全国城市领取低保金的人数已达 1964 万人，基本实现了"应保尽保"目标。

8. 5 月 7 日，北方航空公司一架 MD－82 飞机在从北京飞往大连途中，因人为纵火原因不幸失事坠入大连附近海中。机上旅客 103 人、机组成员 9 人全部遇难。

9. 7 月，国家"863"计划项目之一的"数字化虚拟人"技术取得重大突破，达到国际先进水平。

2003 年大事记

1. 3 月 3 日—18 日，十届全国人大一次会议和全国政协十届一次会议在京举行。会议进行了换届选举，新一届国家领导人产生。

2. 在党中央、国务院的坚强领导下，我国夺取了防治非典工作的阶段性重大胜利。国民经济在非典的影响下仍保持了较快增长的良好势头，全年经济增长率预计达8.5%，国内生产总值突破11万亿元。

3. 7月1日，胡锦涛总书记在"三个代表"重要思想理论研讨会上发表重要讲话。全党兴起学习贯彻"三个代表"重要思想新高潮。

4. 6月29日和7月17日，我国内地与香港、澳门分别签署了建立更紧密经贸关系的安排，为进一步推动内地与港澳地区经济合作注入新活力。

5. 10月11日—14日，中国共产党第十六届中央委员会第三次全体会议在京召开，审议通过了《中共中央关于完善社会主义市场经济体制若干问题的决定》，明确进一步深化经济体制改革的目标和任务，并提出全面、协调、可持续的"科学发展观"。

6. 10月16日，我国首次载人航天飞行圆满成功，中华民族千年飞天梦想得以实现，中国成为世界上第三个拥有独立开展载人航天活动能力的国家。航天员杨利伟被授予"航天英雄"称号。

7. 11月3日，湖南衡阳发生一起特大火灾坍塌事故，20名消防官兵在灭火抢险过程中英勇牺牲。衡阳火灾暴露了建筑施工质量问题以及涉嫌腐败的问题。

8. 陈水扁当局利用"公投立法"蓄意制造"台独"分裂活动，遭到海峡两岸人民和海外华侨华人的坚决反对。

9. 12月19日—20日，全国人才工作会议在京举行，胡锦涛发表重要讲话强调：以"三个代表"重要思想为指导大力实施人才强国战略，为全面建设小康社会提供坚强人才保证和智力支持。

10. 中国外交成就斐然，在重大国际问题上发挥出积极作用。与大国关系总体保持改善和发展的积极势头，与周边国家关系进一步深化。

2004 年大事记

1. 在中央"一号文件"等一系列惠农政策的激励下，我国粮食生产出现重要转机，农民收入实现较快增长，全年农民人均纯收入实际增长将超过 6%。

2. 在科学发展观的指导下，宏观调控取得阶段性成效。国民经济平稳较快发展，预计全年经济增长 9%，外贸总额可望超过 1.1 万亿美元，成为全球第三大贸易国。

3. 3 月 14 日，第十届全国人民代表大会第二次会议通过了我国第四个宪法修正案，确立了"三个代表"重要思想在国家政治和社会生活中的指导地位，并增加了尊重和保障人权、保护公民合法的私有财产等内容。

4. 3 月 20 日，台湾地区领导人选举投票结束，引发大规模民众抗争活动。陈水扁当局继续加快"台独"步伐，遭到了海峡两岸人民和海外华侨华人的坚决反对。

5. 6 月 23 日，审计署审计长李金华向十届全国人大常委会第十次会议提交了 2003 年度审计工作报告，揭露出一批部委单位和地方政府违法违规问题，引起社会的强烈反响。

6. 在第 28 届奥运会上，中国体育代表团获得 32 枚金牌，居奥运会金牌榜第二位，实现了历史性突破。

7. 全国各地群众以多种形式纪念邓小平诞辰 100 周年，重温邓小平理论，缅怀小平同志的丰功伟绩。

8. 9 月 16 日—19 日，中国共产党第十六届中央委员会第四次全体会议召开，审议通过了《中共中央关于加强党的执政能力建设的决定》。会议同意江泽民辞去中共中央军委主席职务，决定胡锦涛任中共中央军委主席。

9. 11 月 28 日，陕西铜川矿务局陈家山煤矿发生特大瓦斯爆炸事故，166 名矿工遇难，这是 44 年来我国煤炭行业最大的一起安全事故。

10. 我国外交取得丰硕成果。东盟十国、新西兰、南非、俄罗斯、巴西等20多个国家承认我国完全市场经济地位。

2005 年大事记

1. 从1月开始，以实践"三个代表"重要思想为主要内容的保持共产党员先进性教育活动分三个阶段在全国展开，这是我们党在新的历史条件下加强党的建设的一项重要举措。

2. 3月14日，第十届全国人民代表大会第三次会议通过了《反分裂国家法》。这是一部以反对分裂、促进统一为主旨的法律，得到了国际社会的普遍认同和支持。4月、5月和7月，中共中央总书记胡锦涛分别与中国国民党主席连战、亲民党主席宋楚瑜、新党主席郁慕明在北京举行会谈，以党对党交流的形式开创了两岸关系新模式。

3. 全国以各种形式纪念中国人民抗日战争暨世界反法西斯战争胜利60周年，极大地凝聚了民族精神。

4. 10月8日—11日，中共十六届五中全会在北京召开，会议审议并通过了《中共中央关于制定国民经济和社会发展第十一个五年规划的建议》，强调坚持以科学发展观统领经济社会发展全局。

5. 10月12日—17日，我国神舟六号载人航天飞行取得圆满成功，标志着我国在发展载人航天技术方面取得了又一个具有里程碑意义的重大胜利。

6. 10月27日，十届全国人大常委会审议通过《关于修改〈中华人民共和国个人所得税法〉的决定》，将个人所得税工薪费用扣除标准调整为1600元。

7. 11月13日，中石油吉林石化公司双苯厂发生爆炸，引发松花江重大水污染事件，国家环境保护总局局长解振华引咎辞职，事故原因尚在进一步调查中。

8. 历时两年的第一次全国经济普查圆满结束。这是新中国成立以来一次重大的国情国力调查，旨在查清第二、三产业的基本情况。

9.我国金融体制改革取得重大进展。股权分置改革试点启动，实行以市场供求为基础、参考一篮子货币进行调节、有管理的浮动汇率制度，国有商业银行改制初见成效。

2006年大事记

1.社会主义新农村建设顺利起步，国家对"三农"投入空前加大，以乡镇机构、农村义务教育、县乡财政管理体制三项改革为主要内容的农村综合改革全面推进。

2.3月4日，胡锦涛总书记在看望出席"两会"的全国政协委员时，提出了以"八荣八耻"为内涵的社会主义荣辱观，成为社会主义核心价值体系的重要组成部分，在全社会引起强烈反响。

3.一系列承载中国百年梦想的国家重点工程建成。青藏铁路全线正式通车，三峡大坝建成并成功实现156米蓄水目标。

4.9月9日，民进党前主席施明德发起百万民众"反贪腐"运动，要求台湾当局领导人陈水扁下台。

5.9月24日，中央决定对陈良宇严重违纪问题立案检查，免去陈良宇上海市市委书记、常委、委员职务，停止其担任的中央政治局委员、中央委员职务，显示出中央推进反腐败斗争的坚定决心。

6.中共十六届六中全会召开，审议通过了《中共中央关于构建社会主义和谐社会若干重大问题的决定》，进一步完善了中国社会主义现代化建设的奋斗目标。

7.全国以各种形式纪念红军长征胜利70周年，全社会掀起学习、弘扬伟大长征精神的新热潮。

8."十一五"开局良好，中央在土地、金融、房地产等领域加大宏观调控力度，国民经济呈现出增长速度较快、经济效益较好、物价水平较低的态势，国内生产总值突破 20 万亿元。

9. 中国外交坚持"和谐世界"理念，取得丰硕成果，成功举办上海合作组织峰会、中国－东盟纪念峰会和中非合作论坛北京峰会。

10. 食品药品安全事件频发，"欣弗"假药、含苏丹红的"红心鸭蛋"等问题食品严重危害人民生命健康，引起全社会高度关注。

2007 年大事记

1. 十届全国人大五次会议表决通过物权法

十届全国人大五次会议 3 月 16 日表决通过《中华人民共和国物权法》。这部法律坚持社会主义基本经济制度，平等保护国家、集体和私人的物权，强化对国有财产的保护，进一步完善了中国特色社会主义物权制度。

2. 太湖蓝藻暴发敲响生态警钟

太湖无锡流域大面积蓝藻 5 月底暴发，近百万市民家中的自来水无法饮用。这一事件成为促使我国东部地区转变发展方式、建设生态文明的标志性事件。

3.《中国应对气候变化国家方案》颁布

《中国应对气候变化国家方案》6 月 4 日正式颁布，全面阐述了 2010 年前我国应对气候变化的对策。这是我国第一部应对气候变化的政策性文件，也是发展中国家在这一领域的第一部国家方案。

4. 农村最低生活保障制度开始在全国普遍建立

国务院 7 月 11 日发出通知在全国建立农村最低生活保障制度，以切实解决农村贫困人口的生活困难。中央财政全年安排农村低保补助资金 30 亿元。目前，全国 31 个省区市建立农村最低生活保障制度，2000 多万农村贫困人口纳入保障范围。

5. 人民解放军建军 80 周年庆祝活动在京举行

中共中央、国务院、中央军委 8 月 1 日举行庆祝中国人民解放军建军

80周年暨全军英雄模范代表大会，中共中央总书记、国家主席、中央军委主席胡锦涛在会上发表重要讲话。1927年8月1日举行的南昌起义，打响了党独立领导武装斗争、创建人民军队的第一枪。

6. 中国共产党第十七次全国代表大会召开

中国共产党第十七次全国代表大会10月15日至21日在北京召开。这是在我国改革发展关键阶段召开的一次十分重要的大会。大会批准了胡锦涛同志代表第十六届中央委员会所作的报告，批准了中央纪律检查委员会工作报告，审议通过了《中国共产党章程（修正案）》，选举产生了新一届中央委员会和中央纪律检查委员会。随后召开的党的十七届一中全会，选举产生了新的中央领导机构。

7. 我国首次探月工程取得圆满成功

我国第一颗探月卫星"嫦娥一号"10月24日在西昌发射中心成功升空。11月26日，"嫦娥一号"从距离地球38万公里的环月轨道传回第一张月面图片，标志着我国首次探月工程取得圆满成功。12月12日，中共中央、国务院和中央军委举行探月工程庆祝大会。探月工程是我国继人造地球卫星、载人航天之后，航天活动的第三个里程碑。我国因此跨入世界为数不多的具有深空探测能力的国家行列。

8. 我国改革实行近十年的"黄金周"休假制度

在面向全民公开征求意见后，国务院12月14日发布关于修改《全国年节及纪念日放假办法》的决定。从2008年起，全休公民放假的节日从之前的10天增加到11天，五一劳动节从放假3天减为1天，增设清明、端午、中秋三个假期。《职工带薪年休假条例》同时出台。

9. 粮食总产量再超1万亿斤为稳定市场提供基本保证

中国经济增长连续5年超过10%，同时今年物价出现结构性上涨。中央经济工作会议提出防止经济增长由偏快转向过热、防止物价由结构性上涨转变为明显的通货膨胀的宏观调控任务。今年我国粮食总产量再次超过1万亿斤，为稳定市场提供基本保证。

10. 全国人大常委会通过关于香港特区2012年行政长官和立法会产生办法及有关普选问题决定

十届全国人大常委会第三十一次会议12月29日通过了《全国人民代表大会常务委员会关于香港特别行政区2012年行政长官和立法会产生办法及有关普选问题的决定》。会议认为，2012年香港特别行政区第四任行政长官的具体产生办法和第五届立法会的具体产生办法可以作出适当修改，2017年香港特别行政区第五任行政长官的选举可以实行由普选产生的办法；在行政长官由普选产生以后，香港特别行政区立法会的选举可以实行全部议员由普选产生的办法。

2008年大事记（1—9月）

1. 年初我国南方发生大范围低温冰雪冻雨灾害。

2. 全国"两会"召开，通过新一届国家领导人和中央政府领导人和机构组成。

3. 3月14日西藏拉萨发生打砸抢烧事件。

4. 胶济铁路列车出轨相撞导致72人死亡。

5. 5月12日四川汶川发生里氏8级强烈地震，造成重大伤亡和财产损失。

6. 奥运圣火在境内外成功传递，并在世界最高峰珠穆朗玛峰成功传递。

7. 8月8日—8月24日，第29届夏季奥运会在北京圆满举行，中国高居金牌榜榜首。

8. 9月残疾人奥运会在京成功举办。

后 记

30年山河激越，30载弦歌浩荡。

历史的天空中跨越30年的一道亮闪，勾勒出改革开放从呱呱坠地到而立之年的成长轨迹。1978年，党的十一届三中全会奏响了中华民族伟大复兴的宏伟乐曲，它穿透五千年历史的星空，应和着跨越时代的崛起。中国开启了思想解放的新纪元，一幅波澜壮阔、跌宕起伏的历史画卷正徐徐展开。30年来，中国人民用勤劳和智慧的画笔，为这幅描绘东方神话的画卷挥毫泼墨，书写了一个个令世界为之赞叹的传奇。

在这伟大的历史进程中，与改革开放共同成长起来的青年人，用他们勇于创新、敢于变革的胆识和魄力，担当了先锋队和排头兵。他们用青年人心系祖国的责任担当，成为改革开放的参与者、推动者、建设者，他们也用青年人独到的视角见证了30年日新月异、时光迁延。当岁月的年轮定格于2008，他们选择了打开记忆之门，回望那段或近或远的历史。他们试图用自己尘封已久的故事去讲述，为历史找寻见证青年责任的注脚，为改革开放30年标注一个醒目的逗号或感叹号。中央国家机关青年联合会的委员就是他们中的一群。《亲历：1978—2008》的"破茧成蝶"，正是这些充满着激情与活力的年轻人们群策群力、不懈追求的结果。

《亲历：1978—2008》的编辑出版倾注了中央国家机关青联全体委员的心血，这是一部闪耀集体智慧和情感的著作。新春伊始，中央国家机关青联就开始筹划以什么样的方式来纪念改革开放30年。由于突如其来的汶川特大地震，委员们全力地投身到抗震救灾的伟大战斗中，随后又积极投身于奥运筹办和组织实施的各项工作之中。8月仲夏，百年奥运圆梦中华，世界将目光投向中国之际，中央国家机关青联主席班子就再次迫不及待地开始研究改革开放30年纪念活动的方案，委托社科界别组、公共界别组、企业界别组反复斟酌，最终确定要用一部具有历史意义与时代特征的著作来还原那段历史，纪念这个对于我们的祖国，我们的人民和我们自己都具有特殊意义的伟大时代。

全书选取改革开放30年中每一年的重要事件或很受关注的社会现象，由青联委员从亲历者的角度，进行回忆审视，并由此延伸到本行业或相关行业的改革发展变化。从9月上旬开始，在青联主席班子的集体领导和各界别主任委员的组织带领下，各位副秘书长具体协调，37名委员参与了文稿撰写工作。37位作者，百忙之中躬身案牍，与读者分享自己的亲身经历。有的委员放弃了国庆假期的休息时间，翻阅历史资料，寻找亲历线索，有的委员虽然身在国外，还不断通过越洋电话沟通任务，协调进度；更多的委员，都是在出差途中，在晚上结束一天工作之后，在一周繁忙的工作之余，利用点滴时间，回忆、梳理、记录、审视，让历史重现笔端，把思考奉献给更多的人们。书中的每一篇文章，都记录了与改革共成长的青年人的亲身经历，展现了青年视野中改革开放30年的辉煌历程，表达了青年人对伟大的祖国和人民的感激与祝福！

正是青联委员的不辞辛劳，正是这种青春的速度，青春的激情，保证了我们这本书在预定的时间内与读者见面。从部署到全书的出版，仅仅用了3个月不到的时间，我们创造了一个奇迹。

这本书的出版，还饱含了在本书的策划、编辑、出版和发行过程中，给予我们热情鼓励和无私帮助的领导和社会各界人士的深情。感谢工委常务副书记杨衍银亲自做序，并为工作的开展提出了指导性意见；感谢新闻出版总署、新华社、中国人民大学等单位有关部门在规划设计、出版发行方面给予的鼎力支持！感谢人民出版社的姚劲华先生卓越高效的工作！还要特别感谢新华社王言彬同志、中央直属机关团工委吴佳松同志，为本书策划方案的实施提供了有力的支持。

在本书编撰过程中，张建敏、李雪松、夏更生、李明、陈才明、赵保国等委员也提供了很多富有建设性的思路。

感谢双全控股有限公司对本书出版给予的鼎力支持。

收笔之际，惟有祝福献给祖国，惟有感激送给朋友。而立之年的改革，壮哉！

编委会

二〇〇八年十二月